Stefan Scheil · Logik der Mächte

Logik der Mächte

Europas Problem mit
der Globalisierung der Politik

Überlegungen zur Vorgeschichte
des Zweiten Weltkrieges

Von

Stefan Scheil

Duncker & Humblot · Berlin

Die Deutsche Bibliothek – CIP-Einheitsaufnahme

Scheil, Stefan:
Logik der Mächte : Europas Problem mit der Globalisierung der
Politik ; Überlegungen zur Vorgeschichte des Zweiten Weltkrieges /
von Stefan Scheil. – Berlin : Duncker und Humblot, 1999
  ISBN 3-428-09551-0

Umschlaggestaltung: Hauke Sturm
unter Verwendung der Bilder
1. Staatsbesuch Benito Mussolini in Berlin – Unter den Linden
im Fahnenschmuck (Landesbildstelle Berlin) und
2. „Les atouts pour la paix" – US-Präsident Roosevelt hält alle
Trümpfe (Stalin, Beck, Daladier, Chamberlain und Karl II.)
für den Frieden in der Hand (Karrikatur, vermutlich 1938)
(AKG - Archiv für Kunst und Geschichte)

Alle Rechte vorbehalten
© 1999 Duncker & Humblot GmbH, Berlin
Fotoprint: Berliner Buchdruckerei Union GmbH, Berlin
Printed in Germany

ISBN 3-428-09551-0

Gedruckt auf alterungsbeständigem (säurefreiem) Papier
entsprechend ISO 9706 ⊖

Für Stefanie und Nathalie Zoe

Vorwort

Einmal mehr geht heute ein Gespenst um in Europa, nicht weniger allgegenwärtig, nebulös und unwiderstehlich, als es andere europäische Gespenster vor ihm zu sein pflegten. Es ist das Gespenst der Globalisierung, das heute die Konzerne zur Fusion treibt, die alten Industrien zur vorzeitigen Stillegung verdammt und gleichzeitig die Nationalstaaten der Selbstaufhebung in der europäischen Union ausliefert. Kein Zweifel, die europäische Elite glaubt - nicht zum erstenmal - den unausweichlichen Trend der Zeit erkannt zu haben, und sie setzt sich entschlossen an seine Spitze. Sie tut dies nicht ohne Argumentationen, an denen für einen Historiker vieles sehr bekannt klingt, auch wenn der Tonfall mancher Verlautbarungen den Schluß nahelegen möchte, Europa habe eben erst den Rest der Welt „entdeckt" und dessen rückwirkender Einfluß auf die Alte Welt sei eine Neuigkeit von epochalem Ausmaß und jedenfalls ein Phänomen ohne geschichtliches Beispiel.

Nun ist Globalisierung ein sehr schillernder Begriff, der ein weites Spektrum wirtschaftlicher, kultureller und politischer Inhalte aufnehmen kann, und wenn er heute in erster Linie auf Wirtschaft und Kultur angewandt wird, so hat doch auch der nationalstaatliche Stolz auf die eigene Rolle als „global player" schon viele Nuancen angenommen, seit Spaniens Karl V. vor bald fünfhundert Jahren verkünden ließ, in seinem Reich gehe die Sonne nicht unter. Was für den spanischen König und Kaiser noch der sichtbare Ausdruck eines politischen und religiösen Sendungsauftrags war, wurde in anderen europäischen Mächten bald als selbstverständliches Ergebnis der eigenen militärischen, kulturellen und wirtschaftlichen Überlegenheit betrachtet, und die europäischen Eliten des 19. Jahrhunderts ergänzten diese Ansichten dann durch die Überzeugung von der eigenen rassischen Überlegenheit und der machtpolitischen Notwendigkeit maximaler Expansion.

Mittlerweile hat der Nationalstaat europäischer Prägung seine bedeutendste Zeit hinter sich, nicht zuletzt deshalb, weil sich jenes expansive Konzept, das um die Jahrhundertwende zu einem kurzen Zeitalter des Imperialismus und der faktischen Aufteilung der Welt unter den Europäern und Nordamerikanern führte, als nutzlos erwiesen hat. Es geht Europa nicht schlechter ohne seine Kolonien und den Kolonien in mancher Hinsicht besser ohne ihre Europäer. Der um 1900 als unvermeidlich angesehene globale Größenvergleich unter den europäischen Mächten, der gerade in Deutschland ein besonders panisches Bedürfnis nach Landerwerb auslöste, war eine Schimäre, und wenn die Restbestände der globalen Präsenz in Frankreich oder Großbritannien heute noch Schlagzeilen machen, dann vorwiegend beim Streit um Bananenquoten und andere Subventionsmittel. Der europäische Nationalstaat ist kein „global player" mehr, und der seltsame Lauf europäischer Machtpolitik endete dieses Mal in der Sackgasse. Die Globalisierung - so verstanden - blieb ein Gespenst, sie suchte sich andere Wege.

Womit die Themen dieses Essays angedeutet wären. Wie kam die europäische Machtpolitik an diesen Punkt? Welchen Einfluß hatten die Überzeugungen der politischen Elite von angeblichen politischen Notwendigkeiten? Wie bestimmend waren systemtheoretische Zusammenhänge? Und welche Rolle hat dies alles in den Jahren von 1919-1939 gespielt? Lassen sich die Konflikte dieser Zeit als Spannungen zwischen Globalisierung und Regionalisierung, kollektiver Sicherheit und souveräner Machtpolitik und systemtheoretischer Notwendigkeit und chaotischer Freiheit analysieren?

Genau das wird in diesem Buch versucht, und damit wird durchaus Neuland betreten. Denn es gibt zwar nicht wenige Abhandlungen, in denen die europäische Geschichte etwa unter einem globalen oder systemtheoretischen Blickwinkel begriffen wird, und einige davon sollen in diesem Buch auch vorgestellt werden. Den meisten gemeinsam ist jedoch eins: Zwischen 1933 und 1939 nehmen sie ihre Thesen auf eine seltsame Weise zurück. Die Krise der dreißiger Jahre und die zunehmende Eskalation der Ereignisse bis zum Kriegsausbruch, mithin die Vorgeschichte des Zweiten Weltkrieges scheint losgelöst von aller geschichtlichen Vergleichbarkeit als das unvermeidliche Ergebnis einer Ideologie und eines Mannes gedeutet werden zu können. So sei eine unnötige Wiederholung des Ersten Weltkrieges entstanden, unter anderen ideologischen Vorzeichen und bei nur gering veränderter Staatenkonstellation. Zugespitzt formuliert: Da in Deutschland Adolf Hitler regierte, mußte es früher oder später zum Krieg kommen.

Diese These erwies sich während der Arbeit an dieser Untersuchung als durchaus fragwürdiger, als das am Anfang abzusehen war. „Kollektive Sicherheit in Mächtesystemen. Zum Verhältnis von deutscher Aggression und Mängeln im europäischen Sicherheitssystem der dreißiger Jahre", so hieß das Vortragsthema meines Rigorosums, und es war sehr eng der Fragestellung verhaftet, *wie* das Aggressionszentrum Deutschland einen Weltkrieg auslösen konnte, ohne dessen zentrale Verantwortlichkeit eigentlich in Frage zu stellen. An diesem Punkt konnte ich nicht stehenbleiben, denn aus den kurzen Skizzen über die Politik einzelner Mächte, die quasi als „Nebenprodukte" dieses Vortragstextes entstanden sind, ließ sich ein Klangbild heraushören, das wesentlich mehr dem traditionellen martialischen „Konzert" europäischer Machtpolitik glich, als einem dissonanten deutschen Solo mit verspätetem Einsatz. So entstand dieses Buch als ein Versuch über die „Logik" dieses Konzerts der Mächte, über seine Willkür *und* seine Systematik und als ein Experiment, ob sich die Entstehung seiner bislang letzten Katastrophe aus einer anderen Perspektive nicht auch kohärent verstehen läßt.

Der Autor verantwortet sein Buch allein, aber er schreibt es nicht ohne den Beitrag anderer. Von allen, die an der Entstehung dieses Buchs direkt oder indirekt Anteil gehabt haben, möchte ich zunächst Prof. Dr. Gottfried Niedhart erwähnen, auf den manche - auch ganz grundsätzliche - Anregungen für Inhalt und Konzeption dieses Textes zurückgehen. Prof. Dr. Rudolf Lill und Prof. Dr. Klaus Hildebrand haben den Text einer wohlwollenden Kritik unterzogen, und nicht zuletzt gilt mein Dank Prof. Dr. h.c. Norbert Simon für das freundliche Angebot, dieses Buch in das Verlagsprogramm von Duncker & Humblot aufzunehmen.

Stefan Scheil

Inhaltsverzeichnis

A. Prolog 15

    I. Zwischen Popper und Fukuyama, oder: Vom fortdauernden Elend des Historizismus 15

    II Vergleichbarkeit... 19
        1. „Aufstieg und Fall der Mächte": Der globale Vergleich.................. 23

    III. Die Ambivalenz politischer Kultur 25

B. Ein Experiment 28

    I. „Logik" der Mächte ?... 28
        1. Parallelen 28

    II. Der Weg zur Nachkriegszeit (I).. 37
        1. Europa und der erste Weltkrieg 37

    III. Zwischenbetrachtung: Kollektive Sicherheit in Mächtesystemen............ 47

    IV. Der Weg zur Nachkriegszeit (II)... 50
        1. Großbritannien... 50
        2. Polen und der Mythos von 1772: Zur Charakterisierung der polnischen Politik nach der Wiedergründung des Staates 57

    V. Nachkriegszeit 64
        1. Die Friedensordnung der USA 64
        2. Stresemann... 71

    VI. Zwischenbetrachtung : Der Sozialismus in einem Land - Die UdSSR außerhalb des Staatensystems 77

    VII. Vorkriegszeit: „Jeder für sich" - Konzeptionen souveräner europäischer Machtpolitik.. 89
        1. „Appeasement" und kollektive Sicherheit..................................... 89
            a) 1937: Die Regierung Chamberlain 94
        2. Intermarium - Polens Suche nach einem Platz im europäischen Mächtesystem 100
            a) Die polnische Politik gegenüber Deutschland 1932-38 100

b) Die innenpolitischen Voraussetzungen der polnischen Außenpolitik nach dem Tod Pilsudskis 105

c) „Intermarium" und „Drittes Europa" 106

3. Der Diktator und die Moderne. Von den Schwierigkeiten autoritärer Machtpolitik in der Massengesellschaft 111

a) Adolf Hitlers Pläne; Zum Zeithorizont einer rassistischen Zukunftsvision 113

4. 1924-1939: Die Entwicklung in Hitlers außenpolitischen Zielen zwischen „Mein Kampf" und dem „Hoßbach - Protokoll". Der Friedensvertrag von Brest-Litowsk und die Entstehung des Raumkonzepts in „Mein Kampf" 117

a) Die „lange Dauer" der völkischen Bodenpolitik und der Verzicht auf die Eroberung Europas 121

b) November 1937 bis März 1939: Hitlers politisches Testament: Das Hoßbach - Protokoll 128

5. Die Wirtschaftskrise als kriegerischer Akt 133

a) Militarisierung der Gesellschaft und Isolationismus: Zwei Antworten der USA auf die Wirtschaftskrise 133

b) Roosevelt und Hitler 1933-1939 135

VIII. Bewegung 138

1. Die Neudefinition der Machtpolitik zeigt Wirkung: Der Weg zu „Anschluß" und Sudetenkrise 138

a) November 1937: Die USA optieren gegen Großbritanniens Versuche, einen Viererpakt zustande zu bringen, sie stärken Polen als autonomen Faktor in der Europapolitik 138

b) Polnische Aktionen bis zum Sommer 1938: Sondierungsgespräche in London und Berlin, das Ultimatum an Litauen und Interessenbekundungen an der Slowakei 142

2. Zwischenbetrachtung vor München. Von den Schwierigkeiten des „Widerstandes" in der Massengesellschaft 148

3. „München" 153

4. panta rhei. Unsicherheiten nach München 157

IX. Frühjahr 1939 - Die Weltmächte melden sich zurück 164

1. Amerikas Grenze liegt am Rhein 164

2. Rußland macht keine Unterschiede 170

3. Deutsch - Polnische und Tschechische Affären im Frühjahr 1939 174

4. Der größte Tag 179

X. Sommer 1939: Rußland und das Ende des europäischen Gleichgewichtes 184

1. Konferenz oder Krieg 188

2. Angriff ? 192

    3. Noch einmal: Konferenz oder Krieg 200

    4. Von der plötzlichen Hörschwäche unter Diplomaten oder: Die letzten Scheindialoge vor dem Kriegsausbruch 212

C. Epilog 222

D. Literatur 230

    I. Zeitgenössische Schriften, Dokumenteneditionen und Memoirenliteratur 230

    II. Sekundärliteratur: 231

E. Sach- und Personenindex 238

A. Prolog

I. Zwischen Popper und Fukuyama, oder: Vom fortdauernden Elend des Historizismus

„Ich will die von den Historizisten so oft als altmodisch angefeindete Auffassung verteidigen, daß die Geschichtswissenschaft durch ihr Interesse für tatsächliche, singuläre, spezifische Ereignisse im Gegensatz zu Gesetzen oder Verallgemeinerungen charakterisiert ist."

Karl Popper

Als Popper 1936 diese Kriegserklärung an den Historizismus schrieb,[1] war sie nur ein Teil eines größeren wissenschaftstheoretischen Programms. Zu dessen Vollständigkeit gehörte unter anderem die exakte Abgrenzung zwischen Geistes- und Naturwissenschaften, eine Unterscheidung, die indirekt auch zur Verteidigung und Klärung seiner eigenen, naturwissenschaftlichen „Logik der Forschung" von 1934 nötig wurde. „Historizisten", das waren für Popper alle, die nicht sauber zwischen beiden Wissenschaftsbereichen trennten und daher an die Existenz von historischen Gesetzmäßigkeiten glaubten, an die Möglichkeit, den Sinn von Geschichte zu erkennen, ihren zukünftigen Verlauf vorherzusagen, und die damit für ihn die wichtigste Eigenschaft der Geschichte ignorierten: eben das Fehlen von Gesetzen.

Womit er nicht das Fehlen allgemeiner Trends behaupten wollte. Unbestrittenermaßen wüchsen die Menschheit, ihre wissenschaftliche und industrielle Leistungskraft und die gegenseitigen globalen Abhängigkeiten ständig. Dieser einzige kumulative Prozeß der Menschheitsentwicklung sei an sich jedoch wertfrei. Er begleite die Geschichte quasi nur und erlaube keinen Schluß auf deren Sinn oder ein letztes Ziel, was eben der Glaube jedes Historizisten sei. Popper legte also eine weitgespannte Definition von Historizismus vor, die unter anderem Marx, Plato und Hegel in einen Topf warf und alle anderen ebenfalls, die vergleichbare Positionen vertraten. So war auch jede Form des Rassismus mit abgedeckt, zugleich mit vielen Spielarten von moderner Sozialtechnik und Umerziehungsoptimismus, soweit sie über konkrete Verbesse-

---

[1] In: Das Elend des Historizismus, 1965, S. 112.

rungsschritte hinaus eine Definition der wünschenswerten Gesellschaft versuchten.

Das alles ruhte für Popper nur auf einem dünnen Fundament von unbegründeten Spekulationen über Weltgeist und Dialektik, die zu einem Modell ausgebaut und dann erst den Tatsachen quasi übergestülpt wurden. So könne man alles mögliche „beweisen", und wenn die Wirklichkeit sich sperrig zeigen und allzu stark der Erwartung widersprechen sollte, „dann um so schlimmer für die Tatsachen" (Hegel). Das wichtigste Prinzip in Poppers Wissenschaftstheorie wurde hier verletzt: die Möglichkeit der Falsifikation. Theorien müssen überprüfbar sein, sie müssen zu nomologischen (gesetzesartigen) Aussagen kommen, und sie müssen *verworfen* werden, wenn sich diese Aussagen als falsch herausstellen.

Dieses Schema läßt sich auf Geschichtswissenschaft nur eingeschränkt anwenden. Zwar setzt auch der Historiker die Gültigkeit einiger Gesetzmäßigkeiten voraus (unter anderem die Naturgesetze, zudem auch triviale Aussagen der Art wie „Menschen leben in Gruppen"), aber diese Gesetze haben im Zusammenhang mit historiographischen Aussagen nur selten einen Nutzen. (Um die Wirkung des Attentats von Sarajewo auf den Ausbruch des Ersten Weltkriegs zu beschreiben, muß die Funktionsweise einer Explosivwaffe wie dem Revolver nicht erwähnt werden.) Um weitergehende gesetzmäßige Aussagen zu ermöglichen, die dann den Rang von Theorien hätten, (z.B. „die Geschichte ist die Geschichte von Klassenkämpfen"), müßten diese Aussagen falsifizierbar sein. Es wäre eine exakte Bedingung anzugeben, bei deren Auftreten die ganze Theorie in sich zusammenfiele. Da sich die Aussage aber auf das hochabstrakte und zeitlich unbegrenzte Objekt „die Geschichte" bezieht, wie letztlich alle historizistischen Aussagen, kann sie durch kein singuläres Ereignis außer Kraft gesetzt werden. „Die Geschichte" kann z.B. auch dann noch ein Klassenkampf sein, wenn das Attentat in Sarajewo ausschließlich aus nationalistischen und persönlichen Motiven ausgeführt wurde.

Historische Forschung kann es also nur in seltenen und nicht repräsentativen Momenten zu Sätzen mit dem Status einer Theorie bringen, wohl aber häufig zu etwas sehr Ähnlichem: „historischen Interpretationen". Es ist durchaus möglich, die Geschichte als Prozeß von Klassenkämpfen, Rassenkonflikten, der Bewußtwerdung Gottes, des wissenschaftlichen Fortschritts oder der ständigen Demokratisierung zu interpretieren, „die im Grunde alle gleich geistreich und gleich willkürlich sind".[2] Popper hat es sogar für unmöglich gehalten, *ohne* eine solche Interpretation Historiker zu sein. Schließlich sei schon die bloße Verwendung von Begriffen wie Nation, Volk, Klasse usw. an ein Vorverständ-

---

[2] *Popper*, 1965, S. 118.

nis gebunden, das bereits in die Fragestellung einfließt. Objektivität läßt sich für ihn unter diesen Umständen allerdings trotzdem erreichen, wenn der Historiker das nicht verdrängt und „nie vergißt, daß es nur ein Standpunkt unter vielen ist und ..... vielleicht nicht geprüft werden kann."[3]

Den politischen Hintergrund von Poppers Polemik gegen den Historizismus bildete sein Kampf für die „offene Gesellschaft". Unfehlbare historische Prophezeiungen vertragen sich schlecht mit seinen Hauptforderungen an jede offene Gesellschaft: der Möglichkeit, die Regierung durch Mehrheitsbeschluß abzulösen, und der individuellen Freiheit. Machteliten, die sich im Besitz historischer Wahrheiten wähnen, lassen sich nun einmal nicht freiwillig von einer aufmüpfigen Menge aus dem Amt jagen, der bloß die Einsicht in historische Notwendigkeiten fehlt (was allerdings auch für weniger ambitionierte Machteliten gilt). Im Wahrheitsanspruch des Historizismus von Links und Rechts entdeckte Popper daher nichts anderes als den Ursprung von totalitärer Diktatur, den Ausgangspunkt jener Faschismen und Stalinismen, die in den dreißiger Jahren so viel Konjunktur hatten.

Bei dem Eifer, den er auf die Bekämpfung der totalitären Bedrohung an den Tag legte, schoß er naturgemäß etwas über das Ziel hinaus. So waren Poppers Großtheorie über den Historizismus selbst historizistische Elemente nicht ganz fremd. Er plädierte schließlich kaum weniger allgemeingültig für den prinzipiellen Wert der Offenheit von Gesellschaften und ihrer Individualisierung als die Historizisten und letzten Endes unter der unbeweisbaren Prämisse, es würden sich keine historischen Gesetze finden lassen, die seiner Wissenschaftstheorie standhalten würden (deren Gültigkeit nebenbei ebenfalls vorausgesetzt war). Selbst bei ausgewiesenen Kennern seiner Theorien wie etwa Hans Albert geriet deshalb Poppers ursprünglicher Ansatz, die Besonderheiten der Geschichtswissenschaft herauszustellen, in Vergessenheit:

„Die Anschauung, daß die sogenannten „Geisteswissenschaften" in Anbetracht der Beschaffenheit ihres Objektbereichs methodologisch eine Sonderstellung einnehmen müssen, darf spätestens seit Karl R. Poppers Aufsatz „Das Elend des Historizismus" als widerlegt gelten."[4]

Poppers Versäumnis lag allerdings weniger darin, seinen Anhängern die eigene Position nicht hinreichend vermittelt zu haben, als darin, in seiner Auflistung zuwenig selbstkritisch gewesen zu sein und einen Historizismus eigener Prägung übersehen zu haben: den Liberalen. Seine Sympathie gehörte zu sehr den Demokratien des Westens, um einsehen zu können, daß auch deren Selbst-

---

[3] Ebd., S. 119.

[4] *Albert*, 1956, zit. n. *Dahms*, Positivismusstreit, S. 337.

verständnis auf unbeweisbaren Prämissen (wie etwa dem Gesellschaftsvertrag oder der individuellen Gleichheit) beruht. Diese Gedankengänge sind letzten Endes nicht weniger romantisch, als es Fiktionen von rassischer Überlegenheit, religiöser Sendung oder dialektischer Notwendigkeit sind. Sie sind - und das ist eine der wichtigsten Thesen dieser Untersuchung - historisch und in ihrer Dauer auf die zeitlich begrenzte Existenz definierbarer historischer Bedingungen angewiesen. Auch ist es ein sympathischer Gedanke, die eigene Regierung gelegentlich abwählen zu können, ein Ausweis geschichtlicher Offenheit ist es nicht, und eben das wäre ja ein Kriterium für den Fortgang der staatlichen und gesellschaftlichen Entwicklung nach dem Falsifikationsprinzip (dessen Gültigkeit Popper auch dann annimmt, wenn weder die Gesellschaft noch die Wissenschaften, die sich mit ihrer Entwicklung befassen, im strengen Sinn wissenschaftlich faßbar sind.) Ein Regierungswechsel innerhalb eines vorgegebenen demokratischen Regelsystems kann dieses Kriterium nicht erfüllen.

Dies alles hätte in einer Untersuchung zur Außenpolitik der ersten Hälfte des Jahrhunderts nichts verloren, wenn der liberale Historizismus sich nicht zu einem Problem der Geschichtswissenschaft ausgewachsen hätte. Dies hängt zweifellos mit dem überwältigenden Erfolg der demokratisch verfaßten Staaten in den Jahren zwischen 1939 und 1989 zusammen. Demokratische Strukturen und liberales Wirtschaftssystem haben sich nicht nur als durchsetzungs-, sondern vor allem als ungeheuer integrationsfähig erwiesen und dank dieser Fähigkeiten bisher ihre Widersacher nicht nur militärisch und ideologisch überwunden, sondern obendrein noch als Verbündete gewonnen. Die Hauptgegner der dreißiger und vierziger Jahre, Japan und Deutschland, ließen sich integrieren, aber auch der Zusammenbruch des sowjetischen Machtbereichs setzte geradezu einen Wettlauf in Richtung „West - Integration" in Gang. Was so erfolgreich ist, findet auch seine Theoretiker. So erhielt - und das ist der eigentlich wichtige Punkt - die liberale Demokratie fast unvermeidlich das Ansehen, über ihre pragmatischen Vorzüge hinaus auch das historische Recht auf ihrer Seite zu haben.

In der Geschichts- (in diesem Fall Politikwissenschaft) artikulierte niemand in den letzten Jahren dieses Gefühl prägnanter als Francis Fukuyama, der den Siegeszug der Massendemokratie gleich zum „Ende der Geschichte" weiterfahren sah und damit den liberalen Historizismus ziemlich ungebremst als letzte Wahrheit feierte. Demokratie und liberaler Kapitalismus werden das Ende des Geschichtsprozesses bilden, lautet Fukuyamas Botschaft, die er zwar wegen des gleichzeitigen Ablebens des heroischen Menschen etwas in Moll arrangiert, an deren Endgültigkeit er aber keinen Zweifel läßt.

Nicht zufällig zieht er diese Ansicht neben einigen empirischen Anmerkungen vor allem aus einer Deduktion hegelianischen Zuschnitts, d.h. aus einem einzigen konstanten Faktum (alle Menschen streben nach der Anerkennung anderer Menschen, bei Hegel war es die Fähigkeit des Menschen zur Freiheit), das den ganzen Geschichtsprozeß in Gang setzt, den Menschen an keinem Punkt zur Ruhe kommen läßt und zu einem logischen Ende führen muß: Anerkennung (und Sicherheit) für alle im demokratischen System. Der Weltgeist kommt also in einer Freizeitgesellschaft zu sich selbst, was wohl auch für Hegel ein unerwartetes Ergebnis gewesen wäre, obwohl er die Methode wahrscheinlich gebilligt hätte. Nur durch solche Vereinfachungen läßt sich der (vielleicht unendlich) komplexe Geschichtsprozeß mit den höheren Weihen eines zielgerichteten Verlaufs ausstatten und jene „Sicherheit" gewinnen, die das Ziel aller historizistischen Geschichtsdeutung ist. So ausgerüstet, kann Fukuyama dann verkünden:

„Hätte Hitler den Krieg gewonnen, dann hätte der Faschismus seine Existenzgrundlage verloren."[5]

Es gibt eben kein denkbares Ereignis, das der echte Historizist nicht zu seinen Gunsten auslegen kann.

Nun ist der Erfolg solch prophetischer Bücher nicht ohne ein entsprechendes, zeitgebundenes Bedürfnis der Öffentlichkeit (und zwar auch der wissenschaftlichen) denkbar. Nach diesem Bedürfnis, besonders dem der wissenschaftlichen Öffentlichkeit, muß an anderer Stelle gefragt werden, für den Augenblick genügt wohl der schlichte Befund, daß an dem Schlagwort vom „Ende der Geschichte" niemand vorbeigehen kann, der über globale Ereignisse wie den Zweiten Weltkrieg nachdenkt. Zur Einordnung des Phänomens soll hier aber im weiteren eben kein weltumspannender Historizismus bemüht, sondern eine historische Interpretation erstellt werden. Der Zweite Weltkrieg hatte keinen „Sinn", so wenig wie andere Kriege vor ihm. Er war keine Station eines Zugs zum Ende der Geschichte, er war ein singuläres Ereignis unter einzigartigen Bedingungen, die sich nie wiederholen werden und nirgendwo hinführen. Trotzdem läßt er sich interpretieren und das Neue an ihm wird gerade durch den Vergleich mit Altem deutlich werden. Das versucht die folgende Darstellung aufzuzeigen.

II. Vergleichbarkeit

Obwohl sich Geschichte weder wiederholt noch zielgerichtet verläuft, soll hier die Existenz von geschichtlichen Trends (so zum Beispiel des zeitgeschichtlichen Trends der Globalisierung von Politik infolge zunehmender weltweiter Vernetzung von Information, Technik, Wirtschaft und staatlichen

---

[5] *Fukuyama*, Das Ende der Geschichte, S. 48.

Vertragssystemen) und damit die Möglichkeit zur vergleichenden Interpretation nicht abgestritten werden. Was beispielsweise die Mechanik des europäischen Staatensystems und die Vergleichbarkeit historischer Situationen betrifft, so ist in dieser Hinsicht bereits viel geschrieben worden, was sich unter beiden Prämissen sinnvoll einordnen läßt. Die nachfolgenden Gedankengänge verdanken vor allem drei Autoren wesentliche Anregungen: Ludwig Dehio, Paul Kennedy und Henry Kissinger.

Dehios kurz nach dem Krieg 1948 unter dem Titel „Gleichgewicht oder Hegemonie" vorgenommene Analyse stellte den Zweiten Weltkrieg in eine Reihe mit den früheren Hegemonialkämpfen der europäischen Geschichte. Spanien und Frankreich hatten bereits vor Deutschland den Versuch unternommen, eine beherrschende Stellung auf dem Kontinent zu erreichen und waren jeweils an insularen Mächten gescheitert, ein Begriff, unter dem Dehio neben England auch kleinere Vorgänger wie Holland und Venedig versammelt hat. Als gemeinsames Kennzeichen dieser Länder machte er ihren intensiven Fernhandel und die damit verbundene Brückenfunktion zwischen verschiedenen Kulturen aus, aber auch ihre Fähigkeit, für Landheere kaum angreifbar zu sein und aus dieser Position festländische Gegner gegeneinander ausspielen zu können.

So entstand das Profil der „insularen" Länder, wie es Dehio beschreibt: Liberal in dem Sinn, daß die Herrschaft sich mehr auf eine prinzipiell offene Aristokratenschicht stützte als auf dominierende Einzelpersönlichkeiten, kosmopolitisch, reich, selbstsicher und in gewisser Weise genügsam, da sie mit einem Gebietsgewinn auf dem europäischen Festland prinzipiell nichts anfangen konnten, sondern damit nur ihre strategische (eben insulare) Position geschwächt hätten.[6] (Auch wenn etwa England einige Zeit brauchte, um sich mit dieser Rolle anzufreunden.) Natürlich weist dieses Modell allein schon deshalb eine gewisse Schieflage auf, weil sich weder Venedig noch die Niederlande im gleichen Sinn wie England als Inseln bezeichnen lassen, aber Dehio trifft doch insoweit den Kern, als beide Staaten für eine gewisse Zeit mit den militärischen Mitteln der Konkurrenz nicht angegriffen werden konnten. Die weltberühmte spanische Infanterie lief sich vor den holländischen Städten fest, und Venedig überstand Anfang des 16. Jhdts. sogar den Angriff der Liga von Cambrai, als sich immerhin Frankreich, Spanien, der Papst, der Kaiser und einige italienische Kleinstaaten gegen die Stadt verbündeten.

Auf der anderen Seite dieses Systems standen die „kontinentalen" Gesellschaften mit ihren ewig unsicheren Grenzen, die nur durch willkürliche politische Definitionen in den Rang von „natürlichen" erhoben werden konnten, den sie in Wahrheit niemals hatten. Daraus resultiert für Dehio ihre Neigung zu ter-

---

[6] *Dehio*, Gleichgewicht oder Hegemonie, S. 27 f.

ritorialer Expansion, zu zentraler, autoritärer Verwaltung und zum Unterhalt großer Landheere mit all den unvermeidlichen Folgen für das gesellschaftliche Klima in diesen „Garnisonsstaaten". Im Ergebnis entstand das genaue Gegenbild zu den Insularen: autoritär, arm, immer durch andere Kontinentale gefährdet und daher aggressiv nach innen wie nach außen.

Für Dehio ließ sich die europäische Geschichte als Auseinandersetzung dieser zwei Prinzipien der Machtentfaltung deuten, dem kontinentalen und dem insularen. Immer wieder griff eine kontinentale Macht nach der hegemonialen Vorherrschaft über den Kontinent, zuerst Spanien im 16. Jahrhundert unter den Habsburgern Karl V. und Philip II., dann Frankreich ein Jahrhundert später unter Ludwig XIV., erneut Frankreich zur Napoleonischen Zeit und letzten Endes Deutschland in der ersten Hälfte des 20.Jahrhunderts. In diesen vielfach vergleichbaren Ereignissen (nie konnte England erobert werden und immer gelang es der Insel, Verbündete kontinentale Mächte gegen die drohende Hegemonie zu mobilisieren), fand Dehio allerdings einen weiteren versteckten Trend: Jeder Griff nach der Hegemonie war besser organisiert und mächtiger als der vorige und deshalb mußten zur Abwehr immer mehr außereuropäische Hilfsquellen herangezogen werden.

Als England gegen Spanien kämpfte, genügte zu diesem Zweck noch ein simpler Kaperkrieg im Atlantik. Gegen das Frankreich des Sonnenkönigs und seiner Nachfolger ließ sich schon viel Geld aus Fernhandel und ersten Kolonien ins Feld führen, (mit dem bei Bedarf kleine Verbündete wie Preußen und Österreich gekauft werden konnten) und Napoleon sah sich bereits einem ausgewachsenen britischen Kolonialreich gegenüber, das selbst mit der Eroberung ganz Europas (was vor ihm noch niemandem gelungen war) nicht mehr zu beeindrucken war.

Die Napoleonischen Kriege zeigten auch zum ersten Mal die wahrscheinliche Konsequenz von weiteren europäischen Hegemonialkonflikten: jeder noch so gut organisierte Versuch, den Kontinent mit Gewalt zu vereinigen, würde nur um so stärkere außereuropäische Kräfte auf den Plan rufen und dann auf Europa zurückschlagen, da die außereuropäischen Mächte, soweit sie in die Auseinandersetzung verwickelt waren, sich nicht mit der bloßen Abwehr eines Angriffs zufriedengeben mußten. Gegen den französischen Griff nach der Weltmacht reichten denn auch bezeichnenderweise die gut lenkbaren, kleinen kontinentalen Verbündeten Englands nicht mehr aus. Zum ersten Mal mußte eine außereuropäische Kontinentalmacht mobilisiert werden. Daß 1814 russische Soldaten in Paris auftauchten und das Zarentum die Nachkriegsordnung nicht nur wesentlich mitbestimmte, sondern auch in den nächsten Jahrzehnten ihren Bestand garantierte, war daher nicht weniger symbolisch als Napoleons vergeblicher Marsch auf Moskau, nur weniger apokalyptisch.

Hellsichtige Beobachter wie Alexis de Tocqueville konnten schon in den 1830er Jahren auch erkennen, wer neben Rußland der nächste Anwärter auf die führende Rolle in der Welt (und damit in Europa, denn Europa gehört zur Welt, wenn dort auch bis 1914 die Meinung verbreitet war, die Welt gehöre zu Europa) sein würde: die Vereinigten Staaten.

Tatsächlich reichte während des nächsten Hegemonialkampfs nun auch der Einsatz Rußlands nicht mehr aus, um eine deutsche Hegemonie in Europa zu verhindern. Die alte Konstellation, England plus kontinentale Verbündete gegen die stärkste europäische Macht mußte durch die USA um eine weitere außereuropäische Kraft ergänzt werden, die ähnlich präzise (wenn auch völlig entgegengesetzte) Vorstellungen über die neue europäische Ordnung mitbrachte, wie Rußland hundert Jahre früher. Ein weiteres Stück Entmündigung für Europa, das die Konsequenzen 1918/19 nur mit Widerwillen akzeptierte.

Soweit Dehio zu den Entwicklungslinien der europäischen Staatenwelt, in die er, ohne die mörderischen Extreme des deutschen Nationalsozialismus zu vergessen, auch den Zweiten Weltkrieg einordnen konnte. Zu genau entsprachen viele Elemente des Nationalsozialismus den skizzierten Verhaltensweisen der Kontinentalen, unter denen Deutschland ein besonderes Extrem darstellt: Außer dem ähnlich gebeutelten Polen (eine Parallele, auf die wir noch zurückkommen werden) hat kein Land in Europa weniger Grenzsicherheit als das formlose Deutschland, das „dank" seiner Mittellage noch dazu über Jahrhunderte von allen Mächten als Interessegebiet betrachtet wurde und nicht selten als Schlachtfeld für fremde Kriege herhalten mußte. Der Nationalsozialismus war denn auch ein typisches Produkt kontinentaler Mentalität: autoritär in einer Übersteigerung, wie sie für das Jahrhundert typisch ist (sich beispielsweise auch bei der kontinentalen Konkurrenz in Rußland finden ließ), dazu arm, permanent am Rande des Staatsbankrotts, überdies ständig in der Gefahr, von überlegenen Mächten eingekreist zu werden (und diese Gefahr überall witternd), aggressiv in seinen Bemühungen, diese Situation zu überwinden und typisch in seinem Ende: Die außereuropäischen insularen und kontinentalen Mächte duldeten keinen zentraleuropäischen Hegemon und zerstörten ihn - trotz großer Opfer letzten Endes problemlos: die Beherrschung Europas war 1940 so wenig der Schlüssel zur „Weltherrschaft" wie 1807, auch wenn dieser Fakt in der kompromißlos euro - und germanozentrischen deutschen Geschichtswissenschaft wohl nur von Dehio ganz gesehen worden ist. Die Grundüberzeugung der Nachkriegsforschung lautet anders: „Überdies hätte die Beherrschung Europas fraglos die „Weltvorherrschaft" des Reiches bedeutet". Hans - Adolf Jacobsens lapidarer Satz findet sich im Vorwort zur deutschen Ausgabe (1993) von Charles Blochs „Das Dritte Reich und die Welt" und faßt diese Überzeugung treffend zusammen.[7]

1. „Aufstieg und Fall der Mächte": Der globale Vergleich

Wo Ludwig Dehio die Antriebskräfte des Staatensystems wechselseitig aus geopolitischen Bedingungen und Mentalitätsgeschichte analysiert hatte, machte Paul Kennedy 1987 eine einfache Kausalkette auf: Wirtschaftliche Leistungsfähigkeit führt zu staatlichem Machtgewinn, der immer auch militärische Gegner auf den Plan ruft und daher selbst militärisch geschützt werden muß.[8] Wenn die wirtschaftliche Leistung eines Staates nachläßt (relativ zu anderen Staaten oder absolut), führt dies zum Phänomen der „strategischen Überdehnung", da die militärischen Herausforderungen gleich bleiben oder sogar wachsen. Die in Überschußzeiten bezogenen Positionen können oft nicht rechtzeitig ohne großen Schaden geräumt werden, selbst wenn in den Eliten der „überdehnten" Länder die Bereitschaft dazu vorhanden sein sollte (wofür sich als Beispiel wohl nur Großbritannien nach 1945 anführen läßt). Wirtschaftlich starke Mächte ohne strategische Belastungen neigen dann dazu, dem Fall der überdehnten Macht militärisch nachzuhelfen. „Ökonomischer Wandel und militärischer Konflikt", wie der Untertitel der (deutschen) Ausgabe sehr treffend erläutert, sind daher für Kennedy zwei Seiten der gleichen Medaille.

Um Beispiele für diese Konstellation ist Kennedy nicht verlegen. Besonders anschaulich läßt sie sich am Konflikt der wirtschaftlichen „Aufsteiger" Niederlande und Großbritannien mit Spanien während des 15.Jahrhunderts zeigen, als Spanien phasenweise die Oberhoheit über praktisch die gesamte damals bekannte Welt beanspruchte, mit deren Verteidigung und wirtschaftlicher Durchdringung aber überfordert war. (Ganz zu schweigen von seinen vergeblichen Versuchen, Holland oder England seinerseits anzugreifen.)

Auch den Angriff zunächst Deutschlands und dann auch Japans auf das nach der Jahrhundertwende schwächer werdende Großbritannien deutet Kennedy als Ausdruck eines ökonomischen Wandels, der den höheren Produktionskapazitäten Deutschlands einen Vorteil gegenüber dem größeren Reichtum und den Welthandelsverbindungen Großbritanniens gab. Anders als im ähnlich gelagerten Verhältnis zu den Vereinigten Staaten meinte man in London allerdings, sich von einem unmittelbaren Nachbarn nicht kampflos überflügeln lassen zu können. Das wurde zu einer wesentlichen Ursache des Ersten Weltkriegs, und da England nach 1919 eine wirkliche Analyse der Situation ver-

---

[7] *Bloch*, Das Dritte Reich, S. XI.

[8] *Kennedy*, Aufstieg, S. 23 f.

mied, trugen ähnliche Umstände dazu bei, daß man letzten Endes in den zweiten großen Krieg hineinstolperte, den man doch eigentlich unter allen Umständen vermeiden wollte.

Kennedy untersucht weitgehend den gleichen Zeit- und Geschichtsraum wie Dehio, d.h. das Europa der Jahre nach 1500. Anders als Dehio beginnt er aber mit einer Bilanz der *globalen* Machtverteilung um 1500. Diese Bilanz fällt nicht nur keineswegs zugunsten Europas aus, sie erweitert auch die Perspektive seiner Untersuchung beträchtlich. Es wird ganz klar, daß die Vorherrschaft Europas über die Welt nur ein Produkt bestimmter historischer Umstände gewesen ist, in der Weltgeschichte also nur eine kurze Episode, die schon allein mit der wirtschaftlichen Entwicklung einiger außereuropäischer Räume wie den USA und Japan zwangsläufig ihr Ende finden mußte. (Erstrecht mit der Entwicklung Chinas und des übrigen Ostasien finden wird) Was Dehio also als Mobilisierung der Welt durch Europa für Zwecke innerhalb Europas gedeutet hat, ist für Kennedy im Kern ein eigentlich zutiefst unpolitischer und von vornherein globaler Prozeß. Wirtschaftskraft sucht sich für ihn immer ihren staatlichen Ausdruck, und Europas wirtschaftlicher Vorsprung mußte zwangsläufig früher oder später schrumpfen (wie es derzeit der Vorsprung der USA tut). Mit dem politischen Auftritt außereuropäischer Mächte auf der europäischen Bühne wird sich also nur ein Kreis schließen, der allerdings heute noch offen ist. Noch beschränkt sich die Präsenz außereuropäischer Mächte in Europa auf die Vereinigten Staaten und Rußland. Andere Mächte wie China und Japan haben noch keinen Einfluß (oder wenig - denn gerade am innereuropäischen Rennen um die Teilhabe an Chinas wachsender Prosperität läßt sich sehr schön das Anfangsstadium des politischen Konkurrenzkampfs beobachten, den die bloße Existenz eines so großen Potentials unter kleineren Staaten schafft).

Dem wird hier in der Folge insofern Rechnung getragen, als der Versuch Japans, sich in Ostasien eine „Wohlstandssphäre" zu schaffen, nur am Rande beachtet wird. So sehr die japanischen Aktivitäten seit den dreißiger Jahren auch zur weltweiten Zerrüttung der zwischenstaatlichen Beziehungen beitrugen, so blieben sie doch auf Ostasien beschränkt und ließen sich eher unter dem Titel „Japans Problem mit der Globalisierung der Macht" zusammenfassen. Japan hatte den Rest der Welt so lange wie möglich ausgesperrt und die Tür nur geöffnet, weil amerikanische Kanonenboote sie sonst 1854 eingeschlagen hätten. Seitdem kämpfte das Land als einzige nicht-weiße Militärmacht von Rang einen recht einsamen Kampf gegen die britische, amerikanische, deutsche und russische Präsenz in Asien und beeinflußte damit das Geschehen in Europa selbst nur sehr begrenzt. (Insofern ist es nicht unproblematisch, die lange und unzusammenhängende Kette von militärischen Auseinandersetzungen zwischen der Weltwirtschaftskrise von 1929 und 1945 als „Weltkrieg" zu bezeichnen und damit äußerst vielschichtige Konflikte undifferenziert zusammenzufassen.)

Die Nachteile von Kennedys mechanischem Geschichtsmodell liegen auf der Hand. Im Grunde handelt es sich auch hier um eine historizistische Großtheorie, die auf komplexe Situationen kaum Rücksicht nehmen kann, obwohl Kennedy sich bemüht, auch nicht wirtschaftliche Faktoren in seine Darstellung mit einzubeziehen. Natürlich läßt sich nicht bestreiten, daß zwischen Wirtschaft und Macht ein gewisser Zusammenhang besteht. Andererseits bleiben zu viele Faktoren unberücksichtigt, die entscheidenden Einfluß auf historische Vorgänge haben können, etwa solche der Kultur und spezieller, der politischen Kultur. Der rätselhafte Zusammenbruch er amerikanischen Großstaaten im 16.Jahrhundert angesichts der Ankunft von wenigen hundert Spaniern ist beispielsweise weder wirtschaftlich noch mit der geringen technologischen Überlegenheit von primitiven Schußwaffen zu erklären, über die Europäer schon verfügten (Kennedy erwähnt den Vorgang denn auch nur am Rand). ähnliche Voraussetzungen hinderten etwa Japan nicht daran, die Europäer problemlos wieder aus dem Land zu werfen (selbst ihre Technologie; die Abschaffung der Feuerwaffen im feudalen Japan ist bis heute das einzige Beispiel für den bewußten dauerhaften Verzicht auf einen technologischen Fortschritt, der den gesellschaftlichen Zusammenhang zu bedrohen begann). Auch in anderen Regionen der Welt verschafften technologische Errungenschaften Europa lange Zeit keinen substantiellen Vorteil. Dies alles sind Indizien dafür, daß staatliche Machtentfaltung ganz offensichtlich entscheidend von der kompletten soziopolitischen Verfassung eines Landes abhängt, zu deren Bestandteilen das Wirtschaftssystem zwar gehört, deren Verhalten es aber nicht bestimmt. Mentalitäten, Traditionen und andere Faktoren der politischen Kultur verhindern eine Kausalbeziehung zwischen Wirtschaft und Politik.

Kennedy schließt sein Buch mit einer Analyse über die künftigen Aussichten der Vereinigten Staaten ab, ihre Rolle als einzige Weltmacht zu behaupten oder selbst allmählich an „Überdehnung" zu Grunde zu gehen, was sich seiner Meinung nach wohl nur durch geordneten Rückzug aus der Supermachtpostition vermeiden lassen würde. Diese Sorge um die USA treibt auch den nächsten Autor um, aber anders als Kennedy widmet Henry Kissinger der politischen Kultur große Aufmerksamkeit.

III. Die Ambivalenz politischer Kultur

Vor kurzem hat Henry Kissinger, eigentlich ja gelernter Historiker, eine Abhandlung unter dem Titel „Diplomacy" vorgelegt, auf Deutsch unter dem etwas ambitionierteren Titel „Vernunft der Nationen" erschienen. Obwohl er weit ausholt und sein Buch mit der Darstellung der französischen Außenpolitik unter Richelieu beginnt, läßt er schon im Vorwort keinen Zweifel daran, worum es ihm eigentlich geht. Kissinger beschreibt die Entstehung einer neuen Weltordnung, die er in Analogie zur alten europäischen Pentarchie sieht. Kein Ende der Geschichte also, sondern eine Fortschreibung diplomatischer Traditionen auf globaler Ebene. Die fünf europäischen Mächte Großbritannien, Frankreich, Rußland, Österreich und Preußen werden seiner Meinung nach ersetzt durch die Vereinigten Staaten, China, wiederum Rußland, Japan und Europa als Ganzem. So setzt sich das alte Spiel fort und es entsteht ein neues Gleichgewicht der Macht, für dessen Erhalt Kissinger konsequenterweise Voraussetzungen eher spieltheoretischer als historischer Art nennt:[9]

1. Jede Macht muß das Recht haben, sich je nach Erfordernis der Umstände mit einer anderen Macht zu verbünden, d.h. prinzipiell muß jeder mit jedem bündnisfähig sein.

2. Im Fall fester Bündnisse muß es eine ausgleichende dritte Macht (dritte Partei) geben, die darauf achtet, daß keine der Koalitionen das Übergewicht erreicht, bzw. deren bloße Existenz die anderen Mächte zur Vorsicht zwingt.

3. Treffen beide Voraussetzungen nicht mehr zu, ist das Gleichgewicht gefährdet und kann nur noch gerettet werden, wenn der Zusammenhalt innerhalb der Bündnisse relativ gering ist.

Sollten dagegen alle Mächte in starken und stabilen Bündnissen verpflichtet sein, ist ein Krieg höchst wahrscheinlich, da davon ausgegangen werden kann, daß eine Seite eine materielle Überlegenheit besitzt, die sie in weitere materielle Vorteile umzumünzen versucht. Dagegen bleibt der anderen Seite, da die politischen Möglichkeiten erschöpft sind, nur die Kapitulation oder der Schritt nach vorn, was Kissinger vor allem anhand der Vorgeschichte des Ersten Weltkriegs beispielhaft erläutert.

Kissinger schreibt aus amerikanischer Perspektive und für Amerika. Er schildert die US - Außenpolitik als Elefanten im Porzellanladen, dem es dank seiner überragenden Machtfülle in diesem Jahrhundert gegeben war, die Grundsätze traditioneller Gleichgewichtspolitik zu ignorieren und Außenpolitik nach moralischen Gesichtspunkten betreiben. Amerikas demokratisches Wertesystem habe damit in der Welt verbreitet werden sollen. Er läßt keinen Zweifel daran, was ein solches Ziel letzten Endes erfordert: den totalen Sieg über den Gegner. Diesen Sieg hat Amerika in beiden Weltkriegen und im Kalten Krieg erreicht, aber Kissinger sieht die entscheidende Bedingung der extremen Überlegenheit nicht weiterhin gegeben. Er verlangt von den USA, die

---

[9] *Kissinger*, Vernunft, S. 191 f.

III. Die Ambivalenz politischer Kultur

moralisch geprägte Politik angesichts der neuen Weltlage etwas zurückzunehmen, so weit dies nicht zu einer Identitätskrise des Landes führt. Das Bewußtsein moralischer Überlegenheit, das den Vereinigten Staaten in den letzten hundert Jahren inneren Halt gegeben hat, soll sich nicht zu ihrem Nachteil auswirken.

Kissinger entgeht der Gefahr nicht, die Dinge gelegentlich über das notwendige Maß hinaus zu personalisieren. Gerade bei seiner Darstellung der Vorgeschichte des Zweiten Weltkriegs fällt dies auf. Er sieht Stalin als „neuen Richelieu", als raffinierten, ideologiefreien Staatsmann, Hitler als chaotisches und nur von Emotionen getriebenes Element, Roosevelt als undurchschaubaren Machiavellisten, der lediglich nicht clever genug war, auch noch Stalin über den Tisch zu ziehen und Chamberlain als gutwilligen Schwächling, der vor lauter Wunsch nach Appeasement die rationale Analyse der deutschen oder russischen Politik schlicht vergessen habe.

Obwohl er also selbst die Herkunft der Traditionen amerikanischer Außenpolitik zum Thema macht, verzichtet er eigentümlicherweise an diesem Punkt der Darstellung darauf, sie wirklich zu respektieren und auch in anderen Ländern als das zu betrachten, was sie eigentlich sind: unvermeidlich. Jedes Land produziert diplomatische Traditionen, die in seiner Gesellschaft verwurzelt sind und von Regierungsseite zwar phasenweise manipuliert werden können, aber im Hintergrund immer wirksam bleiben. Sie unterliegen nur einem langsamen Wandel, der allenfalls an historischen Einschnitten eine gewisse Beschleunigung erfährt. Es geht daher etwas am Sachverhalt vorbei, die unmittelbare Vorgeschichte des Zweiten Weltkrieges als Kuriositätenkabinett von Versagern, Dämonen und Pragmatikern zu interpretieren. Keiner der Beteiligten war in der Weise frei, wie Kissinger es implizit voraussetzt.

Gesucht wird daher im weiteren eine Darstellung, die dem (bisher) letzten Versuch Europas, eine stabile Ordnung ohne Einfluß außereuropäischer Mächte zustande zubringen, besser gerecht wird. Auf eine Analyse von Diplomatietraditionen und historischem Bewußtsein der wichtigsten beteiligten Länder kann dabei nicht verzichtet werden. Nennen wir also zunächst die Beteiligten und entwickeln ein Modell für die Beurteilung ihrer Politik.

B. Ein Experiment

I. „Logik" der Mächte?

„Aber der Staat lügt in allen Zungen des Guten und Bösen; und was er auch redet, er lügt ....."

Friedrich Nietzsche

1. Parallelen

Es gibt Parallelen zwischen dem Zweiten Weltkrieg und früheren europäischen Hegemonialkämpfen. Ludwig Dehio brachte sie schon 1948 auf den Punkt, ganz im Pathos der Zeit:

> „Nicht Heroismus, nicht Verbrechen konnten die Gegenströmung bezwingen. Umsonst alle Anstrengungen, das jenseitige Ufer dennoch zu gewinnen ... Da ist es der alte Kampf um die Niederlande, der sich erneuert, dann sind es die so oft geschmiedeten Landungsprojekte, dann nach ihrem Versagen das wohlbekannte Streben, durch Ausbreitung auf dem Kontinente sich zu entschädigen, im Osten Rußland sich zu unterwerfen, mit dem sich unter Stalin so wenig wie unter Alexander I. ein fruchtbares Zusammengehen gegen die Insularen ermöglichte, im Südosten und Süden nach Vorderasien und Afrika auszubrechen, um auch ohne Flottenmacht der Enge Europas zu entrinnen; die verzweifelten Versuche also, wieder einmal durch Ausweitung der festländischen Position die auf den Meeren unerschütterliche Seemacht zu balancieren und zu übertrumpfen. Es ist nicht schwer, für jede dieser Strebungen einen ganzen Stammbaum aus den früheren großen Kriegen abzuleiten."[1]

Der Verlauf des Zweiten Weltkriegs läßt sich also mit anderen Kriegen vergleichen. Gilt das auch für seine Entstehungsgeschichte? Findet er seinen Platz in der Reihe der Hegemonialkämpfe des europäischen Kontinents, quasi als deren moderne Version, oder hat er doch die völlig neue Qualität eines nihilistischen Aufstands gegen die Moderne, der in einem Völkermord gipfelte?

Wieviel Sprengstoff diese Frage beinhaltet, mußte Andreas Hillgruber feststellen, der mit seinem Vermittlungsvorschlag, daß es „Zweierlei Untergang", d.h. zwei wesentliche Ereignisse während des Krieges gegeben habe, nämlich

---

[1] *Dehio*, Gleichgewicht, S. 228.

I. „Logik" der Mächte ?

die endgültige Zerstörung Deutschlands als Großmacht (einschließlich des Verlusts Ostdeutschlands) und das Ende des europäischen Judentums, mitten in den Historikerstreit platzte und sich dem Vorwurf der „Relativierung" aussetzte. Schon der bescheidene Hinweis, der Weltkrieg habe nicht nur den moralischen, sondern auch den faktischen Bankrott des Deutschen Reichs bedeutet, wurde als Zynismus gedeutet, als Versuch, das Ausmaß der Ereignisse herunterzureden.

Die nachfolgende Darstellung versucht einen neuen Blickwinkel auf das Mächtesystem der Jahre 1919 - 1941 zu gewinnen. Wenn sich der Zweite Weltkrieg als klassischer Hegemonialkonflikt unter modernen Bedingungen betrachten läßt, muß sich der Ablauf der Ereignisse in einem neuen Licht zeigen lassen. Es muß gelingen, aus den zu beinahe jedem Thema in Hülle und Fülle vorhandenen Spezialuntersuchungen eine in sich stimmige Gesamtsicht zu destillieren, die neben den gängigen Erklärungsmodellen „Diktatur gegen Demokratie", „Habenichtse gegen Etablierte" oder „Notorischer Verbrecher gegen die Menschheit" bestehen kann.

Im Grunde handelt es sich um den Versuch, das europäische Mächtesystem der Jahre 1919 - 1941 aus einer Makroperspektive zu betrachten, die seiner globalen Verflechtung gerecht werden will. Die eingeflochtene Erzählung der europabezogenen Außenpolitik der Mächte zwischen 1919 und 1941 erhebt dabei nicht den Anspruch, durch Aufdeckung unbekannter Tatsachen und die Veröffentlichung neu aufgefundener Dokumente ein neues Geschichtsbild zu schaffen. Dies ist nicht nötig. Die Tatsachen sind bekannt, die Dokumente liegen (weitgehend) auf dem Tisch. Erweitertes Wissen über diese Zeit kann angesichts des bereits von der historischen Forschung dokumentierten Materials nur durch genaueres Nachdenken über dessen Einordnung erreicht werden. Hier wird daher versucht, durch eine zusammenhängende Deutung von Bekanntem eine neue Perspektive für den Blick auf die Vorgänge zu schaffen. Es handelt sich also um ein Experiment.

Dieses Experiment basiert zunächst auf drei Grundthesen über den Verlauf der zwischenstaatlichen Interaktion zwischen 1919 und 1939:

1. Der erste Weltkrieg brachte den Durchbruch der Vereinigten Staaten zur führenden Weltmacht, eine Position, die von den USA während der zwanziger Jahre bewußt auf der Basis ökonomischer Überlegenheit und militärischer Unangreifbarkeit wahrgenommen wurde.

2. Die Weltwirtschaftskrise seit 1929 führte zum Zusammenbruch dieses Herrschaftssystems und zu einer vorübergehenden Renaissance territorialer Machtpolitik. Verschiedene Mächte zweiter Ordnung versuchten, ein dauerhaftes multipolares Weltsystem zu errichten und sich zu diesem Zweck als regionale Vormächte zu etablieren.

3. Die innereuropäischen Querelen während des Umbaus der Versailler Ordnung in den dreißiger Jahren führten zur Zerrüttung des Staatensystems und zu unüberbrückbaren Interessengegensätzen vor allem in Osteuropa, die sich nach der Rückkehr von USA und UdSSR zu einer aktiven Einflußnahme in diesem Gebiet in der zweiten Hälfte des Zeitraums weiter verschärften. Sie entluden sich in einem Krieg, der ebenso weitgehend in den eingefahrenen Bahnen europäischer Hegemonialkonflikte verlief, wie er ihnen in seiner Entstehung gefolgt war.

Im Blickpunkt der Ereignisse stehen Deutschland und diejenigen Mächte, deren Politik für die Entstehung des Krieges und das Zustandekommen der Weltkriegskoalition gegen das Reich entscheidend war. Um der unterschiedlichen Bedeutung einzelner Staaten in diesem Prozeß gerecht zu werden, müssen die europäischen Mächte in zwei Kategorien eingeteilt werden. Die Trennlinie verläuft dabei nicht zwischen „Herausforderern" (Deutschland oder Italien) und „Verteidigern" (Frankreich, Großbritannien) der internationalen Ordnung in der zweiten Hälfte der dreißiger Jahre. Sie scheidet statt dessen zwischen den Mächten, die in der wirtschaftlichen und politischen Krise seit 1929 die Chance zu einer Umgestaltung der Staatenwelt sahen und jenen, die über diesen Zeitpunkt hinaus an den Bestimmungen der Pariser Friedenskonferenzen festhalten wollten und daher auf die „Revisionisten" mäßigend einwirkten.

Dieser Blickwinkel setzt die Frage nach den „Verlierern" des Ersten Weltkriegs voraus; die Frage nach jenen Ländern also, deren Machtansprüche auf europäischer Ebene durch den Krieg und die Nachkriegsbestimmungen nicht befriedigt worden waren und die, als zweite Voraussetzung, über den Willen und das Selbstvertrauen verfügten, dies bei passender Gelegenheit zu korrigieren. Nun, die Weltwirtschaftskrise war eine solche Gelegenheit und der nachfolgende schnelle Zusammenbruch des Vertragssystems der zwanziger Jahre wurde die Konsequenz einer bewußten Demontage des Systems durch die Politik der so entstandenen heterogenen Mächtekombination. (Was um so leichter gelingen konnte, als das Versailler Vertragssystem als *System* wegen der Ablehnung durch die USA nie wirksam wurde. Die internationale Ordnung der zwanziger Jahre beruhte nicht auf Versailles, aber dazu später.)

Wer waren nun also die „Verlierer" des Ersten Weltkriegs, die zu den „Revisionisten" der dreißiger Jahre wurden? Eine Betrachtung unter den oben angeführten Gesichtspunkten ergibt eine durchaus ungewöhnliche Länderliste. Es handelt sich um Deutschland, die UdSSR, Großbritannien und Polen. Das wird später aus der Sicht der einzelnen Länder begründet, soll aber einstweilen wenigstens in Stichpunkten erklärt werden.

I. „Logik" der Mächte?

Beginnen wir mit dem Leichtesten: Für die Nennung Deutschlands in diesem Zusammenhang bedarf es kaum einer Rechtfertigung. Die Revision des Versailler Vertrags, seiner finanziellen, militärischen und territorialen Bestimmungen war ein parteiübergreifendes Ziel der deutschen Politik, wenn auch über den Umfang der Änderungen und die erlaubten Mittel zum Zweck gestritten wurde. Innerhalb des Regierungs- und Beamtenapparates und der Reichswehrführung galt allerdings der Griff zur Waffe in diesem Zusammenhang als selbstverständliche Möglichkeit, so daß die Weimarer Republik insgesamt schon während der zwanziger Jahre eine aktive revisionistische Macht war.

Schwerer wird die Begründung im Fall der Sowjetunion. Es soll in dieser Untersuchung weitgehend auf die bequeme, aber methodisch unsaubere Strategie verzichtet werden, den faktischen Ablauf der Ereignisse als Beleg für früher bestehende Absichten von Einzelpersonen oder Mächten zu verwenden. Die Expansion der Sowjetmacht in den dreißiger und vierziger Jahren kann kein Beweis für entsprechende Absichten Stalins in den Zwanzigern sein. Dennoch deutete die Proklamation des „Sozialismus in einem Land" und die offene Erklärung, die Perspektiven der Revolution seien mit den Interessen der UdSSR praktisch identisch, schon Mitte der zwanziger Jahre die Beschränkung der sowjetischen Politik auf die alten Ziele des russischen Staates an.

Das Sowjetsystem begann damit machtpolitisch den Charakter eines revolutionären Provisoriums zu verlieren (auch wenn rhetorisch weiterhin Weltrevolution getrieben wurde) und wurde zu einer bloßen Staatsform Rußlands. Dieses neue Rußland unterlag naturgemäß ähnlichen strategischen Interessen und geopolitischen Notwendigkeiten wie das alte und bekannte sich zusehends offener auch zum imperialistischen Gehabe des Zarismus, was mit Stalins Entscheidung von 1929, zur Wahrung der russischen Interessen am Eisenbahnnetz der Mandschurei Truppen marschieren zu lassen, international sichtbar wurde. Innerhalb Europas bedingte diese Politik zunächst die Erhöhung des Drucks auf die baltischen Länder und Polen, bis die seit der Besetzung der Mandschurei durch Japan 1931 offen ausgebrochene Krise des internationalen Mächtesystems Stalin zwang, sowohl in Osteuropa als auch gegenüber Japan zurückzustecken (unter anderem die eben noch gegenüber China verteidigten Eisenbahnrechte an Japan zu verkaufen) und jene „Position in der Hinterhand" zu beziehen,[2] die er 1931 öffentlich proklamierte. Die UdSSR konnte warten, ihre strategischen militärischen Fähigkeiten erweitern und im übrigen später dort zuschlagen, wo ihr Gewicht den Ausschlag geben würde. Einstweilen galt es nur, sich durch Mitsprache im internationalen Konzert eine entsprechende

---

[2] So *Klaus Hildebrand* in VjZ (1995), S.195 ff.,

Ausgangsbasis zu verschaffen und die Hinfälligkeit der gegenwärtigen Machtverteilung deutlich zu machen.

Auch für Großbritannien endete der Weltkrieg überaus ernüchternd. Die finanziellen und industriellen Ressourcen der bedeutendsten Vorkriegsmacht waren substantiell angegriffen, die Weltmachtrolle mußte künftig mit den USA geteilt werden, ja letzten Endes war der Zeitpunkt absehbar, an dem die Vereinigten Staaten Großbritannien überflügeln und in die Rolle der zweitrangigen Macht zurückdrängen würden. Wenn man in London daher nachrechnete, was die Empörung über Deutschlands angeblich inakzeptablen Expansionskurs gebracht hatte, so war mit dem Sieg über das wilhelminische Reich nichts gewonnen, als die Ausschaltung der vermeintlichen Bedrohung der britischen Inseln selbst. Die Bedrohung der britischen Weltmacht durch den Aufstieg anderer Industriemächte hatte dagegen einen bedeutenden Schub erhalten, da die verbündeten Konkurrenten USA und Japan ihre Positionen infolge des Krieges ausbauen konnten, während Großbritannien damit beschäftigt war, einen Rivalen eben dieser Mächte in den Staub zu drücken. Im Ergebnis hatte England wohl zum ersten Mal in seiner Geschichte die Geschäfte anderer besorgt, d.h. einen Krieg geführt, der fremden Staaten mehr nutzte als ihm selbst (und dafür fremde Subsidien erhalten).

Diese Kriegsfolgen wurden dadurch institutionalisiert, daß die USA auf der vollständigen Bezahlung der britischen Kriegsschulden bestanden, gleichzeitig im Washingtoner Flottenvertrag die Lösung des britischen Bündnisses mit Japan durchsetzen konnten, Obergrenzen für die Stärke der Royal Navy erzwangen (ein völliges Novum) und sich zu guter Letzt jeder direkten Verantwortung für die europäische Friedensordnung verweigerten. Ersteres entzog England die unverzichtbare finanzielle Unabhängigkeit, das zweite schuf eine offene Rivalität, wo vorher ein bewährtes Bündnis bestand und das dritte verpflichtete England dazu, unter diesen Bedingungen auch weiterhin die Geschäfte der USA zu besorgen und eine Friedensregelung für Europa zu stützen, die britischen Vorstellungen nicht entsprach.

Anders als etwa in Frankreich, wollte man sich in London nicht mit diesen Gegebenheiten abfinden. Wo man in Paris die eigene Ohnmacht während des Krieges deutlich gespürt hatte und das zukünftige Heil nur in einem von den USA garantierten Frieden sehen konnte, bestand in London statt dessen die Bereitschaft, den politischen Teilrückzug der USA aus Europa möglichst zu fördern, dauerhaft zu machen und sich bei Gelegenheit auch aus der finanziellen Abhängigkeit zu befreien, eine Bereitschaft, die in der antiamerikanischen Stimmung der britischen Führungsschicht einen guten Nährboden fand. Voraussetzung dafür war eine kontrollierte Revision der territorialen und finanziellen Regelungen des Versailler Vertrags, die auf europäischer Ebene einen

Beitrag zur Entstehung jenes multipolaren Weltsystems leisten konnte, in dem allein für England noch eine Führungsrolle denkbar war. Auch hierfür schuf die Weltwirtschaftskrise die Voraussetzungen.

Schließlich Polen. Es scheint ein Affront darin zu liegen, dieses Land hier in einem Atemzug mit den Groß- oder gar Weltmächten jener Zeit genannt zu sehen, steht Polen allgemein doch eher in einer Reihe mit der Österreich und der Tschechoslowakei als den ersten Opfern der nationalsozialistischen Expansionspolitik. Eine wirkliche Rolle in der europäischen Vorkriegspolitik wird dem Land nicht zugetraut, es bleibt in der Lage des Objekts, nicht des Subjekts der europäischen Politik. Diese Sicht der Dinge vernachlässigt zwei Gesichtspunkte: Einmal das strukturelle Novum einer zweiten europäischen Mittelmacht zwischen Frankreich und Rußland (besser: einer Macht in Mittellage), was es seit den Zeiten des Ancien Regime nicht mehr gegeben hatte (in dieser Funktion war Polen nicht mit Österreich - Ungarn vergleichbar, da die Donaumonarchie weder Aspirationen in den Ostseeraum noch in die Ukraine hatte und als deutsch dominierte Macht sowohl vor als auch nach 1866 als verlängerter Arm gesamtdeutscher Interessen im europäischen Konzert agierte) und zum anderen die polnischen Ambitionen, diese Rolle einer Vormacht in Mittelosteuropa auch ausfüllen zu wollen. Eine Absicht, von der man wohl sagen kann, daß sie in Paris und London zu keiner Zeit der zwanziger Jahre wirklich verstanden wurde, wo Polen nichts anderes als eine Funktion der westlichen Außenpolitik gegenüber Deutschland und Rußland darstellte, ein Instrument zur Disziplinierung beider Länder.

Zu diesen vier Ländern gesellte sich nach einer wirtschaftlichen und politischen Schwächephase Anfang der dreißiger Jahre der eigentliche Sieger des Ersten Weltkriegs, die Vereinigten Staaten. Man hat den USA oft vorgeworfen, nach dem Ersten Weltkrieg ihre Verantwortung als Siegermacht nicht erkannt zu haben und mit der Verweigerung der Unterschrift unter den Versailler Vertrag jenen Trümmerhaufen europäischer Politik produziert zu haben, den die Europäer selbst nicht wegräumen konnten. Dabei wird vernachlässigt, daß die Politik der USA durchaus nicht nur dem Eigeninteresse des Landes entsprach, sondern in den zwanziger Jahren auch zu einer politischen Befriedung des europäischen Kontinents führte. Innerhalb der wirtschaftlichen Prosperität des Jahrzehnts und der unangefochtenen ökonomischen (und vor allem finanziellen) Dominanz der USA war für europäische Machtpolitik kein Platz. Der „Indian Summer" des Kapitalismus warf genug für alle ab.

Die Wirtschaftskrise seit 1929 wurde allgemein (schon der Begriff des „Indian Summer" zeigt es) als Zusammenbruch von revolutionärem Ausmaß begriffen. Hier ging ein Zeitalter zu Ende, und die fast zwangsläufige Folge war ein politischer und gesellschaftlicher Umbruch in fast allen Ländern. Die USA sahen sich unter diesen Bedingungen seit 1930 sowohl politisch wie materiell außerstande, ihre außenpolitische Rolle in gewohntem Maß auszufüllen. Das Zahlungsmoratorium unter Hoover, die Wahl Roosevelts und dessen Fixierung auf das innenpolitische Ziel des „New Deal" führten zu einem Bruch in der US-Politik, die den begonnenen Umbau der internationalen Ordnung in Ostasien und Europa defensiv hinnehmen mußte und nun selbst in die Rolle des „Verlierers" geriet. Erst Mitte der dreißiger Jahre nahm sie auf persönliche Initiative Roosevelts wieder Kontur an. Jetzt traf Roosevelt allerdings auf jene isolationistische Stimmung in den USA, die wohl als Ausdruck der fortdauernden tiefen Verunsicherung der amerikanischen Gesellschaft verstanden werden muß, durch die öffentlichen Untersuchungen des Kongresses über den Verbleib der Kriegsgewinne aus dem Ersten Weltkrieg neue Nahrung bekam und ihm mit immer strengeren Neutralitätsgesetzen jedes Eingreifen in Europa oder selbst Asien (wo Japan die Vereinigten Staaten seit 1931 offen herausforderte) unmöglich machte. Das dauerte bis in den Januar 1939, als Roosevelt den Fortbestand der Versailler Regelungen in Osteuropa öffentlich zum vitalen Interesse der USA erklärte und auf diese Weise die Vereinigten Staaten aktiv als Machtfaktor in Europa einzubringen begann, der nun seinerseits einen „revisionistischen" Charakter bekommen hatte, denn der US - Präsident zeigte deutlich, daß er die zwischenzeitlich entstandenen Fakten in Europa, Asien und Afrika (Äthiopien) nicht anerkennen würde.

In dieser Liste fehlt Italien. Das hat mehrere Gründe, vor allem aber den, daß das Land auch zu Mussolinis Zeiten nicht über eine Mitläuferrolle in der europäischen Politik hinauskam. Obwohl mit den Ergebnissen der Pariser Verträge unzufrieden, wo es Italien nicht gelungen war, die Habsburger Monarchie (wie von den Alliierten bei Kriegseintritt versprochen) entscheidend zu beerben, blieb Mussolini doch bereit, die Nachkriegsordnung im wesentlichen zu stützen. Bei Gelegenheit wollte er wohl die Eingliederung Dalmatiens nachholen, Albanien, Korsika und die Balearen standen auch auf der Wunschliste und etwas kolonialer Zuwachs in Afrika sollte es ebenfalls sein, aber selbst alles zusammengenommen ergab das eher eine Zufallsauswahl, ein Sammelsurium an Einzelposten, als eine Vision vom „Mare Nostro". Eitelkeiten des italienischen Nationalismus ließen sich auf diese Weise befriedigen, die internationalen Machtverhältnisse hätten sich aber selbst bei einer vollen Umsetzung des Programms nicht geändert. Italien war mangels Masse und durch seine Randlage einfach nicht in der Lage, einen großen europäischen Krieg auszulösen. Ja, es mußte sich angesichts seiner vollständigen Importabhängigkeit sogar davor fürchten, in einen hineingezogen zu werden (solange der Sieger nicht feststand), wie Mussolini sehr genau wußte. Trotz aller aggressiven Rhetorik versuchte er deshalb mäßigend auf die anderen Mächte einzuwirken.

I. „Logik" der Mächte?   35

In dieser Liste fehlt ebenfalls Frankreich, was nun niemanden überraschen wird, da die französische Politik spätestens seit Ende der zwanziger Jahre eigentlich nichts anderes ausdrückte als den ehrlichen Wunsch, in Ruhe gelassen zu werden. Zwar konnte man in Paris mit den unvorhergesehenen Rückwirkungen von Versailles nicht zufrieden sein, wo Deutschlands strategische Situation gegenüber Frankreich im Ergebnis verbessert worden war. Aber die Versuche blieben erfolglos, durch Gründung eines neuen westdeutschen Staates im Rheinland daran substantiell etwas zu ändern, sie wurden schon 1923 aufgegeben und an die Verwirklichung des früheren ehrgeizigen Ziels einer französischen Rheingrenze war gar nicht zu denken. Frankreich hatte den Weltkrieg psychologisch als Verteidigungskrieg geführt (und vorbereitet) und war weder politisch noch emotionell auf eine offensive Politik gegenüber Deutschland eingestellt, selbst wenn man die Mittel dafür besessen hätte. Elsaß - Lothringen sollte zurückgewonnen werden und die Deutschen sollten von dem französischen Boden vertrieben werden, auf dem sie seit 1871 standen, das hatte jahrzehntelang als letzte Begründung der französischen Politik gegolten und nachdem es erreicht war, konnte man nur schwer (und letzten Endes gar nicht) darüber hinausgehen. Die französischen Grenzen bildeten wieder das traditionelle Hexagon und mehr wäre auch in Paris als unangemessene Wucherung empfunden worden.

Frankreich hatte seine territoriale Form gefunden (was bei kontinentalen Staaten unvermeidlich länger dauert als bei insularen, aber dennoch ein glücklicherweise vorhandener Trend zu sein scheint) und hoffte inständig, daß die Deutschen ihre nun auch endlich finden würden. Was leider nicht der Fall war, im Gegenteil stand dort nach dem Weltkrieg in dieser Beziehung wieder alles in Frage. Wo sich vor 1914 nur versteckte radikale Zirkel für eine Expansion Deutschlands in *Europa* ausgesprochen hatten und damit aus dem Konsens der Zufriedenheit über die nach 1871 erreichte Identität der Bevölkerung mit ihrem Staat (Deutschlands „innere Einheit" war schon immer ein Problem) ausbrachen, waren Grenzdebatten jetzt Allgemeingut. Die Identität mit den später ausgiebig beschworenen „Grenzen von 1937" wuchs nur langsam. Aber sie nahm immerhin zu und so wäre das Karussell der europäischen Kriege, das außereuropäischen Mächten ja erst die Gelegenheit zum Eingreifen und Mitfahren verschafft hatte, in den zwanziger Jahren schon fast (nicht ganz, so lange in Osteuropa die Politik von nationalistischen Träumern bestimmt wird) angehalten worden. Bis zum endgültigen Stop galt es Zeit zu gewinnen und nichts anderes versuchte Frankreich in der Zwischenkriegszeit.

Außenpolitik läßt sich nicht nur als Diplomatiegeschichte darstellen. Sie unterliegt einem breiten Einflußspektrum durch Faktoren aus Innen-, Sozial- und Wirtschaftspolitik, sowie gesellschaftlichen Traditionen und geschichtlichen Erfahrungen einzelner Länder. Dazu kommen geostrategische Bedingungen, die sich entweder nicht oder nur in sehr großen Zeiträumen wandeln und daher die Konstante im Wettbewerb der Mächte stellen. Sie werden allerdings in der Moderne zunehmend durch technische Innovationen unter Druck gesetzt, ein Prozeß, der sich in der langen Krise der dreißiger Jahre besonders beschleunigte und dem daher eine wichtige Rolle zukam. Daß das Gewicht dieser Faktoren von Land zu Land unterschiedlich zu bewerten ist, macht die Einschätzung ihres Einflusses auf politische Entscheidungen nicht gerade leichter. So scheint es zunächst auf der Hand zu liegen, daß der Faktor „öffentliche Meinung" in autoritären Systemen eine geringere Rolle spielt als in demokratisch verfaßten Mächten. Das Bild ändert sich jedoch sofort, sobald unter „öffentlicher Meinung" mehr als ein Rauschen im Blätterwald verstanden wird, denn sinnvollerweise sollten in diesen Begriff auch Ergebnisse des informellen Informationsaustauschs innerhalb von Entscheidungseliten eingehen, auf deren Gleichklang mit der Führungsebene auch ein diktatorisches Regime angewiesen ist. Als Beispiel seien hier die Pläne innerhalb der deutschen Generalität genannt, Hitler zu beseitigen, falls er im Herbst 1938 den Angriff auf die Tschechoslowakei befohlen hätte. Es ist bezeichnend, daß es solche Pläne ein Jahr später gegenüber Polen nicht im gleichen Umfang gab. Das war nicht nur auf die Enttäuschung über die Haltung der Westmächte im Jahr zuvor zurückzuführen. Hier konnte Hitler vielmehr auf den Konsens einer in Jahrzehnten gewachsenen Polenfeindschaft zurückgreifen, die den Krieg gegen dieses Land bei seinen Generalen zwar nicht gerade populär, aber doch als nationales Ziel prinzipiell unumstritten machte. Wo der geplante Angriff auf die Tschechoslowakei moralische Bedenken ausgelöst hatte, galt der Einmarsch in Polen allenfalls aus taktischen Gründen als unklug.

Beispielhaft für das Mißverständnis zwischen Eliten verschiedener Tradition ist im gleichen Zusammenhang die in Großbritannien 1939 recht verbreitete Erwartung, Hitler könnte als Folge einer Kriegserklärung gestürzt werden, wie das im Jahr vorher von deutschen Widerständlern noch in Aussicht gestellt worden war. Die besondere Zerrüttung des deutsch - polnischen Verhältnisses, die den Krieg gegen Polen trotz verbreiteten Widerwillens mehr zu einer nationalen Angelegenheit machte, als es gegenüber jedem anderen Land möglich gewesen wäre, war der britischen Elite schlicht entgangen. Das zeigen andererseits auch die kuriosen Gerüchte von dem angeblich bevorstehenden deutschen Überfall, die London im Januar 1939 in den Niederlanden ausstreute. Nie und nimmer hätte Hitler aus dem Frieden heraus diesen Angriff befehlen können, ohne seine eigene Stellung unmöglich zumachen. Tatsächlich gab es solche Pläne deutscherseits auch genausowenig wie etwa einen Angriffsplan auf Frankreich oder Belgien (im Januar 1939 gab es nicht mal einen für Polen). Das ganze Szenario entsprach eher britischen Urängsten vor einer fremden Kontrolle der Kanalküste als realen Möglichkeiten.

Obwohl also auch Diktaturen in gewissen Maß auf die Öffentlichkeit ihres Landes Rücksicht nehmen müssen (und sie daher nach Kräften zu manipulieren suchen), bleibt deren Rolle naturgemäß gering, letztlich auf die indirekte Vermittlung durch die Führungsschicht der zweiten Reihe angewiesen und ist mit dem Meinungsdruck in demokratisch verfaßten Ländern nicht zu vergleichen. Eine freie, von keinem staatlichen Organ gelenkte Presse kann für jede demokratische Regierung zu einem existentiellen Problem werden, um so mehr als ihr Einfluß auch von Gegnern innerhalb des eigenen Lagers zum Regierungssturz genutzt werden kann. (Die Versuchung, diesen Druck durch populistische Manipulation in eine angenehme Richtung zu lenken, ist daher, wer wollte es bestreiten, Demokratien ebenfalls nicht fremd.) Eine banale Tatsache, die man sich in Erinnerung rufen sollte, denn es ist eine der Thesen dieser Untersuchung, daß nicht zuletzt solche Umstände die Eskalation des Jahres 1939 beschleunigten.

Grundsätzlich läßt sich sagen, daß alle westlichen Verhandlungspartner Hitlers und besonders auch die amerikanische Regierung unter dem Druck einer Öffentlichkeit standen, die während der dreißiger Jahre eine wachsende Abneigung gegen die späteren Kriegsgegner entwickelte. Ihr stand zwar eine nicht weniger große Abneigung gegen jede kriegerische Auseinandersetzung gegenüber (zu deren Überwindung besonders der amerikanische Präsident Roosevelt jahrelang Horrorszenarien über die angeblich unmittelbare Gefährdung der USA verbreiten mußte) aber sie trug doch dazu bei, die Entwicklung einer rationalen Politik der Westmächte gegenüber Deutschland, Italien und Japan zu erschweren.

Damit sind drei Gruppen genannt, deren Verhalten in modernen Staaten die Entwicklung außenpolitischer Entscheidungen wesentlich beeinflußt: Die Entscheidungsträger qua Amt (Regierungschefs, Außenminister), die Führungselite aus Militär, Wirtschaft und Politikern der zweiten Reihe und die Öffentlichkeit in einem weiten Sinn. Ohne dieses einfache Modell überstrapazieren zu wollen, wird es im folgenden ein Teil des Gerüsts sein, an dem sich die Darstellung bei dem Versuch entlanghangelt, der eigentümlichen Dialektik moderner Außenpolitik zu folgen. Daß diese sich nur in einem äußerst eingeschränkten Sinn „logisch" weiterbewegt, wird ohne weiteres deutlich werden.

II. Der Weg zur Nachkriegszeit (I)

1. Europa und der erste Weltkrieg

„Es ist in letzter Zeit eine weltgeschichtliche Erscheinung zum Bewußtsein der Völker gekommen, die ich hoch veranschlage: Das ist die Bildung großer Reiche, das

Selbstbewußtsein dieser Reiche, das Bestreben sich gegen andere abzuschließen. Unser östlicher Nachbar .... ist imstande, fast alle Produkte ... selbständig hervorzubringen. Jenseits des atlantischen Ozeans nimmt die Bevölkerungszahl der Vereinigten Staaten von Amerika von Jahr zu Jahr zu: Ihr Kraftbewußtsein, ihre Energie ...... nimmt zu. ...... Der Schauplatz der Weltgeschichte hat sich erweitert; Damit sind die Proportionen andere geworden, und ein Staat, der als europäische Großmacht eine Rolle in der Geschichte gespielt hat, kann, was seine materielle Kraft angeht, in absehbarer Zeit zu den Kleinstaaten gehören. Wollen nun die europäischen Staaten ihre Weltstellung aufrecht erhalten, so werden sie nach meinem Dafürhalten nicht umhin können ...... eng aneinander sich zu schließen."[3]

So begründete Reichskanzler Georg Leo Graf von Caprivi im Dezember 1891 die von ihm vorgelegten Handelsverträge des Deutschen Reichs mit Österreich - Ungarn, Italien und Belgien. Schon auf den ersten Blick wirken die Sätze ungewöhnlich für eine Ära, in der die Europäer gerade dabei waren, im Namen von „Weltpolitik" auch den letzten Rest des Globus unter sich aufzuteilen und in jeder größeren Hauptstadt das Gefühl, Weltmacht zu sein (oder werden zu können) noch zum selbstverständlichen Teil des eigenen Wertgefühls gehörte. Der Eindruck täuscht nicht. Tatsächlich bekannte sich Bismarcks glückloser Nachfolger hier zu einem ehrgeizigen, aber völlig unzeitgemäßen Projekt: Hinter seinen Handelsverträgen steckte nicht weniger als die Vision einer politischen Zusammenarbeit ganz Europas, die letzten Endes in der Gründung der „Vereinigten Staaten von Europa" gipfeln sollte, wie Alfred Graf von Waldersee nach einem Gespräch mit ihm ziemlich erstaunt in seinem Tagebuch notierte.[4] Es war der Versuch, dem neugegründeten deutschen Nationalstaat (der sich selbst in völliger Fehleinschätzung der eigenen Existenzgrundlage und souveräner Ignoranz gegenüber dem historischen Novum eines deutschen Zentralstaats als „Reich" betitelte) eine politische Perspektive aufzuzeigen. Da Deutschland in Zukunft nicht mehr die Funktion als Spielwiese und Schlachtfeld für die Machtinteressen ganz Europas wahrnehmen mußte, die es seit mindestens zweihundertfünfzig Jahren fast ausschließlich gehabt hatte, konnte es durchaus der Motor einer europäischen Friedensordnung werden. Der Kuchen war verteilt. Das Machtvakuum in Mitteleuropa hatte sich gefüllt und es mußte sich niemand mehr in Paris, Moskau, Berlin oder Wien die naheliegenden Gedanken darüber machen, wie das Chaos der deutschen Kleinstaatenwelt zum eigenen Vorteil auszunutzen wäre. Europa hatte an Stabilität gewonnen.

---

[3] Reichskanzler *Caprivi* vor dem Reichstag am 10.12.1891.

[4] *Meisner, Heinrich Otto* (Hrsg.): Denkwürdigkeiten des General - Feldmarschalls *Alfred Grafen Waldersee* II, S. 161, Stuttgart 1925, zit. n. *Willms*, Nationalismus, S. 550.

Der weitere Verlauf ist bekannt: Caprivi konnte sich weder gegen die Interessen der preußischen Großagrarier noch gegen den herrschenden romantischen Nationalismus durchsetzen und machte sich nicht zuletzt durch seine Handelsverträge mit verschiedenen europäischen Mächten genug innenpolitische Feinde, um bereits 1894 sein Amt zu verlieren. Mit ihm verschwand auch die Idee von einer übergreifenden politischen Zusammenarbeit der europäischen Staatenwelt vorläufig aus den Kanzleien. Der (im großen und ganzen durchaus vorhandene) Konsens über den Grenzverlauf zwischen den Großmächten begann nicht zuletzt durch die Rivalitäten in Übersee nach und nach abzunehmen. Man wollte allseits Weltmacht spielen und verlor darüber die Zerbrechlichkeit der eigenen Stellung aus den Augen und das nicht nur in Deutschland, wie nach dem Ende des Ersten Weltkriegs die europäischen „Siegermächte" feststellen mußten. Es hatte in dieser Auseinandersetzung niemand soviel gewinnen können, wie sich aus einer Zusammenarbeit leicht hätte erzielen lassen.

Nun war es auch 1891 schon keine Neuigkeit mehr, daß die europäischen Mächte für eine nachhaltige Weltmachtrolle eigentlich zu klein waren. Alexis de Tocqueville galt der Aufstieg Nordamerikas und Rußlands zu weltbeherrschenden Mächten schon Anfang des Jahrhunderts als ausgemacht und auch er hatte bereits seine Vorläufer. Und Nachfolger wie Robert Seeley, der in einem Ausblick auf die Trends der Weltpolitik des ausgehenden 19.Jahrhunderts Bismarck oder sein neugegründetes „Reich" nicht einmal erwähnte und statt dessen ebenfalls die Vereinigten Staaten und Rußland im Kommen sah.[5] Längst war das entstanden, was nach der Jahrhundertwende unter dem Stichwort „Geopolitik" als eigenständige Wissenschaft Karriere machte, ohne wesentlich mehr zu vertreten als die simple Wahrheit, daß kontinentale Masse früher oder später auch imperiale Macht werden würde. Einsichten, die im Vorkriegseuropa zwar nicht ganz vergessen wurden, aber doch der verbreiteten Meinung weichen mußten, der Mangel an schierer Größe könnte durch koloniale Ausbeutung und Flottenrüstung ausgeglichen werden. Der regional extrem begrenzte Verlauf des ersten „Weltkriegs" fügte dieser Überzeugung etliche Kratzer zu. Europa paralysierte sich, für jedermann sichtbar, selbst. Um sich in Flandern oder Polen gegenseitig niederzukämpfen, dazu waren Kolonialreiche oder Flotten nicht nötig und nur wenig nützlich. Diese beiden klassischen Instrumente vor allem der britischen Interventionspolitik auf dem Kontinent hatten durch das Industriezeitalter ihren Wert weitgehend eingebüßt (auch wenn die britische Seeblockade in Deutschland einige Schäden anrichtete). Weder konnten die Westmächte aus ihren Kolonien die entscheidende Hilfe beziehen, noch wurde Deutschland durch den Verlust seiner Überseegebiete

---

[5] *Dehio*, Gleichgewicht, S. 21.

besonders getroffen. Entscheidend wurde, wie bereits gesagt, die Intervention einer außereuropäischen Macht: der Vereinigten Staaten.

Amerikas Präsident Woodrow Wilson hatte schon im Vorfeld des amerikanischen Kriegseintritts kaum einen Zweifel daran gelassen, daß die Vereinigten Staaten nicht in den Krieg eintreten würden, um den europäischen Status quo wiederherzustellen, auch nicht mit gewissen Veränderungen. Nein, nach dem Krieg würde nichts mehr so sein wie bisher, vertraute Wilson im August 1914 seinem Schwager an. Es sei völlig klar, daß die Beziehungen der Staaten untereinander auf eine neue Basis gestellt werden müßten, was er in die vier Gedanken zusammenzog, daß es in Zukunft keinem Land mehr erlaubt sein sollte, Gebiete zu erobern, daß kleine Völker dasselbe Recht haben sollten wie große, Kriegsmaterial nicht mehr von Privatfirmen hergestellt werden dürfte und es eine Vereinigung der Länder zum gegenseitigen Schutz geben müßte.[6] Widerstände unter den Europäern gegen diese Ziele wollte er nicht dulden, wie er ein paar Jahre später im April 1917 erklärte:

„Wenn der Krieg vorbei ist, können wir sie zwingen, sich unserer Denkweise anzuschließen, denn bis dahin werden sie nicht nur in finanzieller Hinsicht von uns abhängig sein."[7]

Diese „Denkweise" Wilsons umfaßte 1917 schon wesentlich mehr als die oben genannten vier Punkte, sie interpretierte sich selbst als eine neue Weltordnung des Friedens, der kollektiven Sicherheit und des Freihandels, wie Wilson im Folgejahr die Weltöffentlichkeit wissen ließ. Die acht „unverrückbaren" Punkte der berühmten vierzehn Forderungen an eine neue Friedensordnung, die er am 8. Januar 1918 dem Kongreß präsentierte, nannten als grundsätzliche Voraussetzungen dafür die offene Diplomatie, den freien Zugang zu den Meeren, allgemeine Handelsfreiheit, Rüstungsbegrenzung und die Einrichtung des Völkerbundes. Im Gegensatz zu weitverbreiteten Ansichten war die nationale Selbstbestimmung 1918 kein Teil dieser prinzipiellen Forderungen mehr, sie war irgendwann zwischen 1914 und 1917 auf der Strecke geblieben Wilson nannte statt dessen konkrete Ziele zu einzelnen Problemkreisen, etwa die Wiederherstellung der Integrität Belgiens und Rußlands, da „vom Standpunkt reiner Logik ... dieses Prinzip, das an und für sich gut sei, zur völligen Unabhängigkeit verschiedener kleiner Nationalitäten führen (müsse) ... . Bis zum äußersten getrieben würde es jedoch die Zerstörung bestehender Regierungen bis zu einem unbestimmten Grade bedeuten."[8] Prinzipiell war

---

[6] *Rauh*, Geschichte, S. 73/74.

[7] Zit. n. *Kissinger*, Vernunft, S. 241; vgl. auch *Wilson*, Memoiren, S. 81 f.

[8] Zit. n. *Zimmermann*, Ära, S. 47.

Wilson also schon für das „Gute" unterwegs, aber was damit gemeint war, bestimmte er lieber selbst.

Es ist sehr fraglich, ob eine Intervention der USA in den großen europäischen Krieg ohne jene moralische Komponente möglich gewesen wäre, die für das amerikanische Selbstverständnis so entscheidend wichtig war und die den gedanklichen Hintergrund von Wilsons 14 Punkten lieferte. Aus ihrer eigenen Sicht standen die Vereinigten Staaten den „verschlagenen Europäern" diametral gegenüber, „die Amerika in das Netz ihrer ebenso korrupten wie althergebrachten Beziehungen zu locken suchten",[9] so sah man es noch im Washingtoner Senat während der Debatte über den Beitritt zum Völkerbund.

Die oben zitierte Bemerkung Wilsons an seinen Berater E.M. House deutet aber an, daß dies nicht die ganze Wahrheit war. Das hohe Selbstwertgefühl einer Nation, die sich als Ganzes, in ihrer Gesellschaftsordnung und ihrer Politik „im Recht" fühlte, beinhaltete eine Identität von Eigeninteresse und Moral, die sich für die europäische Vorstellungswelt kaum fassen ließ. (Allenfalls in Frankreich konnte sich wegen der Berufung auf die revolutionäre Tradition bis heute ein vergleichbares Sendungsbewußtsein behaupten, das allerdings durch die nationalistische Verhetzung während des Weltkriegs in den zwanziger Jahren auf einem Tiefpunkt angekommen war. Der deutsch - französische Konflikt galt in Paris zu sehr als Frage von Leben und Tod, um noch Spielraum für größere Visionen von einer gerechten europäischen oder gar globalen Ordnung übrig zu lassen.)

Was aus europäischer Perspektive 1919 daher wie blanke amerikanische Naivität wirkte, zeigte in Wahrheit den Horizont einer Weltmacht, vor dem die territorialen europäischen Angelegenheiten notwendig etwas klein wirkten. Einen Horizont, der den Europäern verlorengegangen war. Wilson kam durchaus nicht nach Europa, um aus den Europäern bessere Menschen zu machen und ihren politisch zersplitterten Kontinent sorgfältig nach ethnischen Gesichtspunkten aufzudröseln, sondern um ihnen zu zeigen, wer künftig das Sagen hatte. Dazu gehörte, den Kontinent im Sinn einer pax americana zu befrieden, die in erster Linie den amerikanischen Bedürfnissen nach Freihandel Rechnung trug und nebenbei auch die politische Rivalität zu den europäischen „Verbündeten" der USA, ein Wort das Wilson gerne vermied, ein für alle Mal zugunsten der Vereinigten Staaten entscheiden sollte. „Die Menschheit sehnt sich heute nach der Freiheit des Lebens, nicht nach einem Gleichgewicht der Mächte", erklärte er Anfang 1917 vor dem Senat,[10] ein Motiv, auf das er vor Beginn der Versailler Verhandlungen in einer Ansprache in der Londoner

---

[9] *Kissinger*, Vernunft, S. 256; vgl. auch *Wilson*, Memoiren, S. 31 ff.

[10] *Wilson*, Werk, S. 151.

Guildhall am 28. Dezember 1918 wieder zurückkam: „Sie (die alliierten Soldaten) kämpften, um die alte Ordnung zu beseitigen und eine neue zu begründen. Der Kern und das Wesen der alten Ordnung aber war jener schwankende Zustand, den wir das Gleichgewicht der Mächte zu nennen pflegen."[11] Wer die „Freiheit des Lebens" allein bringen konnte, darüber gab es in Washington keinen Zweifel, es waren der amerikanische Way of Life und die politische Dominanz der einzigen Weltmacht USA.

Die immer noch verbreitete Verwunderung darüber, warum Wilson den (von ihm gar nicht prinzipiell vertretenen) Grundsatz des Selbstbestimmungsrechts der Völker in Versailles ohne viel Federlesens über Bord warf, als er zunächst der Eingliederung Südtirols in Italien zustimmte, dann die Balkanisierung Osteuropas ohne große Rücksicht auf ethnische Gegebenheiten zuließ und schließlich die Entkolonialisierung von der Tagesordnung strich, findet so eine logische Auflösung. Es ging ihm eben nicht „um Bekehrung statt Geopolitik" (Kissinger); er trieb in Wahrheit Geopolitik reinsten Wassers, wenn auch im US-amerikanischen Stil. Das Wort vom „Empire by Invitation" (Geir Lundestad) wurde erst nach dem Zweiten Weltkrieg erfunden,[12] hätte aber gerade auf Wilsons gleichzeitig moderaten und nachdrücklichen Politikstil schon gut gepaßt. Es lag allemal im amerikanischen Interesse, nach dem uralten Prinzip des Teilens eine kleine Staatenwelt in Europa zu etablieren und so das alte System des Gleichgewichts unter amerikanische Aufsicht zu stellen. (Nicht umsonst definierte Franklin Roosevelt nur zwanzig Jahre später das Fortbestehen dieser Staatenwelt als nationales Interesse der USA.) De facto entstand so eine amerikanische Hegemonie über den Kontinent, deren Instrument in erster Linie die finanzielle Abhängigkeit *aller* europäischen Staaten von den USA werden würde. Eine substantielle Bedrohung der Versailler Friedensordnung durch eine europäische Macht war unter diesen Umständen ausgeschlossen, um so mehr, wenn sich nach der Etablierung des Völkerbunds zur finanziellen auch die institutionelle Gängelung jedes Störenfrieds gesellen würde. Diese politischen Möglichkeiten im Schuldenverhältnis Europas zu den USA hatte Wilson ja schon 1917 freudig vermerkt und sie überlagerten die Nachteile der Versailler Ungerechtigkeiten bei weitem.[13]

---

[11] Ebd., S. 283.

[12] *Juncker*, Deutschland, S. 2.

[13] Daß der fertige Vertragstext trotz allerhand publizistischer Kritik an der angeblichen Naivität des amerikanischen Präsidenten vorwiegend *Wilsons* Intentionen wiedergab, gestanden auch die anderen Konferenzteilnehmer wie *Clemenceau* im nachhinein widerwillig zu. Vgl. *Wüest*, Vertrag, S. 53/54.

II. Der Weg zur Nachkriegszeit (I)

Oder hätten sie überlagert. Wenn das Versailler Vertragssystem jemals in Kraft getreten wäre. Aber das geschah nicht, weil Rußland und die Vereinigten Staaten, die beiden wichtigsten Mächte der neuen europäischen Ordnung, dem Vertragswerk nicht beitraten. Das war nicht das Ende des Versailler *Vertrags*, wohl aber das Ende des Versailler Vertrags*systems*. Zwischen beiden muß unterschieden werden, denn nur weil er nicht mehr Teil eines tragfähigen Gesamtkonzepts war, konnte der Versailler Vertrag seine schädliche Wirkung auf Europa entfalten. Andernfalls wären seine Kuriositäten wahrscheinlich in den nächsten Jahrzehnten nach und nach im gegenseitigen Einverständnis beseitigt worden (was im Vertrag selbst ausdrücklich vorgesehen war), so aber kam ihnen eine nachhaltig spannungsfördernde Rolle zu.

Sehen wir uns das Vertragswerk unter diesem Aspekt noch einmal kurz an. Es ist zurecht gesagt worden, der Vertrag sei für Deutschland so schlecht gar nicht gewesen. Immerhin erhielt er die Einheit und weitgehend auch die Größe des Staats und machte ihn damit weiterhin zu einer respektablen europäischen Macht. Deutschlands Verbündeten wie dem Osmanischen Reich und Österreich - Ungarn wurde demgegenüber gleich die weitere staatliche Existenz verwehrt, ein Schicksal, das der deutschen Delegation als Mahnung vor Augen stand und wesentlich dazu beitrug, die Bereitschaft zur Vertragsunterzeichnung zu fördern. (Und im Nebeneffekt den Wert der deutschen Einheit noch erhöhte, da es in Ost- und Südosteuropa keinen ernsthaften Konkurrenten mehr gab) Dieser positive Aspekt wird jedoch von einem entscheidenden Fehler des Vertrags verdeckt: Er war ganz und gar kein *Abschluß* des Krieges.

Das fing schon bei den Grenzregelungen an, die der Vertrag zum Großteil statt einer eindeutigen Festlegung einem Sammelsurium an späteren Volksabstimmungen und Völkerbundentscheidungen überließ. Der Verlust Elsaß - Lothringens, Posens und Westpreußens war zweifellos bitter, stand aber als Tatsache im Vertrag, ebenso wie das Beitrittsverbot Österreichs. Man hätte sich in Deutschland in einigen Jahren damit abgefunden, was sich in Fall Elsaß - Lothringens ja bald zeigte, dessen erneute Eingliederung selbst in den wildesten rechtsnationalen Kreisen kaum zum Thema wurde. (Und niemand anders als Adolf Hitler wußte schon in den zwanziger Jahren, daß auch der Anschluß Österreichs bald oder nie erfolgen müßte, bevor die Österreicher sich an ihre neue Lage, klein aber endlich allein, gewöhnt hätten. Auch über den polnischen Korridor dachte er ähnlich, verglich ihn immer wieder mit Südtirol und eben dem Elsaß, die er beide schon abgeschrieben hatte, was im Korridor noch durch die Einsicht verstärkt wurde, daß schon während des Kaiserreichs in freien Wahlen kaum noch eine deutsche Mehrheit zustande zu bringen war.)

Aber das waren Ausnahmen in einem Vertragstext, der ansonsten durch seine schwammigen Regelungen jahrzehntelange Aufregung garantierte. Die

Unterschrift bescherte Deutschland z.B. von vornherein fünfzehn Jahre Unsicherheit darüber, ob das Saargebiet nun zur Republik gehören würde oder nicht. Darüber hatte der Völkerbund zu entscheiden, „unter Berücksichtigung des durch die Volksabstimmung ausgedrückten Wunsches" wie es in § 35 hieß. Eine Automatik für die Rückkehr zu Deutschland war das nicht, wie eine vergleichbare Abstimmung in Oberschlesien bald zeigte, das (auch schon fast zwei Jahre nach Vertragsunterzeichnung) mehrheitlich für Deutschland stimmte - und doch geteilt wurde. Die Sieger hatten sich die Grenzregelungen eben vorbehalten. Das führte nicht immer zu so spektakulärer Willkür wie in Oberschlesien, es gab auch die kleinen Gemeinheiten wie beim vertraglich versprochenen freien Zugang Ostpreußens zur Weichsel (Artikel 97), der am Schluß noch die Breite eines Feldwegs hatte. In jedem Fall sicherte der Vertrag den Siegermächten die letzte, und damit auf Jahre hinaus unsichere Entscheidung zu.

Wo schon die Festlegung und Durchsetzung der wichtigsten Grenzregelungen im Nachkriegseuropa also für mehrjährige Aufregung sorgte, setzte die Unzahl der wirtschaftlichen und finanziellen Einzelregelungen des Papiers diese Linie konsequent fort. Die (oft bemerkte) besondere Unfähigkeit der modernen Staatenwelt, überhaupt noch Frieden zu schließen, paarte sich hier mit dem strukturellen Chaos einer Mammutkonferenz von zehntausend Teilnehmern und hunderten von Ausschußsitzungen. Da nun jedes Gremium seine Existenzberechtigung auch nachzuweisen wußte, enthielt der letztendlich angenommene Vertragsentwurf einen Wulst an Detailbestimmungen zu allem und jedem, der beim Lesen auch siebzig Jahre später noch abwechselnd Erstaunen, Gelächter und Ärger auslöst. Was nicht im Text stand, sollte bei Bedarf angeordnet werden können, so bestimmte es die bürokratische Formulierungskunst, aus der hier einige Leckerbissen in lockerer Auswahl präsentiert werden sollen:

- „In jedem Fall ist es Sache der .... vorgesehenen Grenzregulierungskommissionen, festzusetzen, ob die Grenze den etwaigen Veränderungen des Wasserlaufs ... folgen soll." (Artikel 30)

- „Sollte Deutschlands formeller Beitritt zu solchen Abkommen (über Belgien, d. Verf.) oder zu irgendeiner Bestimmung solcher Abkommen verlangt werden, so verpflichtet sich Deutschland schon jetzt, ihnen beizutreten." (Artikel 31)

- „Die Höhe der erwähnten Schäden, deren Wiedergutmachung von Deutschland geschuldet wird, wird von einer interalliierten Kommission festgestellt werden." (Artikel 233)

- „Deutschland erklärt im voraus seine Zustimmung zu den so gefaßten Beschlüssen." (Artikel 364) „Internationale Tarife ..... sollen geschaffen werden, wenn eine der alliierten und assoziierten Mächte es von Deutschland verlangt." (Artikel 365)

- „Deutschland hat die Anweisungen auszuführen, die ihm hinsichtlich der Beförderung durch eine im Namen der alliierten und assoziierten Mächte handelnde Behörde gegeben werden." (Artikel 375)

- „Zu jeder Zeit kann der Völkerbund die Abänderung derjenigen vorhergehenden Artikel vorschlagen, welche auf dauernde Verwaltungsregeln Bezug haben." (Artikel 377)

- „Nach Ablauf von fünf Jahren vom Inkrafttreten des Vertrags ab können die Vorschriften der Artikel 321 bis 330, 332, 365, 367 bis 369 jederzeit durch den Rat des Völkerbundes abgeändert werden." (Artikel 378)

- „Die durch die Besetzung (des Rheinlandes, d. Verf.) und den jetzigen Vertrag nicht erledigten Fragen werden Gegenstand späterer Vereinbarungen sein, welche anzuerkennen Deutschland sich schon jetzt verpflichtet." (Artikel 432)

Sicherheit über Deutschlands Zukunft brachten die Unterzeichner des Vertrags also nicht gerade mit nach Hause. Eindeutig bestimmt war vorläufig nur die prinzipielle Abhängigkeit der Republik vom Wohlwollen der Siegermächte, während offen blieb, wie sie im einzelnen ausgestaltet werden sollte. Die bald einsetzenden und nicht mehr endenden Debatten um die richtige „Interpretation" der einzelnen Artikel offenbarten schnell, was John Maynard Keynes schon kurz nach der Unterzeichnung präzise erfaßt hatte, als er den Vertrag ein „Instrument" nannte.[14] Ein „Instrument" um Deutschland weiterhin unten zu halten, auf dem je nach Verhalten des Kriegsgegners zu spielen war, oder das zur beliebigen Manipulation durch die Siegermächte dienen konnte. In diesem Sinn (dessen Nachhaltigkeit er allerdings zutiefst bezweifelte) werde der Vertrag sich schon bewähren, wenn man nur darauf zu spielen wisse, lautete Keynes Fazit.[15]

Das Vorläufige des Vertrags wurde auch andernorts bemerkt und fand seinen meist zitierten Ausdruck in dem Satz, es handle sich um einen „Waffenstillstand von zwanzig Jahren". Dieses oft zitierte Diktum von Marshall Foch faßt das ganze Unbehagen der Beteiligten zusammen, das sich allerdings nicht nur machtpolitisch, sondern auch moralisch begründete. Schließlich ignorierte der Vertrag nahezu alles, wofür die Entente in den letzten Jahren angeblich ge-

---

[14] Andere zogen ökonomische Metaphern vor: Der „Economist" nannte den Vertrag 1919 „very little more or less than a blank cheque". Zit. n. *Wüest*, Vertrag, S. 45.

[15] In: The Economic Consequences of the Peace, London 1919.

kämpft haben wollte: Die nationale Selbstbestimmung wurde durch die neuen Grenzen in Osteuropa und im Nahen Osten fast überall verletzt. Ebenso wurden die demokratischen Revolutionen in den Mittelmächten nicht durch gleichwertige Anerkennung ihrer Regierungen belohnt. Auch hatte man sich nicht an die Waffenstillstandsbedingungen gehalten, keine Nahrungsmittel nach Deutschland hineingelassen und den Hungertod ungezählter Menschen zumindest mitverursacht. Alles gute Gründe, um die beiden Fundamente des Vertrags, die alliierte Einigkeit und die deutsche Erfüllungsbereitschaft, zu untergraben.

Präsident Wilson konnte den Kongreß nicht überzeugen, sich auf dieses Instrumentarium verpflichten zu lassen. Außerhalb seines Beraterstabs behielt man Wilsons eigene Erkenntnis klarer im Auge, daß die Vorteile des Kriegsergebnisses sich für die USA aus seinen finanzpolitischen und wirtschaftlichen Folgen für alle europäischen Mächte quasi von selbst ergaben und nicht durch kleinkarierte Bestimmungen über die Stärke der Brieftaubeneinheit bei den deutschen Fernmeldetruppen (Artikel 180, Tafel 1) ergänzt werden mußten. Mit gutem Instinkt witterte der Senat die Gefahr, künftig in europäischen Konflikten Handlangerdienste für die Europäer erfüllen zu müssen (auch wenn die Völkerbundsakte keine direkte Verpflichtung zu solchen Einsätzen festlegte). Aus amerikanischer Sicht war aber die Notwendigkeit weiterer amerikanischer Interventionen in Europa nicht gegeben und wenn doch, wollte sich der Kongreß die Entscheidung darüber von keinem Gremium vorschreiben lassen, auch nicht durch moralischen Druck. Sobald Mitglieder des Völkerbunds selbst in Streitigkeiten verwickelt werden sollten, würde zudem ihr Stimmrecht in diesen Angelegenheiten erlöschen. Die eigentlich vorgeschriebene Einstimmigkeit der Völkerbundentscheidungen (Artikel 5) wurde außer Kraft gesetzt, so daß die beteiligten Mächte kein Veto - Recht besaßen, wie es später für die Ratsmitglieder der Vereinten Nationen eingerichtet wurde.[16] Unter diesen Umständen ließ sich der Völkerbund nicht als Instrument amerikanischer Außenpolitik nutzen. Der Kongreß lehnte also den Vertrag im März 1920 ab und schloß mit Deutschland, Österreich und Ungarn separate Friedensverträge, in denen weder vom Völkerbund noch von Kriegsschuld die Rede war (wohl aber von Freihandel unter Meistbegünstigung). Kurze Zeit später zerbrach über dem Streit über die Besetzung des Ruhrgebiets auch der britisch - französische Konsens und damit war bereits Anfang der zwanziger Jahre die Basis des Versailler Vertrags endgültig zerfallen. Frankreich alleine konnte (um im Bild zu bleiben) das Instrument nicht spielen, dazu fehlte ihm die Luft.

---

[16] Vgl. dazu *Pfeil*, Völkerbund, S. 48 ff.

III. Zwischenbetrachtung: Kollektive Sicherheit in Mächtesystemen

Der ganze unübersichtliche Komplex von Staatenwelt und zwischenstaatlichen Beziehungen wird oft unter dem Stichwort Mächtesystem zusammengefaßt, ein Begriff, in dem (wie es bei eingefahrenen Begrifflichkeiten zu sein pflegt) manche unterschwellige Bedeutung mitschwingt. Tatsächlich besitzt das Mächte*system* im Grunde nur selten die wichtigste Eigenschaft eines Systems, nämlich ein „einheitlich geordnetes Ganzes" zu sein, oder anders formuliert, eine Klasse von Objekten zu bilden, deren Beziehungen nach *einem* Prinzip geregelt werden. Auf staatlicher Ebene würde ein solches Prinzip z.B. in einer einheitlichen Rechtsauffassung der zwischenstaatlichen Beziehungen zu suchen sein, im Idealfall ergänzt durch die (heute vielbeschworenen) „gemeinsamen Werte", was die interne Verfassung der einzelnen Staaten betrifft und abgerundet durch eine gemeinsam getroffene und allgemein akzeptierte Regelung über den territorialen Umfang der einzelnen Staaten. Solche Bedingungen waren in der europäischen Geschichte nur sehr sporadisch erfüllt, meistens in der Folge von umfassenden Kongressen, von denen der Wiener Kongreß der erfolgreichste war.

Aber eine solche Situation stellt in der Geschichte eine Ausnahme dar, die sich nur durch geduldigen Dialog unter Gleichgestellten in gewissen Ausnahmesituationen erreichen läßt. Der Normalfall der Geschichte ist allenfalls „geregeltes Chaos", wie es Henry Kissinger vor einigen Jahren ausgedrückt hat,[17] d.h. ein Zusammenwirken souveräner Subjekte, mit unterschiedlichen Rechtsvorstellungen, unterschiedlichen Verfassungsstrukturen und extrem unterschiedlichen Machtpotentialen.

Vieles an der Außenpolitik dieses Jahrhunderts läßt sich daher als der vergebliche Versuch begreifen, aus diesem Chaos zu einem internationalen System zu kommen, das dem Namen gerecht wird. Der erste große Anlauf dazu wurde bekanntlich in Versailles gemacht, wo versucht wurde, alle drei genannten Faktoren, vor allem aber die Rechtsvorstellungen über zwischenstaatliche Beziehungen nach einheitlichen Prinzipien zu regeln - unter dem Stichwort der „kollektiven Sicherheit".

Der Begriff der „kollektiven Sicherheit" ist seinem Ursprung nach ein Gegenbegriff.[18] Er steht für ein Konzept zwischen - oder überstaatlicher Sicherheit, mit dem das klassische Denken in Allianzen und Bündnissen abgelöst werden soll. Man könnte sagen, daß kollektive Sicherheit und Bündnisse sou-

---

[17] *Kissinger*, Sechs Säulen der Weltordnung, S. 7.

[18] *Menk*, Gewalt, S. 15.

veräner Staaten die zwei Extreme bilden, zwischen denen sich die Ordnung des Staatensystems prinzipiell bewegen kann. Ein Bündnis souveräner Staaten ist dabei nichts anderes als der Ausdruck des grundsätzlichen „Rechts zum Krieg", auch zum Angriffskrieg, das seit dem Aufkommen des Nationalstaats zu dessen Rechten gehörte. Bündnisse richten sich per Definition gegen bestimmte Bedrohungen, sie enthalten genau definierte Verpflichtungen für eine Gruppe von Staaten, die durch gemeinsame nationale Interessen oder wechselseitige Sicherheitsbelange aneinander gebunden sind - und sie bestimmen mehr oder weniger direkt den Gegner.[19]

Auf der anderen Seite des Spektrums findet sich die Idee der kollektiven Sicherheit, die unter anderem auch eine Absage an genau dieses zentrale Element staatlicher Souveränität enthält, nämlich an das Recht auf die eigene Entscheidung über Krieg und Frieden. Kollektive Sicherheit nennt keine bestimmte Bedrohung, erlaubt keine Unterschiede zugunsten einer einzelnen Nation und benachteiligt niemanden. Theoretisch soll ein solches System *jeder* Bedrohung des Friedens gleich begegnen, ganz egal, von wem sie ausgeht und gegen wen sie gerichtet ist. Kollektive Sicherheit verteidigt das internationale Recht an und für sich und bemüht sich um seine Durchsetzung, ähnlich dem Gerichtssystem im inneren der einzelnen Staaten. Analog zur innerstaatlichen Ordnung gehört es dabei zur Grundidee, daß der Störer der sozialen wie der zwischenstaatlichen Ordnung aus den eigenen Reihen kommen kann.

Beide Konzepte bilden wie gesagt theoretische Extreme, was nichts anderes heißt, als daß sie in der Praxis nicht vorkommen. Weder hat es je eine Akzeptanz dafür gegeben, wenn ein Staat einen anderen ohne nachvollziehbaren Rechtsgrund, z.B. einfach wegen einer günstigen Gelegenheit angegriffen hat, noch hat es bisher ein kollektives Sicherheitssystem gegeben, in dem die Staaten ihr Recht auf Kriegführung an die Allgemeinheit abgetreten hätten.

Wohl gibt es spätestens seit dem Ersten Weltkrieg einen Trend zu immer stärkeren und verbindlicheren multilateralen Sicherheitsnetzen, aber noch immer liegen sowohl die Entscheidung über den Einsatz von militärischen Mitteln als auch die Feststellung, wer der Aggressor ist, im Ermessen einzelner Mächte (heutzutage vor allem bei den fünf ständigen Mitgliedern des Weltsicherheitsrats).

Es gehört also zu den Grundelementen kollektiver Sicherheit, daß sie den potentiellen Aggressor in den eigenen Reihen vermutet (im Fall einer weltweiten Organisation also für alle offen sein muß), daß sie alle gleich behandelt und daß es einen Automatismus geben muß, der die gegen Aggressoren gerichteten Maßnahmen festlegt. Nun soll der Versailler Vertragstext auch auf

---

[19] Ebd., S. 29 f.

III. Kollektive Sicherheit

diese Elemente kollektiver Sicherheit hin kurz untersucht werden, um den ersten Versuch der Errichtung eines kollektiven Sicherheitssystems unter diesen Kriterien zu bewerten. Die Bewertung fällt (man ahnt es schon) in wesentlichen Teilen negativ aus.

Schon beim ersten Kriterium, der Universalität, scheiterte der Völkerbund während der gesamten Dauer seiner Existenz. Zunächst prinzipiell, als man sich nicht entschließen konnte, die ehemaligen Feindstaaten aufzunehmen, dann zunehmend faktisch wegen des Fernbleibens der Vereinigten Staaten, der Sowjetunion und einiger Kleinstaaten und schließlich wegen zahlreicher Austritte, von denen die Japans, Deutschlands und Italiens die wichtigsten waren. Im Ergebnis gehörten zwischen 1919 und 1939 zu keinem Zeitpunkt alle wichtigen Mächte zu dieser Organisation.

Weiterhin setzte die Errichtung eines universellen Kriegsverhütungssystems eigentlich voraus, daß dieses System für alle Mitglieder der Völkerrechtsgemeinschaft gleiche Rechte und Pflichten enthielt. Auch daran scheiterte der Völkerbund von Anfang an, als er die rechtliche Abwicklung des Ersten Weltkriegs mit dem Anspruch der Schaffung einer universalen Friedensordnung verknüpfte. Das besiegte Deutschland war folgerichtig zunächst ausschließlich Objekt des Völkerbundbetriebs, da die Organisation mit der Durchführung und Überwachung des Versailler Vertrags beauftragt war. Das Recht zur jederzeitigen, im Zweifel auch bewaffneten Intervention in Deutschland, das der (Paragraph 18 der Anlage 2 zum Abschnitt VIII) Vertrag den Alliierten für den Fall der nicht fristgemäßen Wiedergutmachungsleistungen zubilligte, die Angriffsdeklaration des Art. 44 und schließlich das unbeschränkte Investigationsrecht, das die Alliierten durch einfachen Mehrheitsbeschluß im Völkerbundsrat ausüben konnten, waren einseitige Souveränitätsbeschränkungen, die Deutschland auch während seiner Mitgliedschaft zwischen 1926 und 1935 nicht beseitigen konnte.[20]

Schließlich scheiterte der Völkerbund auch an der schwersten Aufgabe, Kriterien für das Vorliegen einer Aggression zu erarbeiten und für diesen Fall verbindliche Sanktionen gegen den Aggressor vorzusehen. Was nach dem Zweiten Weltkrieg den Vereinten Nationen nicht gelang, konnte auch in den zwanziger Jahren nicht erreicht werden, obwohl der Völkerbundsrat mit dem im September 1923 vorgelegten Genfer Protokoll dem Ideal der kollektiven Sicherheit schon sehr nah kam. Allerdings beschränkte sich das Protokoll auf Bundesmitglieder, ließ also weiterhin die wichtigsten Staaten außen vor und scheiterte dann bekanntlich ohnehin an der Weigerung Englands, den Text zu unterzeichnen. Es war eine nach diesen vergeblichen Versuchen fast logische

---

[20] *Menk*, Gewalt, S. 269.

IV. Der Weg zur Nachkriegszeit (II)

1. Großbritannien

„Within these very British limitations his objective was the same as that which Churchill had put to Lloyd George in memorable words during 1920 - prudence and appeasement."[21]

Im November 1918 konnte Großbritannien tief durchatmen, als mit der Internierung der deutschen Flotte im schottischen Scapa Flow die spektakulärste Bedrohung der britischen Inseln in der Neuzeit zu Ende ging. Keine andere politische Entwicklung hatte bis dahin in London eine vergleichbare Aufregung verursacht wie der Aufbau der deutschen Hochseeflotte seit 1898, denn der Besitz von weltweiten Verbindungen und die Stützpunktsysteme des Empire konnten wenig trösten, solange die Heimat dem unmittelbaren Zugriff einer hochgerüsteten fremden Seemacht ausgeliefert war. Ob diese Flotte überhaupt in feindlicher Absicht aufgebaut wurde, galt in England dabei letztlich als nebensächlich. Entscheidend waren das Potential, das in ihr lag, und die Herausforderung an britische Lebensinteressen, die damit verbunden war. In einer Zeit, in der man sich in London noch immer mit so exotischen militärischen Planspielen wie etwa einer Verteidigung Kanadas gegen die Vereinigten Staaten beschäftigte, war es undenkbar, den Aufbau einer weiteren Bedrohung einfach hinzunehmen oder sich von ihm politisch erpressen zu lassen, worauf man in Berlin immer gehofft hatte. Die deutsche Flotte konnte nie zum Gegenstand eines politischen Handels zwischen England und dem Reich werden, sie wurde in London viel zu sehr als Provokation einer aufmüpfigen Kontinentalmacht empfunden, der im Fall des Nachgebens weitere folgen würden.

Unter dem Eindruck der deutschen Hochrüstung hatte Großbritannien daher die Lösung *aller* anderen strukturellen Probleme der Verteidigung des Empire zurückgestellt und nicht nur seinerseits in neue Großkampfschiffe investiert, sondern auch die Positionen in Übersee nach und nach aufgegeben. Zuletzt räumte die Royal Navy nach den Bündnisabsprachen mit Frankreich 1912 sogar das Mittelmeer, das doch jahrhundertelang als Lebensader des ganzen Empire gegolten hatte.

---

[21] Zit. n. *Feiling*, Life, S. 250. *Feiling* zitiert nach „The World Crisis: The Aftermath" (1929), S. 378.

IV. Der Weg zur Nachkriegszeit (II)

„Der gewaltigen und drohenden Armada auf der anderen Seite der Nordsee wegen haben wir uns aus den fernen Ozeanen nahezu zurückgezogen. Wir sind in der Lage des Römischen Reiches, als die Barbaren an die Grenzen pochten. Das unheilvolle Wort ist wieder da. Wir haben die Legionen heimgerufen ......"[22]

So faßte „The Standard" am 29. Mai 1912 die Lage zusammen. Die Rolle, die diese Konstellation in der Vorgeschichte des ersten Weltkriegs gespielt hat, wurde bereits oft untersucht und braucht hier nicht erneut dargestellt zu werden. Für den weiteren Gedankengang ist nur von Belang, daß allein die potentielle Bedrohung Englands durch die Hochseeflotte bereits die Verteidigung des Empire unmöglich machte. Die Weltmacht Großbritannien schrumpfte zu einer europäischen Größe, die Navy schlüpfte in die Rolle einer Küstenflotte, die in traditionellen britischen Einflußgebieten wie Ostasien und der Karibik nur noch symbolisch präsent war und die dortigen britischen Besitzungen mehr oder weniger dem Wohlwollen der verbündeten regionalen Anrainer Japan und USA überließ. Was 1939 gelten sollte, war 1912 schon vorgezeichnet: England war eben keine „asiatische" Macht, auch wenn man sich das in London während der letzten Jahrzehnte gerne eingeredet hatte. Trotz aller strategischen Wechselwirkungen zwischen den ausgedehnten britischen Interessengebieten in Indien und Ostasien wurde die Zukunft Englands in Europa entschieden und so brach der Krieg im September 1939 auch wieder als europäischer Krieg aus, als Streit über ausschließlich europäische Angelegenheiten.

Nun war 1918 der Hauptgegner erledigt, die Royal Navy konnte wieder umgruppiert werden und die britischen Interessen ließen sich künftig erneut weltweit militärisch absichern - gegen wen auch immer, denn einstweilen war kein Gegner in Sicht. Schließlich waren die einzigen weiteren bedeutenden Seemächte Japan und USA als Verbündete Englands gegen die Mittelmächte aufgetreten und die kontinentale Bedrohung Indiens durch Rußland entfiel dank der bolschewistischen Revolution ebenfalls. Der Weg Großbritanniens schien daher 1918 vorgezeichnet zu sein und in mancherlei Hinsicht den Jahren nach 1815 zu gleichen: weitgehende Demobilisierung der Landstreitkräfte, deutliche Verringerung der Navy, finanzielle und psychische Erholung von den Kriegsstrapazen in einer lang andauernden Friedenszeit. Aus mancherlei Gründen wurde daraus jedoch nichts. Statt dessen wurde offensichtlich, daß die Probleme Großbritanniens mit dem Sturz Deutschlands und Rußlands keineswegs gelöst waren.

Verantwortlich dafür war aus britischer Sicht in erster Linie das Verhalten der USA. Schon vor dem Krieg hatte das Schiffbauprogramm der US-Marine den Gedanken an eine gleichwertige britische Präsenz in der westlichen Hemi-

---

[22] Zit. n. *Kennedy*, Seemacht, S. 227.

sphäre zunehmend anachronistisch werden lassen. Während des ganzen 19. Jahrhunderts hatte man einen militärischen Konflikt mit den USA durchaus in Erwägung gezogen und noch 1899 äußerte der Unterstaatssekretär des Indien - Amts gegenüber Lord Curzon, er habe vor zwei Mächten, „und nur vor zwei Mächten" Angst: „den Vereinigten Staaten und Rußland, ..., weil wichtige Teile unserer Dominien für sie militärisch sehr viel einfacher zu erreichen sind, als für uns. Man kann bedauern, daß Kanada und Indien keine Inseln sind, aber wir müssen diese Tatsache anerkennen und unsere Politik danach ausrichten."[23]

Zu dieser Zeit verdoppelte die US-Marine bereits die Zahl ihrer Großkampfschiffe von sechs auf zwölf, während zwölf weitere bereits im Bau waren. Da Kanada ohnehin nicht zu verteidigen war und nun auch die Seestreitkräfte in die Minderheitenposition gerieten, war die britische Position unhaltbar geworden und wurde stillschweigend den Amerikanern überlassen, was zum ersten Mal bei der britischen Zustimmung zum Bau des Panamakanals sichtbar wurde, der eigentlich durch den Clayton - Bowler - Vertrag von 1850 verboten war und fast ausschließlich den USA nutzte. Der Sekretär des neu gebildeten Committee of Imperial Defence bemerkte dazu gegenüber Balfour, die USA mit Japan in einen Topf werfend:

„Es ist besser, nicht darüber zu sprechen, daß wir der Meinung sind, unsere Präsenz in der Nähe der Marine Basen der Vereinigten Staaten, in der Karibik und im Nordatlantik müsse aufgegeben werden. Das hat natürlich in diesem Teil der Welt einige strategische Aspekte verändert. In nicht allzuferner Zeit werden wir uns auch der japanischen Marine in ihren eigenen Gewässern nicht mehr entgegenstellen können. Man muß Tatsachen akzeptieren, sie aber nicht in alle Welt hinaus posaunen."[24]

Daß man in London wesentlich weniger geneigt war, die Tatsache einer deutschen Seeherrschaft in der Nordsee zu akzeptieren als eine entsprechende amerikanische in der Karibik oder eine japanische in Ostasien entsprach der Natur der Dinge. Es gab jedoch ein jähes Erwachen, als nach dem Ende des Kriegs die irreversiblen Folgen des Rückzugs aus diesen Regionen offensichtlich wurden, den seit 1911 Winston Churchill als erster Lord der Admiralität mit zu verantworten hatte. Churchills naive Annahme aus der Vorkriegszeit „wenn wir die große Schlacht auf dem entscheidenden Kriegsschauplatz gewinnen, dann können wir alles weitere nachher in Ordnung bringen",[25] wurde eindrucksvoll widerlegt. In den drei Jahren zwischen der Versailler Konferenz und dem Abkommen von Washington schädigten die Vereinigten Staaten die

---

[23] India Office Library, Curzon Akten, *Godley* an *Curzon*, 10.11.1899, zit. n. *Kennedy*, Seemacht, S. 231.

[24] Zit. n. *Kennedy*, Seemacht, S. 236.

[25] Zit. n. *Kennedy*, Seemacht, S. 247.

britische Vormachtposition nicht weniger, als es die deutsche Hochrüstung der Vorkriegszeit geschafft hatte. Drei Umstände waren dafür maßgebend:

1. Die USA verlangten die vollständige Rückzahlung der Kriegskredite, die sie Großbritannien gewährt hatten.

2. Sie drohten, mit einer weiteren Verstärkung ihrer Marine Großbritannien endgültig den Rang als erste Seemacht abzulaufen.

3. Sie zwangen Großbritannien, das bewährte Bündnis mit Japan aufzugeben.

Ein Wettrüsten mit den USA wurde in Erwägung gezogen, war aber angesichts der Finanzlage ganz ausgeschlossen, wie Lloyd George treffend formulierte: „Wir würden uns dem größten Potential der Welt gegenübersehen."[26] Die Aussicht auf Krieg gar, darin war sich das Kabinett einig, war „gräßlich", „schrecklich" und letztlich „undenkbar". So zog man nach Washington, um das von den USA präsentierte Abkommen zu unterschreiben, das dem Empire eine privilegierte, aber keineswegs mehr einzigartige Stellung zuwies. Es war der Schlußstein im Gebäude der Nachkriegsregelungen. Seit diesem Abkommen war offensichtlich, daß England keine Gelegenheit haben würde, seine Finanzen in der kommenden Friedenszeit in Ordnung zu bringen. Ganz im Gegenteil hatten die USA das Schuldenkarussell aus deutschen Reparationszahlungen, Kredittilgung der westeuropäischen Mächte und eigenem Kapitalexport in Gang gesetzt, das die Weltwirtschaft der zwanziger Jahre bestimmen sollte. England hatte seine finanzielle Autonomie eingebüßt.

Es büßte auch seine militärische Eigenständigkeit ein Stück weit ein, denn durch das Washingtoner Abkommen bestimmten zum ersten Mal internationale Verträge die britische Flottenstärke und nicht mehr die Ansicht der Admiralität darüber, was der eigene Bedarf sei. Konkret hatte das zur Folge, daß die britische Flotte an die Stärke der amerikanischen gebunden war und dank eines zehnjährigen Baustopps für Großkampfschiffe auch nicht erneuert werden konnte. Der gerade erst beschlossene Neubau von acht Großkampfschiffen mußte eingestellt werden.[27] Zu allem Überfluß vergrätzte das Washingtoner Abkommen auch noch den alten Verbündeten Japan, gegenüber dem man auf amerikanische Intervention hin nicht nur vertragliche Absprachen verletzte, die für Japans Kriegseintritt mitentscheidend gewesen waren, sondern dem man auch die militärische Gleichstellung verweigerte.[28]

---

[26] Ebd., S. 305.

[27] *Hall*, Arms Control, S. 26 f.

[28] *Hall*, Arms Control, S. 30 f.

Im Ergebnis stand Großbritannien 1922 finanziell, militärisch und politisch auch nicht wesentlich besser da als vor dem Krieg. Lediglich der Wegfall der unmittelbaren Bedrohung der britischen Inseln konnte auf der Habenseite verbucht werden, ohne daß sich deshalb die alte Weltmachtposition wiederherstellen ließ. Diese Position hatten nun die Vereinigten Staaten, die sich in „splendid isolation" von den verbindlichen politischen Paktsystemen der Welt fernhielten und dennoch überall ihren Einfluß geltend machen konnten. Großbritannien mußte bis auf weiteres den Juniorpartner der USA spielen, formal militärisch gleichberechtigt und politisch ungebunden, aber über den Hebel des Finanzsystems vom Wohlwollen Washingtons abhängig. Ironischerweise hatte England die Rolle eingenommen, die es selbst seit Jahrhunderten verschiedene kontinental-europäische Mächte spielen ließ: Wo man eigene Ziele zu verfolgen glaubte, hatte man im Ergebnis einen Stellvertreterkrieg für eine insulare Macht geführt, Subsidien erhalten und in nie dagewesenem Ausmaß eigene Soldaten bluten lassen. Den Nutzen hatten die Insularen, wie dies immer der Fall gewesen war.[29]

Andererseits galt für England in großem Maßstab, was für Deutschland im kleinen galt. Der Krieg und sein Ende mochten die finanziellen, materiellen und psychischen Reserven des Landes angegriffen haben, aber sein Potential war ungebrochen. Unter anderen Umständen, etwa nach der Tilgung der Schulden und der Erholung der Weltwirtschaft, konnte vielleicht die Abhängigkeit von den USA abgeschüttelt und die pax americana wenigstens teilweise durch eine erneute pax britannica ersetzt werden. Voraussetzung dafür war allerdings die Entstehung eines multipolaren Mächtesystems, das Gelegenheit für ein Spiel mit Bündniskonstellationen und anderen politischen Manövern bieten mußte und von den USA nicht zu dominieren sein durfte. Das erneute Entstehen von festgefügten Militärblöcken mußte vermieden werden, da die jüngste Vergangenheit deren konfliktverschärfende Wirkung erwiesen hatte.

Die Entwicklung der letzten Jahrzehnte hatte aus Sicht Londons gezeigt, daß als erste Bedingung dafür in Europa ein Gleichgewicht herrschen mußte, das auf dem Kontinent Frieden und Prosperität garantierte, ohne eine Macht hervorzubringen, die England selbst gefährlich werden konnte. Sollte die Insel erneut gezwungen werden, den Großteil ihrer Ressourcen zur eigenen Verteidigung aufzuwenden, war das Empire nicht zu halten. Die Voraussetzung für einen solch stabilen Zustand war nichts anderes als - Appeasement, wie Premier Lloyd George am 3. April 1922 vor dem Unterhaus ausführte:

---

[29] Vgl. dazu vor allem *Hall*, Arms Control, S. 34 f., der als Konsequenz von einem tief verwurzelten (deeply embedded) Anglo - Amerikanischen Antagonismus während der zwanziger Jahre spricht.

"I do not believe you are going to restore trade, business and employment until you appease the whole of Europe."[30]

Lange vor dem Auftauchen irgendeiner ernsthaften Gefahr für die Versailler Friedensregelungen durch etwaige Revisionsbemühungen europäischer Mächte war damit der Begriff geboren, der die britische Politik der nächsten zwanzig Jahre bestimmen sollte. Ein allgemeiner Ausgleich sollte das Kriegsergebnis korrigieren, freien Handel ermöglichen und den „beati possidentes", zu denen Großbritannien allemal noch gehörte, die Wahrung ihres Besitzstandes erlauben. Neville Chamberlain und sein Außenminister Lord Halifax interpretierten dieses Modell später folgerichtig noch umfangreicher und ganz offen im Sinn eines „world appeasement, to which all nations have got to make their contributions", wie Halifax am 17. Februar 1938 vor dem Unterhaus erklärte und womit er unter anderem auch die USA meinte.[31]

Einstweilen begann man, wenigstens im militärischen Bereich auf die Zeit vor der deutschen Herausforderung zurückzugehen. Die aus der Not geborenen Umgruppierungen der Flotte wurden so weit als möglich rückgängig gemacht. Im Mittelmeer gab es wieder einen größeren Kampfverband, ebenso wurden erneut kleinere Kreuzerverbände in der Karibik, Kanada, Südamerika, Südafrika und Ostasien stationiert. Die Handelspolitik verzeichnete einen leicht protektionistischen Kurs und ging auf amerikanische Forderungen nach Meistbegünstigung nicht ein.

Ohne den Konkurrenzdruck der geschlagenen Russen und Deutschen gab es nun auch wieder reichlich Zeit für die britische Marotte, sich weltweit in anderer Leute Angelegenheiten einzumischen, kurz, die Rückgruppierung der Flotte ging mit einer Renaissance imperialen Gebarens einher, dem die Zerschlagung des Osmanischen Reiches gerade im Nahen Osten neue Betätigungsfelder eröffnet hatte. So versuchte England, teils gegen, teils im Verbund mit Frankreich während und nach dem Krieg den Nahen Osten komplett neu einzuteilen und legte dabei erfolgreich den Grundstein für so ziemlich alle Konflikte, die diese Region noch in den neunziger Jahren zum Krisenherd machen.

---

[30] Parliamentary Debates, House of Commons, Bd. 152, Sp. 1897, zit. n. *Niedhart*, Appeasement, S. 69. *Niedhart* zitiert hier allerdings mehr aus begriffsgeschichtlichen Motiven und verlegt die politische Umsetzung des Appeasement - Konzepts und vor allem dessen Gebrauch als politisches Schlagwort in die dreißiger Jahre, wo er durch die Wirtschaftskrise und der folgenden Infragestellung des internationalen Systems durch die revisionistischen Mächte die Voraussetzungen dafür gegeben sieht. Der Appeasement - Begriff soll im folgenden jedoch wesentlich erweitert und als erklärendes Paradigma für die britische Politik bereits während der zwanziger Jahre genutzt werden, als britische Form des Revisionismus.

[31] Zit. n. *Niedhart*, Appeasement, S. 70.

Denn nicht anders als in Osteuropa auch, blieb die Neuregelung letztlich konzeptionslos und zufällig. Soweit nicht einzelne Gebiete Kompensationsobjekt für innereuropäische Streitigkeiten wurden (Libyen), entstand in einem langen Prozeß der Balkanisierung aus der Konkursmasse des Osmanischen Reichs ein Sammelsurium nie gehörter Staaten, begründet mal nach dynastischem Prinzip (Jordanien, Saudi-Arabien), mal nach wirtschaftlich - strategischen Gesichtspunkten (Syrien, Irak), mal aus romantischen Gründen (Israel, d.h. vorerst nur das Versprechen der Balfour - Deklaration) oder auch nur schlicht als Kriegsergebnis (Türkei). Allen gemeinsam waren die ethnische Vielfalt ihrer Einwohner und die Neigung, dies durch Terror, Bevölkerungsumschichtung und/oder Völkermord zu kaschieren. Eines der größten Völker der Region, die Kurden, fiel dabei durch das Raster und mußte seine Existenz künftig als Minderheit in fünf anderen Staaten fristen. Ein anderes, die Armenier, fand sich zwischen den Fronten wieder, zahlte mit hunderttausenden Toten und erhielt ebenfalls keinen eigenen Staat. Auch die Griechen gehörten zu den Verlierern und mußten den von den Briten unterstützten Versuch, die von Griechen bewohnten Gebiete im westlichen Kleinasien mit Griechenland zu verbinden, mit dem Verlust dieser uralten Siedlungsgebiete bezahlen. Französische und russische Waffenlieferungen (Lenin ließ schon einmal kurz die sowjetische Entschlossenheit aufblitzen, die alten Einflußzonen russischer Politik nicht preiszugeben) hatten die Türken in die Lage versetzt, diese Region zurückzuerobern.

Das ganze war ein Desaster der britischen Politik in dieser Region. Nur eine direkte militärische Aktion konnte helfen und so verfaßten Lloyd George und Churchill das sogenannte „Chanak - Kommuniqué", in dem sie die Dominions ohne vorherige Konsultation zur Hilfeleistung aufforderten, als Ergebnis aber nur den Sturz der eigenen Regierung beschleunigten. Die Dominions nahmen keine Befehle mehr aus London entgegen. Im September 1922 trat Lloyd George zurück.

Um wenigstens die Essentials der britischen Ziele zu retten, d.h. solch „wichtige Dinge" wie die Entmilitarisierung der Dardanellen und die freie Einfahrt britischer Kriegsschiffe ins Schwarze Meer, durchschlug Lord Curzon unter der neuen Regierung den aus der nationalen Selbstbestimmung gewobenen gordischen Knoten und erlaubte der Türkei die Vertreibung aller in Kleinasien ansässigen Griechen (ca. 1.35 Millionen). Das war ein Novum, an das Lloyd George noch während der Versailler Konferenz nicht einmal gedacht hatte, als er die großen deutschen und ungarischen Minderheiten in den neuen Nachbarstaaten als künftigen Unruheherd ausmachte. Es sollte ein Präzedenzfall werden, der die Phantasie britischer Politik in den nächsten Jahrzehnten beschäftigte und während der dreißiger Jahre auch schon als künftige Lösung für Mitteleuropa gehandelt wurde.

Die altbewährten Mittel des britischen Imperialismus hatten versagt. Wenig war übriggeblieben von Churchills vollmundiger Ankündigung, man werde schon alles andere in Ordnung bringen, wenn Deutschland erst geschlagen sei. Statt dessen zerfiel das Empire nun beschleunigt zum Commonwealth of Nations und ließ die britischen Inseln allein auf den Kolonien und Mandaten sitzen, die wie Mühlsteine am Hals des Landes zu hängen begannen. Ironischerweise hatte Churchill selbst das „Chanak - Kommuniqué", den letzten Anstoß zur außenpolitischen Selbständigkeit der Dominions, mit geschaffen. 1923 erhielten sie das Recht, selbst Staatsverträge abzuschließen und seit 1925 behielten sie es sich vor, britische Verträge mit Dritten selbst zu ratifizieren. Mit all dem konnte man in London ebensowenig zufrieden sein wie mit den Versailler und Washingtoner Vertragsregelungen und so machte sich dort langsam die Unzufriedenheit mit den internationalen Verhältnissen breit, verbunden mit einer Ahnung von deren Vorläufigkeit.

2. Polen und der Mythos von 1772

Zur Charakterisierung der polnischen Politik nach der Wiedergründung des Staates

„Es gibt einen Grad ... von historischem Sinne, bei dem das Lebendige zu Schaden kommt und zuletzt zugrunde geht, sei es nun ein Mensch oder ein Volk oder eine Kultur."

Friedrich Nietzsche[32]

Als während des Ersten Weltkriegs die Gründungswelle neuer Nationalstaaten anzuschwellen begann, spülte sie bekanntlich zunächst Polen nach 130-jähriger Unterbrechung wieder auf die europäische Landkarte. Schon 1915 glaubte der deutsche Generalstab durch diese Staatsgründung antirussische Gefühle der polnischen Bevölkerung am besten für deutsche Ziele nutzbar machen zu können, ein Projekt, dessen Vorteil sich für die deutsche Sache als zweifelhaft erwies, das aber trotzdem als Modell für das weitere deutsche Vorgehen in dem eroberten Westen Rußlands diente. Die fast überall latent vorhandenen Nationalismen wurden gegen die russische Herrschaft ausgespielt, um nach dem Frieden als Hebel für die neue deutsche Vorherrschaft dienen zu können. So wurden bereits während des Krieges die Voraussetzungen für die Gründung der neuen Staaten geschaffen, die nach deutschen Plänen dem Reich über dynastische Verbindungen angegliedert werden sollten.

---

[32] *Friedrich Nietzsche*, Vom Nutzen und Nachteil der Historie für das Leben, Stuttgart 1976, S. 104.

Es mag auch an diesen taktischen und allzu künstlichen Umständen der eigenen staatlichen Wiederauferstehung gelegen haben, daß man in der polnischen Führungsschicht deren zentrale Voraussetzung nicht begriff: die neue und nachhaltige Nationalisierung Osteuropas, dessen politische Landkarte durch den Weltkrieg auf bis dahin unbekannte Weise verändert wurde und zum generellen Trend zur Globalisierung der Machtpolitik einen eigentümlichen osteuropäischen Kontrapunkt setzte (der bis zum heutigen Tag besteht). Neben älteren Ländern, wie eben Polen und Finnland, die auf staatliche Traditionen zurückgreifen konnten und jetzt wieder unabhängig wurden, entstanden mit Estland, Lettland und Litauen, bald darauf auch Weißrußland und der Ukraine neuartige politische Gebilde, die sich allenfalls vage ethnisch begründen konnten oder, wie im Fall der Ukraine, nur auf eine entfernte staatliche Vergangenheit zurückblickten. Ein Extrem stellte die Tschechoslowakei dar, wo nach der deutschen Niederlage durch eine Mischung aus geschichtlichen Ansprüchen, volklicher Tradition und purem Zufall (oder besser gesagt: alliiertem Wohlwollen) ein neuartiges Staatsgebilde produziert wurde, über dessen Existenzfähigkeit sich noch wenig sagen ließ. Dieses Merkmal traf allerdings auch auf die übrigen neuen osteuropäischen Staaten zu, die sich sämtlich unter aktiver deutscher Nachhilfe konstituiert hatten und ihre Lebensfähigkeit nach dem Zusammenbruch der deutschen Macht erst noch beweisen mußten.

Eingemauert in den Stolz auf die eigene vergangene Größe war die polnische Führung jedenfalls entschlossen, das Existenzrecht etlicher osteuropäischer Staaten erst einmal zu verneinen. „Wenn es nach ihnen gegangen wäre, so wäre halb Europa ehemals polnisch gewesen und hätte wieder polnisch werden müssen", schrieb der damalige italienische Außenminister Graf Sforza in seinem Rückblick aus der Emigration, in die er durch Mussolinis Regierungsantritt getrieben worden war.[33] Die Folgen bekam zunächst Lenin zu spüren, dem auf sein vermeintlich großzügiges Angebot für die künftige polnisch-russische Grenzziehung aus Warschau die Forderung nach den Grenzen von 1772 (!) präsentiert wurde. Man war sich in der polnischen Führung über dieses Ziel weitgehend einig, wenn es auch zwischen den Nationaldemokraten um Roman Dmowski und den Sozialisten um Jozef Pilsudski unterschiedliche Vorstellungen über die Struktur des künftigen Staates gab. Dmowski peilte einen von Warschau aus gelenkten Zentralstaat an, in dem die Provinzen, welcher Nationalität auch immer, keine Sonderrechte haben sollten. Pilsudski wollte den Nationalitäten wenigstens insofern entgegenkommen, als er ein föderal strukturiertes Polen schon aus dessen eigenem Interesse für geeigneter hielt, den Widerstandswillen etwa der Ukrainer gegen Rußland zu mobilisieren

---

[33] Zit. n. *Höltje*, Ostlocarno, S. 167.

IV. Der Weg zur Nachkriegszeit (II)

und für den Zusammenhalt des neuen Polen nutzbar zu machen.³⁴ Der auf dieser Basis errichtete Staat sollte denn auch möglichst über die Grenzen von 1772 hinausgehen, die allerdings als Mindestforderung im Raum stehen blieben.

Die prinzipielle Forderung nach den Grenzen von 1772 verlangte 1918 nach Osten hin nicht weniger als die Einverleibung ganz Litauens, ganz Weißrußlands, der halben Ukraine und eines Teils von Lettland in den polnischen Staat. Nach Süden verlangte dieses Prinzip der Grenzziehung den größten Teil der Slowakei, gegenüber Deutschland nicht nur einen breiteren Korridor, sondern auch Teile Ostpreußens und Grenzkorrekturen in Schlesien und Pommern. Eine anachronistischere Position ließ sich kaum denken. Die Ignoranz gegenüber dem Prinzip nationaler Selbstbestimmung, an dem vorbei in Europa gerade nach dem Ende des Kriegs keine Politik mehr gemacht werden konnte, und für dessen Berechtigung sich doch gerade in Polen ein gewisses Verständnis entwickelt haben sollte, machte nahezu jedes Nachbarland zu einem potentiellen Gegner Polens.

Die angepeilten Grenzen jedenfalls waren nicht zu verhandeln, sondern allenfalls herauszuschießen, was die polnische Armee in den Jahren bis 1921 mit wechselndem Ergebnis, dank französischer Hilfe letztlich auch mit gewissem Erfolg versuchte. Die neue, im Vertrag von Riga festgeschriebene polnisch - russische Grenze lag letzten Endes weit östlich der ethnischen Trennlinie, die Lord Curzon ermittelt hatte. Einen Teil Litauens inklusive der Hauptstadt Wilna annektierte Polen nach dem offenbaren Scheitern weitergehender Föderationspläne ebenfalls, aus dem zerschlagenen Österreich - Ungarn ließ sich Galizien dem polnischen Staat zuschlagen und dank erneuter französischer Beihilfe erhielt das Land trotz des ablehnenden Votums der deutschen Bevölkerungsmehrheit auch Teile des oberschlesischen Industriegebiets zugeschlagen. Im Ergebnis stellte die polnische Bevölkerung im polnischen Staat nur knapp die Bevölkerungsmehrheit.

Es war trotz der militärischen und politischen Erfolge ein schlechter Start für das neue Polen. Die absurde Forderung nach den alten Grenzen der polnischen Monarchie, die im Mächtesystem dynastisch geprägter Vielvölkerstaaten vielleicht ihren Sinn gehabt hatten, im nationalistisch aufgeheizten Europa der Nachkriegszeit aber ziemlich fehl am Platz waren, heftete dem ganzen Unternehmen „Polen" etwas Anachronistisches an. Wie eingangs bereits gesagt, sind die Grenzen jedes kontinentalen Staates Definitionssache und daher immer in gewissem Grad willkürlich. Polen hatte nun eine weite Definition als neue/alte Macht gewählt, die mehr sein wollte als ein Nationalstaat, aber keine überna-

---

³⁴ Vgl. dazu *Terry*, Polands Place, S. 20 ff.

tionale Staatsidee hatte, wie etwa die Sowjetunion, die sich wenigstens vorläufig als Speerspitze der Weltrevolution verstehen konnte. Es fehlte selbst die dynastische Klammer, die beispielsweise den Vielvölkerstaat Österreich - Ungarn so lange zusammengehalten hatte. So blieb für die Warschauer Politik einstweilen der reine Machtwille kennzeichnend, an überkommene Größe anzuknüpfen und zu diesem Zweck alles an sich zu bringen, worauf der polnische Staat wenigstens vage historische Ansprüche erheben konnte.

Wie zu erwarten war, führte diese Politik zu tiefgreifenden Differenzen mit nahezu sämtlichen benachbarten Staaten - die unlösbar werden sollten, da jede kleine Konzession gegenüber wem auch immer möglicherweise wie ein Nadelstich in den aufgeblasenen Luftballon der polnischen Territorialforderungen gewirkt hätte. Aus polnischer Sicht gab es noch Ende der zwanziger Jahre nur zwei beiderseitig anerkannte Grenzen: die zu Rumänien und zu Lettland. Gegenüber Litauen und der Tschechischen Republik erhob man eigene weitgehende Forderungen, von Deutschland und Rußland hatte man Rückgabeansprüche zu erwarten, ohne selbst mit dem eigenen Besitz zufrieden zu sein.

Ein besonderer Dorn im Auge war der polnischen Führung die Existenz der Tschechoslowakei. Dort hatten die Nachkriegsregelungen mit der staatlichen Eigenständigkeit der Slowaken ein Novum geschaffen, dem man in Warschau keinerlei Stabilität zutraute. Seit Jahrhunderten hatte die Slowakei einen Teil Ungarns gebildet („Oberungarn", wie man in Warschau hartnäckig sagte) und tatsächlich stand auch jetzt hinter der Idee der Westmächte, das Gebiet zur Tschechoslowakei zusammenzufassen, keineswegs der Respekt vor slowakischer Eigenständigkeit. Es wurde lediglich beabsichtigt, Ungarn dauerhaft zu schwächen und gleichzeitig dem neuen, tschechisch geführten Staat zu respektabler Größe und einer Landverbindung zu Rumänien und der damals noch bestehenden „Ukrainischen Volksrepublik" zu verhelfen. Eben dies war unter dem historischen Leitstern der polnischen Außenpolitik eine Fehlentscheidung. Aus polnischer Sicht hätte es vollkommen genügt, den deutschen Einfluß auf Ungarn durch die Zerschlagung Österreich - Ungarns zu liquidieren und das dann unabhängige Ungarn (unter Einschluß der Slowakei) in seiner alten Größe der polnischen Politik als wirklichen Partner an der Südgrenze zuzuführen. Ein Partner, der als Ordnungsmacht auf dem Balkan fungieren konnte und eine Brücke für den polnischen Einfluß darstellen würde. Die Gemeinsamkeit der adeligen Traditionen Polens und Ungarns und ihre, besonders gegen Rußland häufig bewährte Waffenbrüderschaft sprach für diese Vision,[35] und tatsächlich stieß das Fehlen einer Grenze zu Ungarn in Polen schon 1920

---

[35] *Roos*, Polen und Europa, S. 19.

IV. Der Weg zur Nachkriegszeit (II) 61

bitter auf, als die Tschechoslowakei während des Vorrückens der Roten Armee ungarische Waffenhilfe an Polen nicht zuließ.³⁶

Unter diesen Umständen konnte man sich in Warschau nur schwer mit ihrer Existenz anfreunden, insbesondere Marshall Pilsudski nicht, der am 12. Mai 1926 in einem unblutigen Staatsstreich wieder die Macht übernommen hatte und sich den oben erwähnten adligen Traditionen mehr und mehr verbunden fühlte.³⁷ Die gemeinsame polnisch - ungarische Grenze blieb ein Projekt der polnischen Politik, aber seine Realisierung wurde erst in den unruhigen dreißiger Jahren praktisch angegangen, als Außenminister Beck im Windschatten der sich abzeichnenden territorialen Neuordnung Mitteleuropas auf die baldige Auflösung der „europäischen Unmöglichkeit" Tschechoslowakei hoffen konnte.³⁸ Einstweilen begnügte man sich damit, von Anfang an der gegen Ungarn gerichteten „Kleinen Entente" der Trianon - Profiteure Jugoslawien, Rumänien und Tschechoslowakei fernzubleiben.³⁹

Die Ambivalenz historisch begründeter Machtpolitik begann sich auch in Polen bald zu zeigen. Da jeder Anknüpfungspunkt an vergangene Größe mit einer gewissen Willkür gewählt werden muß, läßt sich mit Geschichte alles und nichts beweisen. Gründe lassen sich finden, seien es alte Grenzziehungen, vergangene Siedlungsgebiete oder ehemalige Handelsstraßen, am besten eine Kombination von allem. Unter polnischen Nationalisten mußte es daher schon während der zwanziger Jahre nicht mehr unbedingt der Bestand von 1772 sein, auch weitergehende Modelle wie das vom jagiellonischen Polen „von Meer zu Meer" wurden diskutiert. Gegenüber Deutschland begannen darüber hinaus Forderungen in Bezug auf Schlesien, Pommern und Ostpreußen aufzutauchen, die nicht mehr nur durch den Verweis auf ehemalige polnische *Staats* - Grenzen begründet wurden, sondern (ganz zeitgemäß) eine ethnische Komponente aufwiesen.

Als vage historische Legitimation ließen sich hier allenfalls die Grenzen der polnischen Macht unter Boleslaw Chobry anführen, aus einer Ära also, die gut tausend Jahre zurück in einem Jahrhundert lag, in dem Grenzen noch nicht nach ethnischen Maßstäben gezogen worden waren. Da sich solche Vergangenheiten im 20.Jahrhundert nur noch nach gründlicher publizistischer Vorbereitung in politische Münze umwandeln lassen, begann seit Anfang der zwanziger Jahre eine locker strukturierte publizistisch - akademische Bewegung den

---

³⁶ Ebd., S. 19.

³⁷ *Beck*, Final Report, S. 9.

³⁸ So *Beck* zu dem österreichischen Außenminister *Schmidt*, ADAP, I, Nr. 220.

³⁹ *Roos*, Polen und Europa, S. 19.

Kampf um Pommern und Schlesien auf wissenschaftlichem Feld zu eröffnen. Als ihre erste und wichtigste organisatorische Stütze galt zunächst das 1921 gegründete West - Slawische Institut der Universität Posen, dem 1926 das Baltische Institut in Thorn und 1933 das Schlesische Institut in Kattowitz folgten.

Die Ergebnisse der akademischen Arbeit dieser Institute wurden dann von der ebenfalls schon 1921 gegründeten „Vereinigung zur Verteidigung der westlichen Grenzlande" (polnisch Z.O.K.Z. nach „Zwiazek Obrony Kresow Zachodnich") öffentlichkeitswirksam verbreitet. Die Meinung darüber, wo Polens „Westen" denn nun eigentlich liege, radikalisierte sich dabei zusehends und ignorierte die bestehenden politischen, ethnischen und sprachlichen Grenzen vollständig. Anknüpfend an Arbeiten, die um die Jahrhundertwende bereits Oder und Neiße als natürliche Grenzen Polens bezeichnet hatten, (mit einer geopolitischen Begründung, die später während des Zweiten Weltkrigs wieder für die Forderung nach der Oder - Neiße Linie herhalten mußte) wurde die frühere slawische Siedlung im Oder - Becken nachgewiesen, mit polnischer Besiedlung gleichgesetzt und aus der folgenden deutschen Ostsiedlung ein jahrhundertelanger Kampf zwischen Polen und Deutschen konstruiert. Dabei entstanden dann solche Titel wie: „Die territoriale Entwicklung Preußens in Beziehung zur polnischen Heimat", „Polen im 10. Jhdt. an Weichsel und Oder", „Schlesien und Pommern als Symbole unserer Unabhängigkeit".

Getreu dem wissenschaftlichen Ansatz vermieden es die Publikationen der Institute, direkte Forderungen nach Grenzrevisionen gegenüber Deutschland zu stellen. Solche Schlüsse überließ man dem interessierten Publikum. Dennoch waren die Aktivitäten der Z.O.K.Z. wichtig genug, um nach dem deutsch - polnischen Nichtangriffsvertrag von 1934 der polnischen Führung ein Dorn im Auge zu sein. Die Gesellschaft mußte ihren Namen in das unverfänglichere „Vereinigung des Polnischen Westens" (Polski Zwiazek Zachodni) ändern und ihren antideutschen Ton zügeln.

Wie sehr die jahrelange Arbeit der Vereinigung die polnische Öffentlichkeit beeinflußt hatte, zeigte sich spätestens in den Monaten vor dem Kriegsausbruch 1939. Zwar hatte schon in den Jahren 1935/36 etwa die maßlose Polonisierungspolitik des Wojewoden von Schlesien, Dr. Graszynski, unter dem Stichwort „Deutsche ausrotten" für Aufregung im Innenministerium gesorgt,[40] da sie zu einer ernsten Gefahr für die Deutschlandpolitik des Außenministers Becks zu werden drohte, aber sie blieb dennoch eine Randerscheinung. Jetzt griffen auch führende Politiker der Nationalpartei ENDEK solche Forderungen offen auf. Der Vorsitzende Kazimierz Kowalski plädierte im Frühjahr 1939 für

---

[40] *Szembek*, Journal, S. 62 - 64. *Graszynski* forderte auch weitere Expansion in Richtung Westen, zit. n. *Roos*, Polen und Europa, S. 226.

IV. Der Weg zur Nachkriegszeit (II)

Oder und Neiße als polnische Grenze nach dem nächsten Krieg. Sein Parteifreund Jedrzej Giertych griff dies auf und veröffentlichte während des Sommers eine Artikelserie unter dem Titel „Polnische Gebiete unter Deutscher Herrschaft" in der er unter anderem forderte:

„Nach dem bevorstehenden Krieg, ..., sollte Polen Danzig, Ostpreußen, Ober- und Zentral - Schlesien einschließlich Breslau und Zentral - Pommern einschließlich Kolberg annektieren; Polen sollte außerdem eine Reihe von Pufferstaaten unter seiner Protektion und Herrschaft entlang von Oder und Neiße gründen."[41]

Giertych kam nicht mehr dazu, seine Artikelserie abzuschließen: der deutsch-sowjetische Einmarsch kam ihm zuvor und zerstörte den anachronistischen polnischen Vielvölkerimperialismus der Zwischenkriegszeit endgültig. „One swift blow to Poland, first by the German Army and then by the Red Army, and nothing was left of this ugly offspring of the Versailles treaty", kommentierte der sowjetische Außenminister Molotow.[42] Polen sollte seine Odergrenze letztlich erhalten, aber es mußte den Traum von der unbegrenzten Expansion in „historisch polnische" Gebiete begraben. Es fand sich statt dessen auf dem Operationstisch der Großmächte wieder, die ihm diesen Abschied mit der Erlaubnis zur Vertreibung der deutschen Bevölkerung versüßten, so daß nun ein ganz neues, völlig ahistorisches Polen entstand, das sich aber gerade in seiner „ethnischen Reinheit" und seinem politischen Satellitenstatus innerhalb des (sinnigerweise so genannten) „Warschauer Vertrags" auf der Höhe der brutalen Logik des zwanzigsten Jahrhunderts befand.

Von solchen Aussichten war Polen in den zwanziger Jahren aber noch weit entfernt. Einstweilen wurde das Land ein stabilisierender Faktor im europäischen politischen System. Es hatte zwar Ambitionen, die Rolle einer unabhängigen Großmacht zu spielen, schöpfte jedoch vorläufig diese Rolle nur als Garant der Regelungen von Versailles und als wichtigster Ansprechpartner Frankreichs in Osteuropa aus. Nach dem Ende der französischen Besetzung des Ruhrgebiets und der Annahme des Dawes - Plans durch Deutschland kehrte in Europa ohnehin für einige Jahre eine Ruhe ein, die keinen Raum für „Großmachtpolitik" mit dem Ziel von Grenzveränderungen und neuen Militärbündnissen ließ. Die unklaren innenpolitischen Verhältnisse verhinderten in Warschau außerdem wenigstens vorläufig die Entwicklung eines Entscheidungszentrums, das zur strategischen Führung einer Expansionspolitik fähig gewesen wäre.

---

[41] Dokumentiert von *Giertych, J.*: Pol wieku polskiej polityki, (1947), S. 180/181, zit. n. *Terry*, Polands Place, S. 32.

[42] General *Sikorski* Historical Institute (Hrsg.): Documents on Polish-Sowjet Relations 1939-45, S. 38 - 54 und 65.

Langfristig rächte sich aber der Versuch, mit den Mitteln des zwanzigsten Jahrhunderts nachholen zu wollen, was der polnische Staat im 18. Jahrhundert versäumt hatte in doppelter Hinsicht: Zum einen trugen die polnischen Aktivitäten während der dreißiger Jahre mitentscheidend zur Destabilisierung der Staatenwelt Osteuropas bei. Zum anderen beschwor eben gerade der Versuch, das Polen von 1772 wiederherzustellen, erneut die Situation von 1772 herauf. Viel zu groß und viel zu machtlos, wie der polnische Staat nun wieder einmal war, wurde er erneut Opfer einer Teilung, eine Entwicklung, die schwer vorstellbar gewesen wäre, hätte Polen sich mit ethnisch begründbaren Grenzen begnügt.

Konfliktpotential gab es im Nachkriegseuropa also genug. Immerhin war nun aber wenigstens die Nachkriegszeit erreicht, und die „goldenen" Jahre der wirtschaftlichen Stabilität konnten 1924 beginnen. Vorläufig zahlten die Vereinigten Staaten alle Rechnungen und garantierten für einige Jahre eine trügerische Ruhe - nicht nur in Europa, sondern auch in Asien. Es scheint daher gerechtfertigt, nun zunächst von Amerika aus einen Blick auf diese Ruhe zu werfen.

V. Nachkriegszeit

1. Die Friedensordnung der USA

Es wurde bereits gezeigt, daß die Vereinigten Staaten nach dem Weltkrieg zur bedeutendsten Industrie- und Finanzmacht wurden, sich aber gleichzeitig aus den von ihnen selbst mit entworfenen politischen Vertragssystemen von Versailles und dem Völkerbund heraushielten. Einem politischen Rückzug stand also ein wirtschaftlicher Expansionskurs gegenüber, der gerade Anfang der zwanziger Jahre besonders forciert wurde,[43] als in den Jahren 1922/23 die amerikanische Außenhandelspolitik bewußt eine Wende vollzog und ab diesem Zeitpunkt auf den Abschluß neuer bilateraler Handelsabkommen zielte. Entsprechende Vorschläge gingen auf den geschäftsführenden Vorsitzenden des Zollausschusses der USA, William S. Culbertson zurück. Culbertson hatte darauf hingewiesen, daß mit den meisten europäischen Mächten keine (Frankreich, Rußland) oder nur extrem veraltete Handelsverträge (Großbritannien 1815) bestanden.

Außenminister Hughes griff seine Idee auf und informierte am 18. April 1922, zwei Monate nach dem erfolgreichen Abschluß der Washingtoner Neun-Mächte - Konferenz das gesamte diplomatische Corps über die bevorstehende

---

[43] *Junker*, Weltmarkt, S. 29 ff.

Wende in der Außenhandelspolitik. Man hatte sich dafür entschieden, mit den Nachfolgestaaten der geschlagenen Mittelmächte zu beginnen. Verhandlungen mit Deutschland, Österreich, Ungarn, der Tschechoslowakei seien bereits im Gang, die zentrale Rolle komme Deutschland zu.

Hinter dieser Rangfolge stand der zweifellos richtige Gedanke, daß im Mitteleuropa der Nachkriegszeit die besten Bedingungen für ein Verhandlungsergebnis im Sinn der USA zu finden waren. (Mit den Westmächten Frankreich und Großbritannien gelang der Abschluß solcher Verträge denn auch erst in deren politischer Schwächeperiode: Frankreich 1936 und Großbritannien 1938) Im Fall Deutschlands liefen die Vertragsverhandlungen auf eine Bestätigung der Meistbegünstigungsklauseln hinaus, die Deutschland im Versailler Vertrag den Signatarmächten und im separaten Friedensvertrag vom 21. August 1921 auch schon den USA hatte einräumen müssen. Die Vereinigten Staaten „beanspruchten einfach alle Rechte, die einer Signatarmacht aus dem Versailler Vertrag zustanden, ohne die Verpflichtungen, die darin ja auch enthalten waren."[44] Parallel zur Unterzeichnung des Handelsvertrags intervenierten die Vereinigten Staaten 1924 maßgeblich in der Reparationsfrage, wo der von ihnen inspirierte Dawes - Plan die Zahlungsfähigkeit Deutschlands und damit indirekt auch der ehemaligen Verbündeten langfristig sichern sollte.

Tatsächlich genossen die USA als größter Binnenmarkt der Welt den Vorteil der Meistbegünstigungsklauseln allein. Das außenhandelsabhängige Deutschland etwa war gezwungen, jede Vergünstigung, die es irgendeinem dritten Land einräumte, auch den USA zuzugestehen. Analog dazu hätte ein ausgedehntes bilaterales Vertragssystem auf Meistbegünstigungsbasis dazu geführt, daß die USA jede Begünstigung, die irgendein Land irgendeinem anderen Land zugestand, für sich in Anspruch nehmen könnten, während sie als relativ autarke Volkswirtschaft gleichzeitig in der Lage gewesen wären, die Zollschranken für jedermann hochzuhalten. Der Handelsvertrag mit Deutschland mußte unter diesen Bedingungen eine Ausnahme bleiben, auch wenn er von amerikanischer Seite gern als Vorbild gesehen wurde.

Zu den Voraussetzungen dieser amerikanischen Politik zählte die Verschuldung der Verbündeten aus dem Ersten Weltkrieg. Wie bereits gesagt, bildete die Schuldenlast der Westmächte zusammen mit den Reparationsverpflichtungen Deutschlands ein Gesamtsystem, das die Zahlungsbilanzen aller europäischen Großmächte stark belastete und sie von dem amerikanischen Finanzmarkt abhängig machte, den sie gleichzeitig auch noch mit Geld versorgten. Zwar stritt jede amerikanische Regierung der zwanziger Jahre den offensichtlichen Zusammenhang zwischen beiden Regelungen ab, aber das fortgesetzte

---

[44] *Krüger*, Weimar, S. 147/148.

große Interesse und die Interventionen der Vereinigten Staaten in finanziellen Modalitäten wie dem Dawes - und den Young - Plan gaben ganz deutliche Hinweise auf deren Verknüpfung. Gustav Stresemanns Äußerung nach den Verhandlungen über den Young - Plan, Europa als Ganzes sei in Gefahr „eine Kolonie derjenigen zu werden, die glücklicher gewesen sind als wir" spielt darauf an.[45] Es mußte jedoch erst das Ende dieses Systems kommen, ehe die USA seine Einheit einstanden: Das kurz vor dem finanziellen Kollaps Europas ausgesprochene Hoover - Moratorium von 1931 umfaßte *alle* internationalen Zahlungsverpflichtungen. Es konnten eben nicht nur die deutschen Reparationszahlungen ausgesetzt werden, ohne das Finanzsystem ins Kippen zu bringen. Die Westmächte hätten dies auch aus politischen Gründen niemals akzeptiert. Die Auflösung der Schuldenpyramide aber bereitete der amerikanischen Hegemonie über Europa ein vorläufiges Ende, da ihr das wichtigste Instrument aus der Hand geschlagen worden war.

Wenn sich die Vereinigten Staaten aus den Vertragssystemen von Versailles und Genf herausgehalten hatten, so lediglich durch die Verweigerung ihrer Unterschrift. Es kann kein Zweifel daran bestehen, daß beide Vertragswerke von der Politik Wilsons inspiriert waren und auch wesentliche Regelungen enthielten, die direkt auf seine Intervention in den Vertragsverhandlungen zurückgingen.

Beide Verträge hatten jedoch die Tendenz, und das war der eigentliche Grund für ihre Ablehnung im Kongreß, dehnbare Instrumente politischer Manipulation durch die verbündeten westeuropäischen Mächte zu sein. Sie versprachen tatsächlich permanente Verwicklungen in weltweite Konflikte, besonders in Europa, an denen den USA nicht gelegen sein konnte. Es war nicht in deren wohlverstandenem Interesse, sich als Bär am Nasenring französischer Interessen herumführen zu lassen. Eine Analyse der amerikanischen Interessen führte daher fast zwangsläufig zu einer Politik, die auf Freihandel zu amerikanischen Bedingungen bei gleichzeitiger Sicherstellung strategischer militärischer Überlegenheit basierte. Soweit es den Freihandel betraf, gingen die USA folgerichtig zu einer offensiveren Handelspolitik als vor dem Krieg über. Bezüglich der strategischen Überlegenheit konnte es nur auf die Stärke der amerikanischen Flotte gegenüber eventuellen Herausforderern ankommen.

Genaueres über die amerikanische Sicht auf die direkte Verbindung von Seemacht und Weltmacht ließ sich zu diesem Zeitpunkt schon seit längerem bei Admiral Alfred Thayer Mahan nachlesen, weltweit einer der einflußreichsten Seemachttheoretiker Ende des 19. Jahrhunderts, dessen Bücher auch im Deutschland der Kaiserzeit eifrig verschlungen worden waren. „Die armen

---

[45] So am 24. Juni 1929 vor dem Reichstag, zit. n. *Krüger*, Weimar, S. 490.

V. Nachkriegszeit

Franzosen .... sie haben ihren Mahan nicht gelesen",[46] konnte Wilhelm II. nach der Faschoda - Krise von 1898, dem französischen Rückzieher gegenüber Großbritannien, noch spotten. (Er hätte seine eigene Empfehlung berücksichtigen sollen. Bei Mahan hätte er nämlich lernen können, daß eine insulare Macht im Konfliktfall jedem Land überlegen ist, das auch nur eine Landesgrenze hat und zwar praktisch unabhängig von dessen Militärpotential. Schlußfolgerungen für Deutschlands Aussichten, mit England gleichzuziehen, waren evident).

Obwohl ein typisches Produkt der imperialistischen Vorstellungswelt der Jahrhundertwende, waren Mahans Theorien auch über diesen Zeitraum hinaus noch sehr einflußreich, so einflußreich, daß hier kurz auf sie eingegangen werden soll. Franklin D. Roosevelt beispielsweise hatte sie schon als Jugendlicher kennengelernt und seit 1913 als Staatssekretär im Marineministerium auch mit umgesetzt.[47] Da er sich während der dreißiger Jahre noch ausdrücklich auf ihn bezog, repräsentieren Mahans Theorien die Kontinuität amerikanischer Strategie (und amerikanischen Selbstverständnisses als Weltmacht) mindestens der ersten Hälfte dieses Jahrhunderts.[48] Roosevelt selbst griff aus Mahans Text vier Punkte heraus:

1. Wer die Weltmeere beherrscht, beherrscht die Welt

2. Die Weltmeere sind nicht einfach natürliche und unüberwindliche Barrieren, die die USA vor jedem Angriff schützen, sondern sie gleichen in allen Richtungen befahrbaren Straßen und Verkehrswegen, deren Kontrolle durch eine mächtige Flotte geschützt werden muß.

3. Ein möglicher Angriff muß weit vor den Küsten der USA abgewehrt werden. (defense at a distance)

4. Die Kontrolle der Meere gewährleistet die Sicherheit der USA und gibt zugleich dem Handel des Landes Schutz und Freiheit.

Eine weitgehende Definition amerikanischer Sicherheit also, die unter diesen Maximen schon von der bloßen Existenz eines gleichwertigen Rivalen an irgendeinem Punkt der Welt in Frage gestellt wurde, die aber auch den Schluß erzwang, daß schon eine überlegene Seemacht *allein* ausreichte, um die eigene Weltmachtstellung zu sichern. Seit April 1914, knapp ein Jahr nach seinem

---

[46] *Kennedy*, Seemacht, S. 229.

[47] *Junker*, Roosevelt, S. 14.

[48] *James M. Merrill* hat diese Rolle in einem Aufsatz dargestellt, unter dem treffenden Titel: Successors to *Mahan*, A Survey of Writings in American Naval History 1914 - 1960, in: Mississippi Valley Historical Review 50 (1963), S. 79 -99, zit. n . *Junker*, Weltmarkt, S. 236).

Amtsantritt als Staatssekretär und noch vor Kriegsausbruch, forderte Roosevelt dann auch bereits den Aufbau einer „fleet second to none", was nichts anderes als ein netter Euphemismus für die Absicht zum Bau der größten Flotte der Welt war. Der Kongreß machte sich diese Forderung 1916 offen zu eigen, und das folgende Ausbauprogramm der US - Navy stellte bald alles in den Schatten, was die begrenzten Ressourcen des kaiserlichen Deutschland hergegeben hatten, als vor dem Krieg an dem Aufbau einer Flotte gearbeitet worden war.

Bezeichnenderweise brachten weder der Kriegsbeginn in Europa noch sein Ende irgendwelche substantiellen Veränderungen in Begründung und Umfang dieses Aufrüstungsprogramms mit sich. Das Navy Department legte 1918 lediglich noch etwas nach und forderte eine Flotte von etwa fünfzig modernen Großkampfschiffen als Endziel,[49] ein Flottenumfang, der die US-Marine zur größten und modernsten der Welt machen würde. Die amerikanische Aufrüstung war deswegen auch schon während der Verhandlungen in Versailles zwischen dem britischen Premier Lloyd George und Präsident Wilson heftig umstritten. Lloyd George forderte eine Reduzierung der amerikanischen Flotte und drohte damit, andernfalls den größten Teil der erbeuteten deutschen Flotte auf britischer Seite in Dienst zu stellen.[50] Ein Plan, dem mit deren Selbstversenkung die Grundlage entzogen wurde. Der britische Premier mußte sich mit einer geringfügigen Reduzierung des Ausbauprogramms zufrieden geben, und die britische Flotte hatte sich damit abzufinden, nicht mehr die größte der Welt zu sein. Die Weltmacht der Vorkriegszeit mußte ein Kondominium mit den Vereinigten Staaten akzeptieren, in dem die USA aufgrund der wirtschaftlichen Daten eindeutig am längeren Hebel saßen.

Als künftiger Störenfried dieser Ordnung war nach dem Ende des Krieges, in dem sich trotz aller Rivalität sowohl das Fehlen substantieller Interessengegensätze als auch die Wertegemeinschaft zwischen den insularen Mächten USA und Großbritannien eindrucksvoll erwiesen hatte, nur noch Japan in Sicht. Das Inselreich, in den Maßstäben der schnellebigen Diplomatie der Zeit schon fast traditionell mit Großbritannien verbündet, hatte sich zu Beginn des Weltkriegs nützlich gemacht und die relativ starke deutsche Position in Ostasien vertragsgemäß liquidiert, ohne daß dabei britische Kräfte beansprucht wurden. Die so eroberten Stützpunkte fielen Japan zur Nutzung zu, wovon sich vor allem Kiaochou bestens zu weiterer Expansion in China eignete. Dieses britisch - japanische Bündnis zu lösen, das bereits seit zwei Jahrzehnten allein die Sicherheit der britischen Position in Südostasien garantierte, wurde ein hochrangiges Ziel der US - Außenpolitik und einer der Anlässe, die Konferenz von

---

[49] *Kennedy*, Seemacht, S. 289.

[50] Ebd., S. 290.

V. Nachkriegszeit

Washington einzuberufen. Wilsons Ziel, das konventionelle Denken in Bündnissen durch den Gedanken der kollektiven Sicherheit zu ersetzen, wurde damit wenigstens in negativer Hinsicht erreicht, da dies das letzte konventionelle Bündnis zwischen zwei größeren Mächten beendete.

Neben Japan und England lud die Regierung Harding zu dieser Flottenkonferenz, auf der die überwältigende Übermacht der angelsächsischen Marinen vertraglich festgeschrieben werden sollte, auch Frankreich und Italien ein. Der letztlich unterzeichnete Vertrag legte ein Verhältnis von etwa 5 : 5 : 3 : 1.75 : 1.75 für die Flotten der Vereinigten Staaten, Großbritanniens, Japans, Frankreichs und Italiens fest. Japan konnte also seine Ambitionen, als gleichberechtigte Macht zu gelten, vorläufig abschreiben. Schlimmer noch waren die politischen Konsequenzen für das Land, da der exklusive Vertrag mit Großbritannien gelöst und durch einen Vier - Mächte - Pakt (USA, Großbritannien, Frankreich, Japan) ersetzt werden mußte. Mit britisch - japanischen Absprachen zur weiteren Expansion war es aus. Ohne Einflußnahme der USA ging künftig in Ostasien nichts mehr. Die weitere Befestigung von Stützpunkten im Vertragsgebiet wurde ebenfalls verboten (mit Ausnahme der Angelsächsischen in Pearl Harbour und Singapur natürlich) und die gerade erworbenen Besitzungen in Shantung und Kiautschou mußten noch während der Konferenz zurückgegeben werden,[51] so daß Japan künftig ohne Verbündeten und unzureichend gerüstet den Launen der angelsächsischen Großen Koalition ausgesetzt sein würde. Ein Vertragsergebnis, dem sowohl in England als auch in den USA ein noch weitgehenderer Abbau ihrer Landstreitkräfte folgen konnte. Die „goldenen zwanziger Jahre" unangefochtener amerikanischer Weltmachtposition konnten beginnen.

Es ist nicht überraschend, daß diese Position der USA, ebenso wie das daraus resultierende politische Verhalten deutliche Parallelen zu der Stellung Großbritanniens in der Mitte des 19. Jahrhunderts aufweist. Auch Großbritannien erreichte zu dieser Zeit einen Anteil von 40-45 Prozent des Weltindustriepotentials, dominierte den Welthandel und konnte es sich in der Folge leisten, seine militärischen Verbände auf ein Minimum zu begrenzen. Auch hielt es sich von den stabilisierenden Übereinkünften der kontinentalen Mächte fern, die damals unter der Bezeichnung „Heilige Allianz" ein Wiedererstarken revolutionärer Kräfte zu bändigen versuchte. Überraschend ist es dagegen, daß auf diese Parallelen bisher kaum hingewiesen wurde.[52]

Tatsächlich scheint ein solches Verhalten keinem politischen Versäumnis zu entsprechen, sondern das natürliche Ergebnis einer Analyse des eigenen Inter-

---

[51] *Junker*, Weltmarkt, S. 120.

[52] Mit der Ausnahme *Paul Kennedy*, in: Aufstieg, S. 241 f.

esses zu sein. Wirtschaftlich übermächtige und militärisch unangreifbare Staaten, kurz gesagt: Insulare Hegemonialmächte können kein Interesse an einem direkten Engagement in marginale politische Verwicklungen haben, solange das Mächtesystem als Ganzes in dem von ihnen vorgegebenen Rahmen funktioniert. Sie würden sich ohne Not der Chance begeben, die Spielregeln bei Bedarf zu einem selbstgewählten Zeitpunkt neu festzulegen und dabei als Moderator aufzutreten. Statt dessen liefen sie Gefahr, dank der Berechenbarkeit ihrer Reaktion zur Funktion in den Berechnungen anderer zu werden, fortwährend deren Geschäfte zu besorgen, ohne dabei eigene Vorteile zu erwirtschaften und letztlich nicht nur überflüssige Kosten tragen zu müssen, sondern sogar zur Zerrüttung des Systems beizutragen. „Splendid Isolation" hieß die logische Konsequenz, die von der amerikanischen Führungselite gegen den Willen ihres Präsidenten durchgesetzt wurde und die zugleich dem tiefverwurzelten Lebensgefühl der US-Amerikaner entsprach, Inselbewohner zu sein. Erst Franklin D. Roosevelts jahrelange emotionale Vorbereitung, der japanische Überfall und die spätere sowjetische Bedrohung ermöglichten es nach 1941 für eine Zeit, amerikanischem militärischem Engagement in transozeanischen Affären zu einer positiven Beurteilung in der amerikanischen Öffentlichkeit zu verhelfen. Ein Konsens, der im Vietnamkrieg zerbrach, als sich der Krieg nicht mehr in irgendeiner Form als Verteidigung internationalen Rechts oder amerikanische Selbstverteidigung verkaufen ließ.

Wir werden sehen, daß die Vereinigten Staaten die für sie so vorteilhafte Nachkriegsordnung auch aggressiv zu verteidigen wußten. Einstweilen gab es dafür noch keinen Anlaß, da die kreditfinanzierte Prosperität der Weltwirtschaft in den zwanziger Jahren mögliche zwischenstaatliche Konflikte entschärfte. Die amerikanische Wirtschaftskrise am Ende des Jahrzehnts, die sich dank der dominierenden Rolle der amerikanischen Volkswirtschaft und begünstigt durch die US - Außenhandelspolitik in Kürze zu einer Weltwirtschaftskrise auswuchs, machte die protektionistischen Züge jener Politik offen sichtbar und produzierte vielerorts den Wunsch, sich aus deren Abhängigkeit zu lösen.

Unter den wenigen zeitgenössischen Politikern, die sich der erstrangigen Rolle Amerikas in der Weltpolitik bewußt waren, befand sich Gustav Stresemann. Er hatte zunächst die große Bedeutung von amerikanischen Investitionen in Deutschland erkannt, da nur in den USA das zur Erholung der deutschen Wirtschaft so dringend benötigte Kapital zu finden war. Die deutsche Niederlage ließ sich so nach seiner Überzeugung auf lange Sicht mittels wirtschaftlicher Dominanz korrigieren, in enger Partnerschaft mit den USA und ohne erneuten Waffengang. Stresemann wußte auch, wie nützlich für den derzeitigen „underdog" Deutschland zu diesem Zweck die Wirkung des Völkerbunds sein konnte. Eine Analyse des Auswärtigen Amts vom 12. Dezember 1925 brachte es auf den Punkt: „Im Völkerbund könnte Deutschland die Differenzen zwischen den Großmächten ausnutzen und die kleineren und mittleren Staaten gegen ihre Hegemoniebestrebungen unterstützen, anders gesagt, sich an ihre Spitze stellen."[53] Der Völkerbund als Forum zur Solidarisierung der Kleinen, das entsprach exakt den Befürchtungen, wegen denen die USA dem Bund in seiner bestehenden Form nicht beigetreten waren. (Die Charta der Vereinten Nationen legte später denn auch sehr viel mehr Wert auf die Stärkung der Großmächte und richtete zu diesem Zweck den Sicherheitsrat ein, der dank seiner exekutiven Befugnisse, der ständigen Mitgliedschaft der Großmächte und deren Veto - Recht die Beschlüsse der Vollversammlung weitgehend ignorieren kann.)

2. Stresemann

Stresemann stand für eine neue Entwicklung in der europäischen Politik, wo es nach 1923 plötzlich verhältnismäßig ruhig geworden war. Zwei Gründe lassen sich dafür finden: Zum einen waren die wilden Nachkriegsjahre einfach vorbei, in denen ganz Osteuropa und der Nahe Osten um ihre Grenzen zittern mußten. Die lange Serie der Volksabstimmungen, Völkerbundentscheidungen und kriegerischen Auseinandersetzungen über territoriale Angelegenheiten war mit dem Vertrag von Lausanne (Juli 1923, Türkei) zu Ende gegangen. Einstweilen war kein Land fähig und/oder willig, einen größeren Krieg zum bloßen Gebietserwerb vom Zaun zu brechen. Gleichzeitig demonstrierten, was noch wichtiger war, auch die USA politische Präsenz auf dem europäischen Kontinent. Nachdem Frankreich sich bei dem Versuch, die ausstehenden Reparationszahlungen Deutschlands durch die Besetzung des Ruhrgebiets einzutreiben, hoffnungslos festgefahren hatte (und damit wieder einmal unfreiwillig auf die Hinfälligkeit des Versailler Vertrags aufmerksam gemacht hatte) wurde das Eingreifen der USA allgemein begrüßt. Der Dawes - Plan von 1924 brachte Ordnung in die deutschen Reparationszahlungen, legte zum ersten Mal deren Höhe fest und etablierte endgültig das Finanzkarussell der zwanziger Jahre. Da alle europäischen Mächte bei den Vereinigten Staaten in der Kreide standen, flossen die deutschen Zahlungen letztlich in die USA, von wo das Geld prompt zurück nach Europa (vorwiegend Deutschland) verliehen wurde und so die weitere Zahlungsfähigkeit des Kontinents sicherstellte.[54]

Dies Modell blieb nicht ohne Folgen für das Politikverständnis in Deutschland. Im Schatten der geliehenen Prosperität nach 1924 wurde über Wege zur Revision der Versailler Regelungen nachgedacht und an Methoden künftiger

---

[53] Zit. n. *Krüger*, Weimar, S. 11.

[54] *Junker*, Weltmarkt, S. 25 f.; *Kennedy*, Aufstieg, S. 426.

deutscher Politik gearbeitet, die sich durchaus an den USA orientierten. In diesem Zusammenhang tauchten Gedanken wieder auf, die auf den eingangs zitierten Erkenntnissen Caprivis basierten. Gustav Stresemann beispielsweise sah in den USA trotz ihres vorübergehenden Rückzugs aus Europa die eigentliche Weltmacht und damit den maßgebenden Partner für Deutschland. In Zusammenarbeit mit den USA konnte sich seiner Meinung nach die Wirtschaftskraft Deutschlands am besten entwickeln, von deren Entwicklung der Einfluß des Reichs abhing:

> „Die Grundlage für den Wiederaufstieg sollten nicht militärische Mittel, sondern viel mehr das Gewicht der Wirtschaftsmacht bilden. Mit Hilfe des deutschen Wirtschaftspotentials, der wirtschaftlichen Größe des Deutschen Reiches sollte eine dementsprechende Stellung erlangt werden."[55]

Stresemann gedachte den militaristischen Imperialismus der wilhelminischen Zeit durch ein Vorgehen auf liberal kapitalistischer Basis zu ersetzen, dem er gelegentlich allerdings auch durch kleinere Militäraktionen nachhelfen wollte. Eine Taktik also, deren Geistesverwandtschaft mit dem Dollar - Imperialismus der USA offensichtlich ist und deren Folge eine gewisse deutsche Hegemonie in Europa gewesen wäre, die nicht auf Zerschlagung oder Eroberung osteuropäischer Staaten beruhen mußte. Und auch auf anderen Ebenen war Stresemann gern bereit, von den USA zu lernen: Man müsse die Revision von Versailles öffentlichkeitswirksam vorbereiten, „so wie der Amerikaner in seiner Propaganda eine Tatsache in das Hirn der Öffentlichkeit dadurch hineinwirft, daß er sie immer wiederholt," erklärte er 1923 vor dem Reichstag.[56]

In diesem Programm kam der Aufnahme Deutschlands in den Völkerbund und der vorhergehenden Unterzeichnung des Locarno - Vertrags wesentliche taktische Bedeutung zu.[57] Beide Maßnahmen beschränkten die Interpretationsmöglichkeiten des Versailler Vertrags und schufen eine Stabilität, die Voraussetzung des deutschen Wiederaufstiegs war.[58] Der Locarno - Pakt garantierte andererseits die Grenzen Osteuropas (besonders Polens) nicht und wies einer möglichen deutschen Expansion bereits die Richtung. Zumindest gab es nun sicherheitspolitisch zwei Zonen in Europa: Eine Zone kollektiver Sicherheit in

---

[55] Zit. n. *Pohl*, Weimar, S. 4.

[56] Zit. n. *Raeithel*, Kultur, S. 135.

[57] *Krüger* spricht darüber hinaus von einer „Modernisierung deutscher Außenpolitik, in: Locarno, S. 12.

[58] *Bloch*, Das Dritte Reich, S. 11.

V. Nachkriegszeit

Westeuropa und ein traditionelles (von Frankreich betriebenes) Bündnissystem im Osten.[59]

Der Westen hatte sich von Osteuropa abgekoppelt, ein Vorgang, der die europäische Politik bis 1939 entscheidend beeinflussen sollte, was auch ein Blick auf die Signatarmächte des Vertrags zeigt. Es waren England, Frankreich, Italien und Deutschland, die hier über die europäische Sicherheit befanden, und wenn auch von Locarno kein direkter Weg nach München führt, so bildet doch ab jetzt die Vision eines Viererdirektoriums ein konstantes Element der europäischen Vorkriegspolitik, einhergehend mit einer souveränen Ignoranz gegenüber den Osteuropäern. Polens wiederholte Versuche etwa, in diesen Kreis vorgelassen zu werden und eine ähnliche Stellung wie Italien (als schwächere, aber anerkannte Macht) zu erhalten, wurden konsequent abgeblockt.[60]

Und noch jemand fand Konferenzverlauf und -ergebnis für Osteuropa zutiefst unbefriedigend: Josef Stalin nutzte den Anlaß, um schon einmal drauf hinzuweisen, was seiner Meinung nach eigentlich alles zu korrigieren wäre (ausschließlich auf Kosten Polens, wie man bemerken wird):

„Wo ist eine Garantie, daß der Versailler Frieden und seine Fortsetzung - Locarno -, die den Verlust Schlesiens, des Danziger Korridors und Danzigs für Deutschland, den Verlust Galiziens und Westwolhyniens für die Ukraine, den Verlust der westlichen Landesteile für Bjelorußland, den Verlust Wilnas für Litauen usw. legalisieren und juristisch sanktionieren ... nicht das gleiche Schicksal erleiden wie einst der deutsch-französische Vertrag, der Elsaß - Lothringen von Frankreich losriß ? .... Locarno trägt den Keim eines neuen Krieges in Europa in sich."[61]

Das war nicht die Forderung nach einer Sicherheitsgarantie für Osteuropa, sondern ein handfestes Revisionsprogramm. Dessen Verwirklichung lag allerdings auch für Stalin noch in weiter Ferne, denn die Isolation der UdSSR dauerte an, die Beziehungen unter den „kapitalistischen Mächten" waren noch stabil und in seinen Äußerungen zu diesem Thema schätzte Stalin Mitte der zwanziger Jahre, daß dies wohl mindestens für die nächsten fünfzehn, eher für die nächsten zwanzig Jahre so bleiben würde.[62] Sollte es sich ändern, dann

---

[59] Dazu vgl. u. a. *Kissinger*, Vernunft, S. 298 f. und *Sierpowski/Czubinski*, Völkerbund, S. 34 ff.

[60] *Fary/Stelmach*, Reaktion, S. 125 ff. schildern die ambivalente Reaktion der polnischen Öffentlichkeit und Politik auf diese Haltung der Westmächte während der Locarno - Verhandlungen. Alles in allem war man in Warschau bereit, die letztlich erreichte Beteiligung Polens am Schlußteil der Konferenz schon als gewissen Erfolg zu werten.

[61] Zit. n. *Deutscher*, Stalin, S. 435.

[62] Ebd., S. 435 ff.

hatte er eine Taktik parat, die er schon im Januar 1925 vor dem Zentralkomitee der Partei verkündete:

„Sollte der Krieg beginnen, so werden wir nicht untätig zusehen können, wir werden auftreten müssen, aber wir werden als letzte auftreten, um das entscheidende Gewicht auf die Waagschale zu werfen, ein Gewicht, das ausschlaggebend sein dürfte."[63]

Man fühlt sich unwillkürlich an einen anderen Satz erinnert:

„Wir werden den Krieg nicht beginnen, aber wir werden ihn beenden", verkündete der Pariser Botschafter der USA William Bullitt im Januar 1939 seinem polnischen Kollegen Lukasiewicz. So selbstsicher konnten Vertreter der Weltmächte reden, denen der Verlauf eines kommenden Krieges letzten Endes reichlich gleichgültig sein konnte: Das Ergebnis stand fest. (Und von hier aus läßt sich auch der deutsche Aktionismus 1914 wie 1939 ohne weiteres einordnen. Deutschland konnte es sich nicht leisten abzuwarten, bis andere den Krieg beginnen.)

Im Grunde trug Gustav Stresemanns außenpolitisches Konzept daher lediglich den realen Kraftverhältnissen Rechnung, die ein vertraglich ungebundenes und vereinigtes Deutschland immer zu einer gewissen Vormacht in Europa machen würden, aber nie zu einer Weltmacht. Die Vereinigten Staaten und die Sowjetunion würden machtpolitisch immer in einer anderen Liga spielen. Es entsprach nur der aktuellen Weltlage, daß die von ihm angewandte Methode in erster Linie den USA entgegenkam, indem sie das Hauptbedürfnis der zu dieser Zeit einzigen aktiven Weltmacht nach freiem Handelszugang zu Europa unterstützte. Stresemann erkannte allerdings gegen Ende der zwanziger Jahre auch die Gefahren dieser Strategie. Im Sommer 1929 erklärte er vor dem Reichstag, Europa sei in Gefahr: „eine Kolonie derjenigen zu werden, die glücklicher gewesen sind als wir...".[64]

Es sollte sich zeigen, daß genau dies auch die Hintergedanken der amerikanischen Europapolitik waren. Schon die bescheidenen Versuche der Regierung Brüning im Jahr 1931, durch Zollabkommen mit verschiedenen südosteuropäischen Ländern dort eine privilegierte Position für den deutschen Handel zu schaffen, rief in Washington so heftige Reaktionen hervor, daß der Plan aufgegeben werden mußte. Ein kleines, aber bedeutendes Vorspiel zu der verbissenen Polemik, mit denen die USA auf die Handelspraktiken des nationalsozialistischen Deutschland während der dreißiger Jahre reagieren sollten.

---

[63] Ebd., S. 437.

[64] *Krüger*, Außenpolitik, S. 489.

V. Nachkriegszeit

1928 erreichte die Nachkriegspolitik der zwanziger Jahre dann ihren Höhepunkt. Locarno hatte den Begriff der kollektiven Sicherheit bereits neu etabliert, und zwar außerhalb des Völkerbundes, womit er zugleich auch verwässert worden war. „Falls kollektive Sicherheit wirklich zuverlässig war, war Locarno unnötig. War Locarno aber notwendig, dann war der Völkerbund per definitionem nicht einmal ausreichend, um die Sicherheit der wichtigsten Gründungsmitglieder zu gewährleisten."[65] Eben diesem letzten Fakt hatte die europäische Politik in Locarno Rechnung tragen wollen. Aber was in Versailles mißlungen war, die Gründung eines umfassenden Vertragssystems, konnte in Locarno schon deshalb nicht gelingen, weil die Westeuropäer nur sich selbst eingeladen hatten. Diesem Mangel sollte nun wenigstens in Richtung Westen abgeholfen werden. Frankreich machte einen Versuch, die Vereinigten Staaten nun doch vertraglich an Europa zu binden.

In der Geschichte zwischenstaatlicher Machtpolitik gehörte Zynismus immer zu den Geschäftsgrundlagen, besonders in Verbindung mit ihrer schärfsten Form, dem Krieg. In ihrer modernen Variante gewinnt diese Grundlage an Gewicht, da sie unter dem wachsamen Auge demokratisch verfaßter Massengesellschaften stattfindet, deren Wohl die Politik zu berücksichtigen wenigstens vorgeben muß. Das gilt selbst für totalitäre Systeme wie das Nationalsozialistische oder das Sowjetische, die aus dem Appell an die „Massen" und das „Volk" ihre Legitimation beziehen müssen und ohne deren faktische Unterstützung auch gar nicht existenzfähig wären. Viel mehr gilt es natürlich für die liberalen Demokratien, in denen der Öffentlichkeit auch Kanäle zur direkten Einflußnahme zur Verfügung stehen.

Die daraus resultierende spezifische Mischung aus taktischem Kalkül, öffentlich proklamiertem Moralismus bei gleichzeitig kaum verschleierten wirtschaftlich strategischen Vorbehalten einzelner Regierungen, verbunden mit dem unkalkulierbaren Eingreifen der öffentlichen Meinung, das die moderne Politik auszeichnet, wurde nun in der Vorgeschichte des Briand - Kellogg Pakts offenkundig.[66] Da es außerdem der Verstoß gegen seine Regelungen war, der nach dem Krieg einen Teil der deutschen Führung an den Galgen brachte und er nebenbei ein gutes Beispiel für die Amerikafixierung der europäischen Politik in den zwanziger Jahren liefert, sei auf diese Vorgeschichte noch einmal eingegangen.

Ausgangspunkt war der Versuch der französischen Regierung, auf irgendeine Art zu einem „besonderen" Verhältnis mit den USA zu kommen, um mit deren Wohlwollen in den anstehenden Verhandlungen zur allgemeinen Abrü-

---

[65] *Kissinger*, Vernunft, S. 298.

[66] *Krüger*, Weimar, S. 409.

stung und den Reparationen rechnen zu können. Vorherige Versuche, mit den USA einen formellen Beistandspakt zu erreichen, waren ja bekanntermaßen nach dem Versailler Vertrag gescheitert, als die USA jede Bündnisverpflichtung in Europa ablehnten. Es war daher auch kein Bündnisvertrag, den Briand seinem amerikanischen Amtskollegen Kellogg auf Initiative des amerikanischen Friedensforschers James T. Shotwell vorschlug, sondern ein ziemlich überflüssiges Abkommen über eine gegenseitige Kriegsverzichtserklärung zwischen den USA und Frankreich, die nun wirklich nicht im Begriff standen, übereinander herzufallen. Das war dennoch geschickt formuliert und von den USA kaum abzulehnen, so daß alles auf den Abschluß eines zwar inhaltslosen, aber symbolträchtigen Abkommens hindeutete. Schlimmstenfalls würde die Angelegenheit im Sand verlaufen.

Die spontane Begeisterung in der amerikanischen Öffentlichkeit, gesteigert von heftiger Agitation durch die Friedensbewegung, verwandelte den Vorgang in wenigen Wochen in ein Politikum ersten Ranges. Die amerikanische Regierung mußte offiziell reagieren und der zu diesem Zeitpunkt 71 Jahre alte Frank Kellogg nutzte die unerwartete Gelegenheit für einen großen Abgang von der politischen Bühne. So beantwortete er den französischen Vorschlag im Dezember 1927 mit dem Gegenvorschlag für einen zunächst von den Großmächten, später von allen Staaten zu unterzeichnenden Vertrag über den Verzicht auf Krieg als Mittel der nationalen Politik. Probleme sollten künftig durch friedliche Streitregelung gelöst werden.

Das war nun ziemlich genau das Gegenteil von dem, was sich die Franzosen erwartet hatten, die zur Erhaltung ihrer Vormachtstellung gegenüber Deutschland nicht auf die Androhung von Gewalt verzichten konnten und deren Vorschlag ursprünglich auf eine symbolische Rückendeckung Washingtons in genau dieser Sache gezielt hatte. Die französische Regierung konnte nun aber den amerikanischen Gegenvorschlag angesichts seiner Popularität nicht einfach ablehnen und war obendrein auch außenpolitisch unter Druck geraten, da man in Berlin schnell auf den fahrenden Zug gesprungen war und Interesse an einem Vertragsabschluß zu amerikanischen Bedingungen bekundete. Es blieb als einzig denkbare Taktik übrig, den Vertrag nach Kräften zu verwässern.

Der Quai d'Orsay tat das ausgiebig und wurde dabei von vielen Seiten unterstützt, so daß unter den Augen der verwirrten Öffentlichkeit schon nach acht Monaten ein Vertragsdokument voll sorgfältig ausgewogener Inhaltsleere unterzeichnet werden konnte. So ernstgemeint war der Kriegsverzicht nun auch wieder nicht, daß etwa die USA in Zukunft ein Eingreifen in Lateinamerika unterlassen wollten. Ähnlich behielten sich Großbritannien und Frankreich Interventionsrechte in ihren jeweiligen Einflußzonen vor. Manche Staaten waren eben auch in diesem angeblich universalen Antikriegspakt gleicher als andere.

Ein Umstand, der dem künftigen Vertragsbrecher Adolf Hitler während der Arbeit an seinem „Zweiten Buch", an dem er gerade in diesen Monaten schrieb, den bissigen Kommentar eingab, es falle „den Briten eben nicht ein, für etwas, was sie an Liberia blutig rächen, mit den USA auch nur eine Note auszutauschen."

Was Kellogg selbst von der Verbindlichkeit seines Produkts hielt, verkündete er einige Monate später vor dem Senatsausschuß für Auswärtige Angelegenheiten. Die Vereinigten Staaten seien innerhalb des Vertrags nicht verpflichtet, den Opfern eines Angriffs zu helfen, da solche Angriffe bereits bewiesen hätten, daß der Vertrag aufgehoben worden sei. Der Friede wurde also nur so lange garantiert, wie Frieden bestand. „Gehen wir davon aus, daß irgendeine Nation diesen Vertrag bricht. Warum sollte uns das etwas angehen?" fragte Senator Walsh aus Montana nach. „Dafür besteht nicht der geringste Grund" lautete Kelloggs Antwort.[67]

So zeigte der Briand - Kellogg Pakt den grundsätzlichen Mangel des Konzepts der kollektiven Sicherheit noch einmal ganz deutlich: so lange es gegenüber Vertragsbrechern keine automatischen Sanktionen bis hin zum Krieg vorsah, war es unwirksam. Einen Vertrag mit solchen Verpflichtungen würde aber kein Land unterschreiben, da er das offizielle Ende der staatlichen Souveränität bedeuten würde. Unter diesen Bedingungen bleibt kollektive Sicherheit an nationale Interessen gebunden (was bis heute der Fall ist), und mit Krieg haben nur diejenigen zu rechnen, die nationale Interessen bedeutender Mächte verletzen (der vielbeschworene Unterschied zwischen Bosnien und Kuwait). Trotzdem also in kurzer Zeit fast alle bedeutenden Staaten dem Abkommen beigetreten waren, wurde es letzten Endes nicht wirkungsvoller als der Völkerbund. Die Staatenwelt mußte ohne verbindliche Vertragswerke in die nächste Krise gehen

VI. Zwischenbetrachtung : Der Sozialismus in einem Land - Die UdSSR außerhalb des Staatensystems

Zu den Besonderheiten von Machtpolitik unter den Bedingungen der industriellen Moderne gehört der schnelle Wandel des Mächtegleichgewichts durch die wirtschaftliche Entwicklung einzelner Länder. Wo Europa jahrhundertelang in relativ statischen Kategorien von Bevölkerungszahl und territorialer Ausdehnung gedacht hatte (die für Machtentfaltung der damaligen Zeit auch tatsächlich maßgebend waren), entwickelte sich durch die Industrialisierung seit 1815 eine Dynamik mit ungeahnten politischen Folgen für das in Wien

---

[67] *Kissinger*, Vernunft, S. 304.

mühsam austarierte europäische Mächtesystem. Ihr erstes Opfer wurde bekanntermaßen das innerdeutsche Gleichgewicht der Mächte, da Preußen aus dem Erwerb des Ruhrgebiets, das es nach der Idee des Wiener Kongresses eigentlich nur als Puffer gegen französische Ausdehnungsversuche halten sollte, ausreichend Gewinn ziehen konnte um Österreich - Ungarn zu überflügeln und aus dem Deutschen Bund hinauszudrängen. Kurze Zeit später fand ähnliches gegenüber Frankreich statt, das dem Druck der jetzt vereinten deutschen Streitkräfte nicht standhalten konnte.

Diese Entwicklung war mit dem Jahr 1871 natürlich keineswegs abgeschlossen, sondern beschleunigte sich im Gegenteil so sehr, daß Frankreich und Österreich bald weit hinter das Deutsche Reich zurückgefallen waren, ein Schicksal, das beide Länder mit Rußland und bald auch mit Großbritannien teilten. Deutschland wurde für fünfzig Jahre die dynamischste Macht Europas, eine Kraftquelle, die auf dem Gipfel dieser Entwicklung in den Jahren nach der Jahrhundertwende selbst von allen europäischen Mächten gemeinsam nicht mehr übertroffen werden konnte.

Es ist sinnvoll, sich an dieser Stelle den politischen Nutzen dieses Prozesses für das Reich noch einmal in Erinnerung zu rufen, denn es gab - keinen. Deutschland mochte die bedeutendste Industriemacht des Kontinents sein, aber es konnte nichts davon in politischen Einfluß ummünzen. Der neue Staat mußte seinen Platz im Koordinatenkreuz der europäischen Machtpolitik erst noch suchen und er suchte ihn vergeblich. Schon gar nicht gelang es, sich den ersehnten Platz unter der Sonne Zentralafrikas zu sichern, aber auch in Europa gewann man weder Sicherheit noch Einfluß hinzu, sondern sah sich bald der Gefahr einer Einkreisung durch sämtliche Randmächte des Kontinents ausgesetzt.

Dazu brauchte es gar nicht eine besonders bewußt und raffiniert geplante Politik einzelner Mächte zu geben, die Situation ergab sich fast von selbst. Österreich - Ungarn und Frankreich hatten schon die Gründung des Reichs verhindern wollen, aber nicht verhindern können. Rußland und Großbritannien hatten sie vorwiegend aus Desinteresse geduldet, denn schließlich hatte sich Preußen in der Vergangenheit immer wieder bestens für englische oder russische Zwecke einspannen lassen und galt als nützlicher, aber glücklicherweise vollständig abhängiger Kleinstaat. (Die britische Regierung brauchte nur die Kreditlinie zu sperren, um Friedrich den Großen von einem geplanten Krieg abzuhalten und auch die Preußenfreundlichkeit des gerade regierenden Zaren war für ein Herrscherhaus eine existentielle Frage, dessen „Mirakel" im plötzlichen Tod der russischen Zarin Elisabeth bestand.) Als etwas anderes als einen Kleinstaat wollte man auch Preußen - Deutschland nicht betrachten; eine Ansicht, über die man sich in London und St. Petersburg einig war und an der sich auch nichts änderte, als die wirtschaftliche Entwicklung sie ernsthaft in Frage zu stellen begann. Die europäischen Eliten begriffen die Veränderung nur langsam und waren nicht bereit, ihr Rechnung zu tragen. Mehr als die Rolle des Juniorpartners wurde der deutschen Regierung weder hier noch dort angeboten und deren Versuch, sich aus dieser (wie sich bald zeigen sollte, prinzipiell angemessenen) Besetzung durch massive Aufrüstung zu befreien, schloß den Ring dann bekanntlich endgültig. Statt den neuen Machtverhältnissen Rechnung zu tragen und durch Nachgeben an der einen oder anderen Stelle etwas Druck aus dem deutschen Kessel zu nehmen, verbündete sich Europa gegen den Handlanger alter Tage, aus dem ein potentieller Hegemon geworden war.

Das war ein Fehler, wie sich nach dem Krieg zeigte, denn die Dynamik der Industriegesellschaft hatte nicht nur die zwischenstaatlichen Machtverhältnisse verändert, sondern machte durch die vielfältige Interdependenz der Industrien und des internationalen Zahlungsverkehrs auch ihren kriegerischen Vergleich sinnlos. Eine nachhaltige Liquidation der deutschen Wirtschaftskraft war für die Sieger selbst uninteressant (hätte auch Methoden erfordert, zu denen 1919 niemand bereit war) und nach dem arroganten Auftritt des amerikanischen Präsidenten Wilson wuchs daher vor allem in England die Einsicht, Milliarden Pfund für eine ungenügende Ablösung der drohenden deutschen Hegemonie durch eine reale amerikanische ausgegeben zu haben. „Es war vergeblich", dieses Gefühl durchzog nicht nur die Öffentlichkeit angesichts von Millionen Toten und dem ausgebliebenen Gewinn, sondern war auch den politischen Entscheidungsträgern nicht fremd.

Kaum jemand wird behaupten wollen, daß Menschen aus Fehlern lernen. Obwohl der *Weltkrieg* als Begriff und Ereignis eigentlich jedem hätte deutlich machen können, daß künftig der globale Vergleich der Mächte den Ausschlag geben würde und außerdem der bloße militärische Erfolg noch keine substantielle Machtverschiebung nach sich ziehen mußte, wurde beides in den politischen Entscheidungszentren des Kontinents weitgehend ignoriert. Europa, vor allem die kontinentaleuropäischen Mächte Italien und Frankreich, starrte auch nach den Verhandlungen von Versailles weiterhin unverdrossen auf Deutschland und dessen „ungebrochenes" Potential als größter Industriemacht. (Lediglich in England hatte sich, wie gesagt, die Einsicht über die globalen Folgen der Auseinandersetzung und über die Sinnlosigkeit ihrer Wiederholung einigermaßen durchgesetzt. Deutschland mochte keine Weltmacht sein, aber etwas mehr Respekt vor seinen Interessen konnte künftig nicht schaden.) Viele der ärgerlichen und demütigenden Bestimmungen des Friedensvertrags resultierten daher aus den Bemühungen der kleinen Kontinentalen, das deutsche Potential irgendwie doch einzuschränken, sei es durch Reparationen, durch Ablieferung der Handelsflotte, Einschränkung von Zolleinnahmen oder unentgeltliche Lieferungen von Industriegütern. Tatsächlich gelang es in den ersten Jahren nach Friedensschluß auch, diesem Ziel näher zu kommen, bis der amerikanische Kapitalexport Europas Wirtschaftswachstum in den zwanziger Jahren stimulierte und die Bedrohungsszenarien der Mächte fürs erste in den Hintergrund drängte.

Währenddessen etablierte sich allerdings im Osten Europas eine Industrieansammlung von ganz anderer Dimension als die Deutsche. Anders als jene blieb sie merkwürdigerweise weitgehend unbemerkt, obwohl sie die Machtverhältnisse in Europa erneut auf den Kopf stellen sollte.

Wie bereits gesagt, war Rußland die erste (im wesentlichen) außereuropäische Macht, die auf dem Kontinent eine hegemoniale Rolle gespielt hatte. Das war in den Jahren nach 1815 gewesen, als das Land unter vorindustriellen Bedingungen aus seiner Größe und seiner Bevölkerungszahl maximale Vorteile ziehen und gegenüber Mitteleuropa offensiv werden konnte. Auf politischer Ebene kam dazu noch die Bereitschaft der schwachen zentraleuropäischen Autokraten, ihre Throne vom absolutistischen Zarentum stützen zu lassen, einem Herrschaftssystem, dem der europäische Adel immer noch (wenn auch oft nur heimlich) nachtrauerte. Rußlands Hegemonie war also nicht nur militärisch eindeutig, sondern in gewissem Maß auch ideologisch erwünscht.

Beide Bedingungen verloren sich im stetigen Prozeß der Industrialisierung und Liberalisierung des Kontinents. 1848 griff das Zarentum ein letztes Mal militärisch ein, um die Revolution in Österreich zu unterdrücken, wenige Jahre später gab es im Krimkrieg die erste Niederlage gegen Westeuropa und spätestens um die Jahrhundertwende war Rußland ein wirtschaftlich und gesellschaftlich so rückständiges Land, daß an die Ausübung einer Hegemonie nicht gedacht werden konnte. Aus dem Zarenreich war ein klassischer Fall strategischer „Überdehnung" geworden, da sich mit den wirtschaftlichen Mitteln des frühen 19. Jahrhunderts, die dort immer noch verbreitet waren, im 20. Jahrhundert kein Kontinentalimperium über zehntausende Kilometer Entfernung mehr betreiben ließ. Der russisch - japanische Krieg deckte 1905 diesen Sachverhalt endgültig auf und löste nicht zufällig auch die erste Revolution aus.

Vor diesem Hintergrund wirkt die (nach 1905 getroffene) Entscheidung Rußlands, sich nun in Südosteuropa mit dem von Deutschland gestützten Österreich - Ungarn anzulegen und letzten Endes auf Seiten der Alliierten in einen Krieg gegen die Mittelmächte zu ziehen, extrem anachronistisch. Das Zarentum führte einigermaßen planlos (unter der neuen, zeitgemäßen Flagge des Panslawismus) einen Expansionskurs weiter, zu dem es nicht mehr in der Lage war, verspielte damit sein ganzes Erbe und besorgte letztlich nur das Geschäft der Europäer. Schon während des Krieges wurden in allen europäischen Hauptstädten (auch bei den sogenannten Verbündeten) Pläne für eine Heraus-

VI. Der Sozialismus in einem Land

lösung mindestens Polens aus dem russischen Staatenverband geschmiedet.[68] Der Krieg sollte genutzt werden, Rußland aus Europa hinauszudrängen, und er wurde dafür genutzt. Die Pariser Nachkriegsregelungen seitens der Alliierten waren für Rußland nicht wesentlich günstiger als die in Brest - Litowsk von Deutschland diktierten.

Machtpolitisch war Rußland also dank seiner politischen und wirtschaftlichen Unterentwicklung aus Europa vertrieben worden. Um diese Entwicklung zu komplettieren, bemühten sich die Alliierten in Versailles in bezeichnender Verkennung des inzwischen kommunistisch regierten Staats, Rußland in die finanziellen Regelungen des Vertragswerks einzubinden, zum Gläubiger Deutschlands und zum Schuldner Westeuropas zu machen und es auf diese Weise dauerhaft zu gängeln. Mit dem Systemwechsel war allerdings ein neues russisches Selbstbewußtsein verbunden, das diese Absichten durchkreuzte und den machtpolitischen Trend der letzten hundert Jahre (seit 1815 hin zu West- und Zentraleuropa und weg von Osteuropa) in wenigen Jahren umkehren sollte.

Die Sowjetunion hatte von Beginn an deutlich gemacht, daß für sie die Regeln des kapitalistischen Spiels nicht gelten würden. Lenin lehnte es rundheraus ab, die Schulden des zaristischen Rußland anzuerkennen und entzog sein Land damit schon zu einem Zeitpunkt dem Schuldenkarussell der zwanziger Jahre, als die Sowjetmacht noch keineswegs gefestigt war. Das war ein schwerer Schlag für die Zahlungsfähigkeit der Westmächte Frankreich und England, der durch die Intervention beider Mächte in den russischen Bürgerkrieg nicht korrigiert werden konnte und deshalb sogar zu einer ersten Annäherung an Deutschland führte, das die Forderungen an die UdSSR doch bitte unterstützen solle. Dem entzog das Abkommen von Rapallo den Boden: Die Weimarer Republik und die Sowjetunion vereinbarten 1922, auf gegenseitige Forderungen zu verzichten und volle diplomatische Beziehungen aufzunehmen. Lenin war es gelungen, einen Präzedenzfall zu schaffen, denn nie zuvor war es einem Land gelungen, internationale Zahlungsverpflichtungen kurzerhand zu ignorieren. Schon das allein gab einen Hinweis auf die außergewöhnliche Substanz, die der Sowjetunion als Erbe des zaristischen Rußland zugefallen war und die revolutionäre Herausforderung, die sie für die Staatenwelt darstellte.

Der Preis für dieses Verhalten war natürlich hoch. Einstweilen blieb die UdSSR auf unabsehbare Zeit vom diplomatischen Verkehr ausgeschlossen und damit weitgehend auch von den Fleischtöpfen der internationalen Finanzwelt. Der Sozialismus mußte aus eigener Kraft aufgebaut werden, von einem beispiellos niedrigen industriellen Niveau aus.

---

[68] *Rauh*, Geschichte, S. 68 f.

Und er wurde aus eigener Kraft aufgebaut. Die industrielle Produktion, die 1920 auf 12,8 Prozent des Vorkriegsniveaus abgesunken war, stieg bis 1925 um mehr als das Fünffache auf nun wieder 70,1 Prozent.[69] Schon dies war der größte relative Produktionsanstieg, der überhaupt jemals in irgendeinem Land erreicht wurde und er führte anfangs obendrein noch den Lebensstandard der russischen Arbeiter in nie gekannte Höhen.[70] Im nächsten Jahr stieg die Produktion noch einmal um fast die Hälfte und passierte die Vorkriegsmarke nur ein Jahr nach den anderen Ländern Europas, die allerdings schon 1920 bei durchschnittlich siebzig Prozent des Vorkriegsniveaus begonnen hatten. Dennoch war Lenins Nachfolger Stalin mit den Ergebnissen nicht zufrieden. Der „Sozialismus in einem Land", den er propagierte, mußte potentiell mit der Feindschaft der gesamten kapitalistischen Welt rechnen und um hier zu bestehen, dafür reichten weder das industrielle Niveau der Vorkriegszeit noch seine maßvolle Verbesserung aus. „Im Tempo nachlassen, hieße zurückzufallen. Und diejenigen, die zurückfallen, werden geschlagen" ließ er daher 1931 verlauten - eines der berühmtesten Stalin Zitate überhaupt. Das zaristische Rußland sei „immer wieder geschlagen worden", weil es in der industriellen Produktivität und der militärischen Stärke zurückgefallen sei.[71] Alan Bullock hat sehr zu Recht darauf hingewiesen, wie schief dieses Bild der russischen Geschichte hing, das Stalin hier zeichnete. In Wahrheit hatte dieses „immer wieder geschlagene" Rußland seine Gegner in der Regel verschlungen und dabei seine Grenzen permanent ausgedehnt, bis es schließlich ein Sechstel der Erdoberfläche umfaßte.[72]

Dennoch lagen weiterhin fünf Sechstel der Welt außerhalb der russischen Grenzen und Stalin appellierte zweifellos an ein weitverbreitetes Bedrohungsgefühl, wenn er die Gefahr an die Wand malte, in zehn Jahren von den fortgeschrittenen (Industrie-) Ländern „zermalmt" zu werden. Auch das sozialistische Rußland blieb eben im eingangs erläuterten Sinn eine „kontinentale" Macht. Aus Angst geborene Erscheinungen wie Despotismus und Hochrüstung gehörten weiterhin zu ihrer Normalität. Schon konnte Stalins Wort in den späten zwanziger Jahren nicht mehr offen in Frage gestellt werden. Im Gegenteil: die Trias der Machtverteilung zwischen Öffentlichkeit, Machtelite und politischen Entscheidungsträgern war in der Sowjetunion in einem Ausmaß außer Kraft gesetzt, wie es der Zarismus nie erreicht hatte. Stalins Herrschaftsausübung war auf seine Person konzentriert, alle Fäden liefen bei ihm zusammen

---

[69] *Kennedy*, Aufstieg, S. 422.

[70] *Kuromiya*, Industrial, S. 80 f.

[71] Zit. n. *Kennedy*, Aufstieg, S. 493.

[72] *Bullock*, Leben, S. 378 f.

VI. Der Sozialismus in einem Land   83

und die pausenlosen „Säuberungen" auf allen Ebenen der Gesellschaft zeigten seine Entschlossenheit, jede Person oder Gruppe zu liquidieren, die auch nur theoretisch in der Lage war, daran etwas zu ändern. Wo sein nationalsozialistischer Widerpart in Deutschland später ganz gezielt ein Zuständigkeitschaos zwischen Mitarbeitern und Institutionen förderte, um eine ungefährdete Stellung als Moderator einnehmen zu können, bestand Stalin auf absoluter Zentralisation der Entscheidungsgewalt. Dabei ging er das Risiko ein, Korruption und Bonarpatismus in seiner Umgebung zu provozieren, die ausschließlich von seinem Wohlwollen abhängig und jeder Kontrolle auf gleicher Ebene, etwa durch Konkurrenz, entzogen war. Schrankenloser Terror auch gegen höchste Entscheidungsträger war die fast notwendige Bedingung, um dieses System (Stalins persönliche Herrschaft selbst) zu stützen.

Die Kombination aus Stalins innenpolitischem Terrorismus, dem erneuerten Machtpotential Rußlands und der kommunistischen Weltbeglückungsideologie allerdings bildete in der internationalen Arena der dreißiger und vierziger Jahre eine neue, unschlagbare Trias. Stalin hatte ein in jeder Hinsicht perfektes System staatlicher Machtentfaltung geschaffen.

Das fing schon bei dem Begriff des „Sozialismus in einem Land" an. Stalin wurde nicht müde zu betonen, daß die UdSSR prinzipiell mit der ganzen kapitalistischen Welt verfeindet sei. Natürlich sollten nur die anderen die „Kriegstreiber" sein, aber zugleich ließ er keinen Zweifel an dem Umfang dieser „Notwehrsituation" und an der Berechtigung der UdSSR, darauf mit *allen* Mitteln zu reagieren, denn „der Krieg mit der kapitalistischen Welt (ist) unvermeidlich" (so am 3. Dezember 1927 vor dem ZK) und „der Krieg kann alles und jegliche Vereinbarung auf den Kopf stellen" (so am 15. September 1927 in der Prawda).[73] Dies stand in der Tradition sowjetischen Selbstverständnisses spätestens seit März 1918, als der 7. außerordentliche Parteikongreß „insbesondere" betonte, „daß das Zentralkomitee ermächtigt ist, zu jedem Zeitpunkt sämtliche Bündnisse und Friedensverträge mit den imperialistischen und bürgerlichen Staaten aufzukündigen, und ebenso, ihnen den Krieg zu erklären."[74]

An Versprechen gegenüber der kapitalistischen Außenwelt war die Sowjetunion also nicht gebunden, schließlich hatte sie ja die Geschichte und damit die Moral immer auf ihrer Seite. Jeder Nachbarstaat der UdSSR durfte also zu *jeder* Zeit mit einer Aggression rechnen und deren Liste aus den Jahren 1929 bis 1945 ist entsprechend lang: China 1929, Japan 1939, Polen 1939, Finnland 1939, Estland, Lettland, Litauen 1940, Rumänien 1940, Iran 1941 und wieder Japan 1945. Von den direkten Nachbarn der Sowjetunion blieb (außer dem

---

[73] Zit. n. *Suworow*, Eisbrecher, S. 52.

[74] Ebd., S. 52.

6*

Satellitenstaat Volksrepublik Mongolei) nur die Türkei vom Einmarsch der Roten Armee verschont.

Das Glück der Menschheit und die Expansion der UdSSR waren deckungsgleich. Man bemerkt, daß der Satz in dieser Form durchaus auch für das Selbstverständnis der USA gelten könnte, aber anders als Franklin Roosevelt, der stets das Mißtrauen einer aufmerksamen Öffentlichkeit und einer demokratischen Opposition zu überwinden hatte, hatte Stalin das „historische Recht" der UdSSR zur Expansionspolitik durch *seine* absolute Kontrolle über diese Politik ergänzt. Ob er in die Mandschurei einmarschierte, um die russischen Eisenbahnrechte zu schützen, die gleichen Rechte kurze Zeit später an Japan verkaufte, dann die japanischen Truppen in der Mandschurei angriff, kurz darauf einen Nichtangriffspakt mit Japan schloß um dann Japan 1945 doch wieder anzugreifen - es blieb alles seiner Entscheidung überlassen. Jede Kehrtwendung war möglich, er brauchte nur noch das richtige Instrument.

Aus Stalins Überlegungen zur realen oder möglichen Einkreisung der Sowjetunion durch den kapitalistischen Rest der Welt von 1927 entstanden daher folgerichtig umgehend die Fünfjahrespläne der Jahre seit 1928. Unter völliger Vernachlässigung und teilweise systematischer Zerstörung der Landwirtschaft (so wurde die Zahl der gehaltenen Tiere in wenigen Jahren durch Notschlachtungen halbiert) trieb man den industriellen Sektor zu ungebremstem Wachstum. Der dazu nötige Terror und die zwangsläufig folgenden Hungersnöte kosteten Millionen Menschenleben, aber es gelang tatsächlich, die Industrieproduktion zwischen 1926 und 1938 noch einmal zu verachtfachen. 1929 hatte die UdSSR bereits Japan und Italien überholt und noch während der Wirtschaftskrise ereilte Frankreich, Deutschland und Großbritannien das gleiche Schicksal. Nach den USA war die Sowjetunion 1932 der Welt zweitgrößter Industrieproduzent und bis 1938 konnte sie auch den Abstand zu den Vereinigten Staaten deutlich reduzieren.

Natürlich war diese Entwicklung keineswegs mit einem Anstieg des Lebensstandards verbunden und konzentrierte sich extrem auf die wenigen Schlüsselindustrien, die auch für die Rüstung einsetzbar waren. Stalin baute die russische Schwerindustrie schließlich nur zu dem einen Zweck, eine Macht zu werden. Erstaunlicherweise wurde dies im Europa außerhalb Rußlands nur in Deutschland im Dunstkreis des deutschen Nationalismus vermerkt. Dort feierte man gelegentlich die Sowjetunion als Verkörperung preußischer Tugenden (Ernst Niekisch) oder des modernen Planungsstaats (Ernst Jünger). Schon Lenins Nichtanerkennung der Auslandsschulden hatte Anfang der zwanziger Jahre solche Reaktionen hervorgerufen, verbunden mit dem lebhaften Wunsch, Deutschland solle es genauso machen und die Unterschrift unter den Versailler Vertrag schlicht ignorieren.

VI. Der Sozialismus in einem Land 85

Stalin ließ dem industriellen Aufbau unmittelbar den der Militärmacht Rußland folgen. Auch auf diesem Feld erreichte die UdSSR phantastische Zahlen. Schon 1932 produzierte das Land über dreitausend Panzer und zweitausendfünfhundert Flugzeuge und das war in jedem Fall deutlich mehr als der Rest der Welt zusammen.[75] Selbst wenn die Qualität nicht immer die beste war, bescherte allein die Quantität der UdSSR einen Rüstungsvorsprung, der auch während der dreißiger Jahre von anderen Staaten nicht aufgeholt werden konnte. Allein die USA hätten über die entsprechenden Kapazitäten verfügt, hielten sich aber noch zurück. So mochte die deutsche Aufrüstung *das* Thema der Weltpolitik sein, verglichen mit der sowjetischen wirkte sie doch etwas blaß. Auch 1939 besaß Deutschland etwas weniger Panzer als die Westmächte, aber nicht einmal ein Fünftel des Bestandes der Sowjetunion.[76] Da die neuen russischen Fabrikzentren außerdem ganz bewußt in weiter Entfernung von Rußlands Grenzen angelegt wurden, unerreichbar von allen bekannten Waffensystemen, genoß die UdSSR in der Zeit zwischen 1930 und der Erfindung der Atomwaffe eine quasi unangreifbare Position. Innere Stabilität vorausgesetzt (die von vielen ausländischen Beobachtern allerdings schon damals angezweifelt wurde), war das Land nur in einem sehr langfristigen Koalitionskrieg zu besiegen.

Anders als im Fall Deutschlands vierzig Jahre früher spielte dies merkwürdigerweise in den Kalkulationen der Westmächte keine Rolle. Das sowjetische Wirtschaftswunder blieb im Westen weitgehend unbemerkt, wurde durch den doppelten Eindruck des inneren Terrors und der äußeren Isolation des Landes verdeckt. Tatsächlich nahm die Sowjetunion ja auch nicht am Welthandel teil, verfolgte augenscheinlich keine offensiven militärischen Ziele und schien aus beiden Gründen eine zu vernachlässigende Größe auf der Rechnung der Großmächte darzustellen. Noch 1939 kalkulierte Neville Chamberlain, er „glaube nicht an seine (Rußlands, d. Verf.) Fähigkeit, eine wirksame Offensive durchzuhalten, selbst wenn es wollte".[77]

Es war sicher Zufall, daß zeitgleich mit dem New Yorker Börsenkrach, der die politischen Steuerungsmechanismen der liberalen Wirtschaften unwirksam machte, zum ersten Mal nach dem Weltkrieg wieder Truppen zur Verteidigung wirtschaftlicher Interessen in ein fremdes Land einmarschierten. Es waren russische Verbände, die das imperialistische Vorkriegsrennen in China wieder in Gang setzten. Anlaß war der Versuch Chiang Kai-sheks, die sowjetischen In-

---

[75] *Kennedy*, Aufstieg, S. 489.

[76] Bei Beginn des Unternehmens Barbarossa im Juni 1941 war es dann ein Siebtel des sowjetischen Bestands: 3500 zu 24000. Vgl. *Kennedy*, Aufstieg, S. 490.

[77] Zit. n. *Kissinger*, Vernunft, S. 360.

teressen in der Mandschurei anzutasten, konkret (wie bereits gesagt) die russischen Rechte an der ostchinesischen Eisenbahn. Er löste dadurch eine sofortige militärische Intervention Rußlands aus und mußte sich schon am 22. Dezember 1929 im Abkommen von Chabarovsk zur Aufrechterhaltung des bisherigen Zustands verpflichten.

Selbst unter Lenin waren der antiimperialistischen Rhetorik der Sowjets in China niemals Taten gefolgt. Stalin gab nun die Bereitschaft zu erkennen, zaristische Positionen mit offener Gewalt zu behaupten und läutete damit eine neue Ära der sowjetischen Außenpolitik ein, die in den nächsten Jahren zunächst zu ausgedehnten Konflikten mit Japan führte, das seinerseits 1931 in die Mandschurei zu expandieren begann. Der Druck Japans auf die Mandschurei führte denn auch fünf Jahre später zum Verkauf der Eisenbahnrechte an den japanischen Satellitenstaat Mandschuko und zugleich Ende 1932 zu einer chinesisch - sowjetischen Annäherung.[78]

Stalin hatte nicht versäumt, diese außenpolitische Wende mit der Ernennung eines neuen Außenministers zu begleiten, die ein ganz anderes Gesicht Rußlands aufzeigen sollte. Maxim Litwinow, bürgerlich - jüdischer Herkunft und mit der Tochter eines britischen Historikers verheiratet, brachte in die sowjetischen Außenbeziehungen jenen weltläufigen Stil ein, der zu der verwandelten Rolle Sowjetrußlands den gefälligen Rahmen abgab.[79] Litwinow übernahm sein Amt im Juli 1930, war aber schon im Jahr zuvor an der Ausarbeitung des nach ihm benannten Litwinow - Protokolls beteiligt, einem ersten großen diplomatischen Erfolg der UdSSR, in dem sich die Sowjetunion, Polen, Rumänien, Lettland und Estland zum sofortigen Einhalt des Briand - Kellogg - Pakts noch vor dessen allgemeiner Ratifizierung verpflichteten.[80] Ganz anders als in dem aggressiven Kurs gegenüber China wurde hier das neue, demonstrative Vertrauen der sowjetischen Politik in die kollektive Sicherheit zum ersten Mal zur Schau gestellt. Stalin hielt sich beide Möglichkeiten offen, hatte die militärische Option aber vorläufig nur angedeutet. In den nächsten Jahren bis 1939, d.h. während der gesamten Amtszeit Litwinows, setzte er offiziell auf die diplomatischen Instrumente der westlichen Außenpolitik, vor allem auf den Völkerbund.

Wie sich herausstellte, wurde dieser Kurs schon bald belohnt. Da sich die USA unter Präsident Roosevelt endlich zur de jure Anerkennung der Sowjetunion entschlossen und die Staaten der Kleinen Entente (Tschechoslowakei,

---

[78] Vgl. *Stökl*, Russische Geschichte, S. 739.

[79] *Kissinger*, Vernunft, S. 353.

[80] *Hochman*, Failure, S. 31 f.

Rumänien und Jugoslawien) diesem Beispiel folgten, war es keine Überraschung mehr, als die UdSSR nach dem Austritt Japans und Deutschlands aus dem Völkerbund die beiden Länder dort beerben konnte. Am 18. September 1934 wurde das Land aufgenommen, ein Schritt, dem wenige Monate später im Mai 1935 militärische Beistandspakte mit Frankreich und der Tschechoslowakei folgten. (Die in beiden Fällen allerdings sehr kompliziert konstruiert waren, und deren Wert deshalb auch eher demonstrativer Art war.)

Damit stieß diese diplomatische Offensive der frühen dreißiger Jahre aber auch schon an ihre Grenzen. Das lag zum einen an der Sowjetunion selbst, deren friedfertiges Outfit durch die 1936 einsetzenden großen Säuberungen für alle sichtbar beschädigt wurde. Als sich im März 1939 schließlich der XVIII. Parteitag der sowjetischen KP versammelte, waren von den zweitausend Delegierten des XVII. Parteitags von 1934 nur noch fünfunddreißig in der Lage, an ihm teilzunehmen. Eintausendeinhundert saßen in Haft, achtundneunzig von einhundertdreißig Mitgliedern des Zentralkomitees waren getötet worden, ebenso drei von fünf Marschällen der Roten Armee, alle elf stellvertretenden Volkskommissare für Verteidigung und fünfundsiebzig von achtzig Mitgliedern des obersten Militärrates.[81] Unter diesen Voraussetzungen war es unmöglich, sich nach außen hin glaubwürdig zu Gewaltverzicht zu bekennen.

Zum zweiten war der Völkerbund 1934 immer noch politisch tot, jedenfalls kein Instrument, dem in den Machtzentren der Welt von Washington über London bis hin zu Berlin und Tokio eine Chance gegeben wurde. Die Entscheidungen gingen längst an dieser Organisation vorbei, wie der italienische Überfall auf Äthiopien und mehr noch der spanische Bürgerkrieg zeigten, als außerhalb des Völkerbunds jener Nichteinmischungsausschuß eingerichtet wurde, in dem auch das Nichtmitglied Deutschland seine Position vertreten konnte. Auch Frankreich, von dem die Initiative dazu ausgegangen war, hatte also stillschweigend erkannt, daß die Angelegenheiten der Staatengemeinschaft besser von Fall zu Fall unter den Betroffenen verhandelt würden, als in einer autoritätsschwachen Institution.

Der Abschluß des Beistandspakts der Sowjetunion mit Frankreich konnte denn auch nicht kaschieren, daß mit Großbritannien die stärkste und politisch aktivste westeuropäische Großmacht von engeren Beziehungen zur Sowjetunion auch weiterhin nichts wissen wollte. In London verfolgte man unbeirrt das Ziel, durch eine Stärkung Deutschlands ein stabiles europäisches Mächtesystem zu erreichen, in dem weder für amerikanischen noch für sowjetischen Einfluß ein umfangreicher Raum vorgesehen war. Was Stalin mit seinen Abkommen erreichte, waren daher lediglich symbolische Gewinne, deren Wir-

---

[81] *Watt*, War, S. 109.

kung allerdings kaum hoch genug einzuschätzen ist, denn zu ihnen gehörte die Hochachtung des amerikanischen Präsidenten.

Tatsächlich blieb bei Franklin Roosevelt der Eindruck hängen, die Sowjetunion sei im Gegensatz zu Japan oder Deutschland nicht von sich aus aggressiv, sondern prinzipiell ein vertrauenswürdiger Partner. Hier wurde der Grundstein für seine folgenreiche Fehleinschätzung Stalins als gutem „Uncle Joe" gelegt, die ihn später ganz Osteuropa der sowjetischen Einflußzone zuschreiben ließ, die aber auch schon Auswirkungen auf die amerikanische Politik Ende der dreißiger Jahre hatte, als man in Washington alles Böse der Welt noch in Berlin und Tokio konzentriert wähnte. Natürlich war die UdSSR nicht mit Deutschland oder Japan zu vergleichen, aber nicht, weil sie keine aggressive Machtpolitik betrieb, (legt man Roosevelts Horrorphantasien vom bevorstehenden Angriff auf die USA zugrunde, trieb 1939 eigentlich niemand aggressive Politik) sondern weil sie über das wesentlich größere Potential verfügte. Stalin konnte warten, seine Position ausbauen und darauf hoffen, daß ihm früher oder später jemand seine Forderungen in Osteuropa zugestand. Tatsächlich sollte genau diese Situation schon 1939 eintreten und die Unabhängigkeit jener „großen Zahl von Staaten" in Osteuropa beenden, die der US - Präsident zum vitalen amerikanischen Interesse erklärt hatte.

Dies Jahr wurde einer der Höhepunkte der weltweiten Renaissance von territorialem machtpolitischen Denken nach dem Zusammenbruch des Weltwirtschaftssystems und dem nachfolgenden Rückzug der Vereinigten Staaten aus der Weltpolitik - nachdem ihnen die Wirtschaftskrise ihre finanz- und handelspolitischen Herrschaftsinstrumente aus der Hand geschlagen hatte. Amerika brauchte etwas Zeit, um der wirtschaftlichen Interessenvertretung eine militärische Komponente hinzuzufügen und auf dieser Basis in die heutige dominierende Weltmachtrolle hineinzuwachsen. In der Zwischenzeit versuchten sich kleinere Mächte am Aufbau einer neuen internationalen Machtbalance. Während Japan in seiner ostasiatischen Einsamkeit ohne direkte Konkurrenz lediglich ein Machtvakuum zu füllen versuchte, setzte sich allerdings in Europa ein kompliziertes Spiel mit vielen Beteiligten in Gang, deren Visionen und Ziele sich letzten Endes als unvereinbar herausstellten. Um diese Konzeptionen der dreißiger Jahre soll es nun gehen.

VII. Vorkriegszeit: „Jeder für sich" - Konzeptionen souveräner europäischer Machtpolitik

„Britain long ago learnt the lesson that the only foundation for a stable international system was national autonomy."

Lord Edward Halifax[82]

1. „Appeasement" und kollektive Sicherheit

Appeasement ist heute längst eine allgemeine Bezeichnung für ängstliche und übervorsichtige Reaktionen, vor allem in der Politik, aber nicht nur dort. Angewandt auf die Politik der dreißiger Jahre drückt sie die Ansicht aus, in Großbritannien sei die Angst vor einer unkontrollierten Revision des Versailler Vertrags durch Deutschland das bestimmende Element gewesen. Das habe dem wilden Mann in Berlin seine Provokationen erlaubt, vor denen die allzu vernünftigen und harmlosen Demokraten zurückgewichen seien (zum Teil auch, weil sie seine Forderungen nicht ungerecht fanden) und so zwar moralisch integer blieben, aber im Ergebnis eine Politik zu verantworten hatten, die Europa in einen Weltkrieg zog, den man leicht hätte vermeiden können, wäre man Hitler frühzeitig entgegengetreten.

Es ist zu sehen, daß hinter dieser Argumentationskette eine moralisierende Auffassung von Politik steht. Die eine (demokratische) Seite sei um Gerechtigkeit bemüht gewesen, die andere habe beides mit Füßen getreten, erst die Gerechtigkeit und dann die Demokratien, so etwa der Gedankengang. Nun war moralische Integrität aber noch selten das entscheidende Motiv für politische Entscheidungen, und es ist in präziseren Analysen auch noch nie bestritten worden, daß die britische Appeasementpolitik eine notwendige Antwort auf ganz bestimmte strukturelle Probleme des britischen Reichs war, eine aus der Not geborene rationale Strategie also. Es wird im allgemeinen jedoch bestritten, daß hinter dieser Strategie auch so etwas wie die Vision einer künftigen internationalen Ordnung stand. Die eigentlich naheliegende Frage: „Wo sollte Appeasement hinführen?" ist nicht beantwortet und sogar so in Vergessenheit geraten, daß Gottfried Niedhart in seinem Aufsatz zum Thema 1978 erst einmal darauf hinweisen mußte, „daß Appeasement ursprünglich kein *Mittel* der Politik war, sondern ein *Ziel*".[83]

Da dieses Ziel in der grundsätzlichen Beschwichtigung der wichtigen Mächte der Welt bestand, ließ es sich leicht mit den Grundsätzen der kollektiven Sicherheit verwechseln und wohl auch deshalb wird in offiziellen briti-

---

[82] Zit. n. *Rock*, Roosevelt and Chamberlain, S. 237.

[83] *Niedhart*, Appeasement, HZ 1978, S. 67 f.

schen Dokumenten zur Außenpolitik zu dieser Zeit gerne die kollektive Sicherheit in den Vordergrund geschoben.[84] Die Öffentlichkeit erwartete eine Politik auf deren Basis, nicht eine klassische Gleichgewichtspolitik. Eine Gesamtregelung unter Berücksichtigung aller Interessen der einzelnen Mächte hatte aber, wie man es in den britischen Eliten verstand, prinzipiell nichts mit kollektiver Sicherheit zu tun, sondern eher in der Tradition der Konferenzen von Wien und Berlin zu stehen, und ein neues Gleichgewicht der Mächte an die Stelle des verworrenen Systems bilateraler Verträge und unverbindlicher kollektiver Sicherheitserklärungen zu setzen, das die Politik in den zwanziger Jahren geschaffen hatte. Dieses Ziel, das vor allem Neville Chamberlain vor Augen hatte, stand daher in gewissem (aber nicht in völligem) Widerspruch zur britischen Politik der zwanziger Jahre und mußte ihre Hauptprodukte schwächen, den Völkerbund und den Locarno - Pakt.

London hatte aber auch schon vor Chamberlain viel getan, um die kollektive Sicherheit zu untergraben, die beispielsweise der Völkerbund bieten konnte. So ließ man 1925 das Genfer Protokoll scheitern und tat auch nach der Besetzung der Mandschurei durch Japan alles, um eine scharfe Reaktion des Völkerbunds zu verhindern.[85] Das bilaterale und ohne jede Rücksprache mit Frankreich geschlossene deutsch - britische Flottenabkommen stellte sich 1935 dann offen gegen die Politik der kollektiven Sicherheit, die (was den Völkerbund betraf) schon durch die Austritte Japans und Deutschlands und dem anhaltenden Fernbleiben der USA die Weltpolitik ohnehin nur noch sehr begrenzt repräsentierte. Offensichtlich interpretierte Großbritannien die Idee der kollektiven Sicherheit als Übereinkommen der beteiligten Großmächte. Stillschweigend wurde der italienische Plan von 1933 umgesetzt, durch Zusammenarbeit der vier großen Mächte in Europa (Frankreich, Italien, Großbritannien und Deutschland), die Stabilität des europäischen Staatensystems zu garantieren. Angesichts der relativen Schwäche Italiens und Frankreichs mußten in einer solchen Konstellation die britischen Beziehungen zu Deutschland entscheidend sein.

In diesem Sinn läßt sich die britische Politik der zwanziger und dreißiger Jahre (auch vor 1933) nicht nur als „Appeasement" aus Angst und Vorsicht verstehen, sondern als gezielter Aufbau möglicher Bündnispartner. Stück für Stück (und nach 1930 in wachsendem Tempo) gestand England dem Deutschen Reich (die britische Japan - Politik kann hier nicht ausführlich dargestellt werden, aber es ist offensichtlich, daß man auch Japan aus gleichgewichtspolitischen Erwägungen eine gewisse Expansion gestatten wollte) alles zu, was zur

---

[84] *Bloch*, Das Dritte Reich, S. 196.

[85] Ebd., S. 196.

VII. Vorkriegszeit: „Jeder für sich"

Erfüllung dieser Rolle notwendig war: Die deutschen Grenzen im Osten wurden auch von London zur Disposition gestellt, die Reparationen wurden gestrichen, die formale Anerkennung als gleichberechtigte Großmacht erteilt und dann auch die militärische Aufrüstung eher wohlwollend beobachtet.

Selbst der „Anschluß" Österreichs galt als selbstverständlich (wir werden sehen, daß er sogar schon seit 1909 in der Konzeption britischer Europapolitik eine Rolle spielte). Die moralische Berechtigung der deutschen Ansprüche diente britischerseits kaum weniger zur Tarnung der eigenen Absichten, als dies auf deutscher Seite der Fall war. Beide Seiten zielten auf die Schaffung einer bestimmten machtpolitischen Konstellation ab. Chamberlain glaubte im November 1938, dieses Ziel erreicht zu haben, als er nach dem Münchener Abkommen im Alleingang, ohne die französische oder die italienische Regierung zu benachrichtigen, eine Vereinbarung mit Hitler unterschrieb, nach der England und Deutschland nie mehr gegeneinander Krieg führen würden. Dieses Papier (und nicht das Münchener Abkommen) hielt er in der Hand, als er bei seiner Rückkehr den „Frieden in unserer Zeit" verkündete.

Während Appeasement sich als Ziel britischer Außenpolitik aus den anstehenden Sachfragen quasi von selbst ergab, wurde um das Ziel des *inneren* Strukturwandels des Empire verbissen gestritten. Als in den zwanziger Jahren die Dominions bereits auf dem Weg waren, sich mehr oder weniger stillschweigend zu selbständigen Staaten zu entwickeln und parallel zu diesem Trend erste Risse in der kolonialen Struktur des Empire, vor allem in Indien sichtbar wurden, schien diese Entwicklung einem unaufhaltsamen, schleichenden Trend zu folgen. Ein zielgerichtetes Gesamtkonzept für den Umbau des Empire hatte man in London nicht parat.

Das Jahr 1929 brachte allerdings auch hier einen Einschnitt. Im Zusammenhang mit der Weltwirtschaftskrise erinnerte man sich in Großbritannien noch einmal an die Idee der „imperialen Einheit", womit in erster Linie der enge politische und wirtschaftliche Schulterschluß zwischen den britischen Inseln und den Dominions gemeint war, aber auch eine stärkere wirtschaftliche Abschottung des gesamten Empire gegenüber dem Rest der Welt. Ausgangs des letzten Jahrhunderts hatte vor allem Joseph Chamberlain für diese Idee geworben, mit der sich die schmale Machtbasis Englands vielleicht zu wirklicher Weltmachtgröße hätte erweitern lassen und deren komplette Umsetzung einen zentral verwalteten, aber um den ganzen Globus reichenden Staat hervorgebracht hätte, zu dem neben England auch Kanada, Australien, Neuseeland und Südafrika gehören sollten. Ob dieses phantastische Projekt imstande gewesen wäre, die Strukturprobleme des Empire zu lösen, oder ob die notwendig unterschiedlichen Interessen einer um den ganzen Erdball verstreuten Ansammlung von Territorien die Verbindung bald wieder gesprengt hätten, darüber kann nur spekuliert werden. Chamberlain scheiterte bereits im Ansatz, als er mit einer Zollunion das erste Integrationselement schaffen wollte, denn eine Einschränkung des Freihandels berührte das Selbstverständnis Großbritanniens an der Wurzel und war zu einer Zeit nicht durchzusetzen, da die Eliten noch an militärische Lösungen glaubten.

Nun war die Ära des Freihandels seit 1929 vorbei und weltweit wurde nach einer zeitgemäßen Antwort auf die neuen Probleme gesucht. Während in den USA mit dem New Deal eine fast revolutionäre Antwort auf den Zusammenbruch des liberalen Freihandelssystems gegeben wurde, in Frankreich eine Stärkung der Linken stattfand, die in der Volksfrontregierung von 1935 gipfelte, und in Deutschland das demokratische System zunächst durch die Präsidialkabinette Brünings, Papens und Schleichers abgelöst wurde, blieb auch in Großbritannien das Parteiensystem nicht ganz ungeschoren, reagierte aber doch flexibler.

Seit 1931 regierte ein National Government das Land, parteiübergreifend gestützt durch eine Koalition aus Konservativen (die bei weitem über die Mehrheit der Mandate verfügten), Liberalen und Labour Abgeordneten. Premier blieb Labourführer Ramsay MacDonald, der Konservative Stanley Baldwin stand ihm (ohne Geschäftsbereich) zur Seite und dessen Parteigenosse Neville Chamberlain übernahm das Finanzministerium. Insgesamt eine Konstellation, in der MacDonald ein „Gefangener war, Baldwin und Chamberlain seine Gefängniswärter", von deren Arbeitsweise der Chef der Liberalen Herbert Samuel ein plastisches Bild malte.[86]

Neville Chamberlain jedenfalls nahm bald die Gelegenheit war, die alten Pläne seines Vaters nun endlich in die Tat umzusetzen: die Ablösung des Freihandelssystems durch eine Politik, die man als „empire first" bezeichnen könnte, und die konkret auf ein Schutzzollsystem innerhalb des britischen Reichs zusteuerte. Joseph Chamberlain hatte mit ähnlichen Ideen zwanzig Jahre vorher endgültig Schiffbruch erlitten, als er 1903 (als Kolonialminister) über seinen Versuch stürzte, ein Reichszollsystem einzuführen, kämpfte aber bis zu seinem Lebensende weiter unverdrossen für dieses System und darüber hinaus für die „Imperial Union" (oder wenigstens die „Imperial Federation").[87]

Sein Sohn Neville stand ganz in der Tradition dieses Denkens und seine Politik in den nächsten Jahren bis 1939 läßt sich ohne diesen Hintergrund nicht verstehen. Sprungbrett zu Macht und Einfluß wurde ihm sein Amt als Finanzminister, dem in der permanenten Finanzkrise nach 1930 entscheidende Be-

---

[86] *Hyde*, Chamberlain, S. 71.

[87] Vgl. dazu Peter T. Marsh, Joseph Chamberlain, S. 581 f.

deutung zukam. Einige Jahre später schien er nicht zuletzt deswegen der natürliche Nachfolger Baldwins als Premier zu sein. Aber auch das Finanzministerium machte es möglich, sofort den ersehnten Umbau des Empire anzugehen. Entsprechend optimistisch trat er sein Amt an:

„Frankly, although the burden is heavy, I rejoice at it", notierte er am 8. Januar 1932. „To be given the chance of directing such great forces where I am convinced they should be applied, is such a priviledge as one had no right to hope for; and I intend to make the most of it."[88]

Knapp einen Monat später, am 4. Februar 1932, warb er im Parlament für seinen Plan eines zehnprozentigen Einfuhrzolls, der im Lauf des Jahres auf der Konferenz von Ottawa auch noch von den Dominions gebilligt werden sollte, eine Versammlung, die er „in the true spirit of Imperial unity and harmony" abzuhalten hoffte. Chamberlain nutzte den Anlaß, um den Bogen zu den väterlichen Überzeugungen zu schlagen und ein tiefes Bekenntnis zu dessen Überzeugungen abzulegen:

„There can have been few occasions in all our long political history when to the son of a man who counted for something in his day and generation has been vouchsafed the priviledge of setting the seal on the work which the father began but had perforce to leave unfinished. Nearly 20 years have passed since Joseph Chamberlain entered upon his great campaign in favour of Imperial Preference and Tariff Reform. More than 17 years have gone since he died, without having seen the fulfilment of his aims and yet convinced that, if not exactly in his way, yet in some modified form his vision would eventually take shape. His work was not in vain. Time and the misfortunes of the country have brought conviction to many who did not feel that they could agree with him then. I believe he would have found consolation for the bitterness of his disappointment if he could have foreseen that these proposals, which are direct and legitimate descendants of his own conception, would be laid before the House of Commons, which he loved, in the presence of one and by the lips of the other of the two immediate successors to his name and blood."[89]

Das war vielleicht zuviel Pathos für eine zwar wichtige, aber nicht substantiell politische Maßnahme zur Haushaltskonsolidierung, aber es wies Chamberlain als einen der wenigen Visionäre in der britischen Politik aus, als einen derjenigen, die dem Empire über die Improvisationen des Tages hinaus Perspektiven aufzuzeigen hatten. Und dies war in England, wo das Vertrauen in die Traditionen und politischen Mittel des neunzehnten Jahrhunderts besser er-

---

[88] Ebd., S. 72.

[89] Ebd., S. 73.

halten war als irgendwo sonst, etwas außergewöhnliches, nicht nur in den dreißiger Jahren.

Politische Visionen neigen dazu, sich mit faßbaren Begriffen zu verbinden und so wurde hier neben dem Grundstein zu Chamberlains Aufstieg zum Premier auch die Voraussetzung dafür geschaffen, daß sich mit seinem Namen ein politisches Schlagwort verbinden konnte, das er weder erfunden hatte noch als einziger benutzte: Appeasement.

a) 1937: Die Regierung Chamberlain

Wie sah nun das politische Umfeld aus, in dem Neville Chamberlain in den dreißiger Jahren an entscheidenden Stellen agierte? Auch im Fall Großbritanniens sollen einige Betrachtungen zur Rolle der Entscheidungsträger des Jahres 1939, ihrer politischen Stärke und dem informellen Einfluß von Öffentlichkeit und politischen Rivalen nicht fehlen. Von diesem Spannungsfeld läßt sich in einer demokratisch verfaßten Gesellschaft eine besonders bedeutende Rolle bei der Entscheidungsfindung erwarten. Der erste Überblick hinterläßt allerdings einen überraschend zwiespältigen Eindruck.

So scheint der britischen Politik der dreißiger Jahre zunächst jedes langfristige Konzept zu fehlen. Was allerdings auf den ersten Blick eine mögliche Folge der Unwägbarkeiten demokratischer Meinungsbildung sein könnte, entpuppt sich bei näherem Hinsehen als pure Lustlosigkeit eines unterforderten diplomatischen Corps, das sich einfach auf einen bewährten informellen Konsens verließ. Anthony Adamthwaite spießte diesen Umstand mit der Bemerkung auf: „Ein wesentlicher Mangel war die Abneigung, in langen Zeiträumen zu denken, ja überhaupt zu denken!"[90]

Zweifellos förderte der häufige Wechsel an der Spitze des Außenministeriums (sieben Minister von 1929-1939) noch diesen Zustand, aber letztlich war er die Folge von Strukturmängeln der britischen Politik. Noch immer wurde in London nach den Regeln des 19.Jahrhunderts entschieden und wichtige Entscheidungen der Meinung oder Neigung einzelner Personen oder Gruppen überlassen. Das Ergebnis war eine verschlungene und informelle Entscheidungsbildung innerhalb der immer noch sehr homogenen politischen Elite Englands, wo die zwischenmenschliche „Chemie" einen größeren Einfluß hatte, als irgendwo sonst in Europa. Sachfragen wurden daher keineswegs in entsprechenden Ausschüssen entschieden, (das Außenministerium besaß beispielsweise keine kompetente Wirtschaftsabteilung), sondern unterlagen der Zufälligkeit von gerade aktuellen „Meinungen". Groteske Fehleinschätzungen

---

[90] *Adamthwaite*, Großbritannien, in: *Hildebrand*, 1939, S. 210.

etwa der militärischen Stärke Deutschlands (dessen Luftwaffe 1934 (!) für stärker als die britische gehalten wurde) oder Rußlands (das Chamberlain noch 1939 für schwächer als Polen hielt) waren immer wieder die Folge.

Auch sonst schien die Moderne an der britischen Führungsschicht vorbeigegangen zu sein. Noch 1939 zog sich Chamberlain wie gewohnt jedes Wochenende „nach Chequers zurück, wo es nur ein Telefon (und dies in der Küche) gab. Er ließ sich nicht gerne telefonisch oder sonstwie stören."[91] Sein Außenminister tat desgleichen und fuhr Freitags nach Yorkshire, sei die internationale Lage wie sie wolle. Die Aufregung war daher groß, als der amerikanische Botschafter Bingham im Sommer 1939 um Chamberlains Telefonnummer bat. Downing Street verfaßte ein Memorandum an den Premier, man könne leider „not well see how we can avoid giving it", aber man werde wenigstens darauf hinweisen, „that we, for our part, are not worrying you on the telephone at all".[92] Beim Durchlesen seines Tagebuchs von 1939 gewann Alexander Cadogan, Staatssekretär im Außenministerium dann auch den Eindruck, als „hätte eine Reihe von Amateuren sich an unlösbaren Problemen versucht."[93]

Das waren also die Bedingungen, unter denen die verschiedenen Trends der britischen Politik entstanden und von wenigen Namen symbolisiert wurden. Das Gefühl der Mehrheit, wenigstens was die europäischen Angelegenheiten betraf, repräsentierte zweifellos auch in den dreißiger Jahren noch das Statement von Lloyd George, der seine Kritik am Versailler Vertrag schon im März 1919, noch während der Verhandlungen offengelegt hatte. Sein Memorandum an Clemenceau liest sich in Passagen wie eine Urschrift des deutschen und des britischen Revisionismus der dreißiger Jahre:

„Ich kann mir keinen stärkeren Grund für einen künftigen Krieg denken, als daß das deutsche Volk, das sich sicherlich als einer der kraftvollsten und mächtigsten Stämme der Welt erwiesen hat, von einer Zahl kleiner Staaten umgeben wäre, von denen manche aus einer Bevölkerung bestünden, die niemals vorher eine standfeste Regierung für sich aufzurichten imstande waren, von denen aber jeder große Mengen von Deutschen enthielte, die nach Wiedervereinigung mit ihrem Heimatland begehren. ..... Zweitens würde ich sagen, daß die Dauer der Reparationszahlungen enden sollte, wenn es möglich ist, mit der Generation, die den Krieg herbeigeführt hat."[94]

Das war in der Tat ein merkwürdiges Statement, denn es forderte, konsequent zu Ende gedacht, eine Vergrößerung Deutschlands gegenüber der Vor-

---

[91] Ebd., S. 212.

[92] Ebd., S. 212.

[93] *Cadogan*, Diaries, S. 166, zit. n. *Hildebrand*, 1939, S. 209.

[94] Zit. n. ‚Vertrag von Versailles, S. 44.

kriegszeit. Lloyd George griff hier allerdings Pläne auf, die im Foreign Office teilweise schon vor dem Krieg entwickelt worden waren. Außenminister Grey sah die Konfliktlinien auf dem Balkan 1909 auf völkischer Ebene zwischen Slawen und Deutschen verlaufen, nicht länger auf staatlicher Ebene als Konflikt zwischen Rußland und Großbritannien.[95] Aus diesem Ansatz heraus hatten seine Mitarbeiter Paget und Tyrell bis 1916 das britische Kriegsziel entwickelt, Österreich - Ungarn aufzulösen und seine deutsche Bevölkerung dem Reich einzugliedern. So sollte ein dauerhaftes Gegengewicht zu Rußland geschaffen werden.[96] Dieser Plan zeigt ganz deutlich, daß man in London nicht die deutsche Macht an sich fürchtete, sondern nur eine ganz bestimmte Politik, die der kolonialen Expansion und des Flottenbaus.

Von solchen Ansichten war Clemencau seinerseits weit entfernt und bekanntlich konnte sich der britische Premier in Versailles auch in keinem der genannten Punkte gegen den Franzosen durchsetzen, aber Lloyd George formulierte hier einen Konsens über die Ziele und die Mittel britischer Politik auf dem Kontinent, der bis ins Jahr 1939 hinein einigermaßen unbeschädigt blieb. Punkt zwei, der schnelle Abschluß der Zahlungsverpflichtungen aus dem Krieg, wurde schon aus eigenem Interesse (da die Tilgung der britischen Schulden an die USA damit verknüpft waren) eines der wichtigsten Themen der britischen Politik während der zwanziger Jahre und hatte sich durch den allseitigen Schuldenerlaß schon 1932 erledigt. Blieb die Unzufriedenheit mit den instabilen territorialen Regelungen in Zentraleuropa. Hier nahmen die britischen Premiers durchgehend eine Haltung ein, die im Prinzip auf den Überlegungen Lloyd Georges beruhte, gleichzeitig aber nichts forcieren wollte. Man wartete ab. Erst Neville Chamberlain trat sein Amt im Mai 1937 mit der Absicht an, die Probleme auch in diesem Sinn *aktiv* zu lösen.[97] Und Chamberlain hatte begriffen, daß unter solchen Prämissen ein Krieg ganz und gar sinnlos war: selbst ein weiterer Sieg über Deutschland würde nur die bekannten Probleme einer Aufteilung Europas wiederbringen, die ein Gegengewicht zu Rußland möglich machte.

Aus dem von Lloyd George geprägten Konsens klinkten sich zwei Gruppen innerhalb der britischen Politik aus (A. J. P. Taylor). Da gab es zum einen die starke Gruppe innerhalb der Liberalen und der Labour Partei, die sich zwar am

---

[95] *Rauh*, Geschichte, S. 52.

[96] Ebd., S. 63.

[97] Vgl. dazu *R.J.Q. Adams,* Age, S. 67: „After Chamberlains succession, however, the tone of foreign policymaking changed from „passive" to „active appeasement". ... „appeasement became a policy of assuring European peace through isolating the most significant desires and needs of her dissatisfied neighbors and granting them...".

Selbstbestimmungsrecht der Völker orientierte und aus diesem Grund die deutschen Ansprüche anerkannte, zugleich jedoch von Mißtrauen gegen die Absichten Deutschlands geprägt war und deren konkrete Erfüllung daher in ungewisse Fernen verschieben wollte. Diese Einstellung gewann in den dreißiger Jahren unter dem Eindruck von Deutschlands wiedergewonnener Stärke und der Tatenlosigkeit der eigenen Regierung im Spanischen Bürgerkrieg und in Äthiopien an Einfluß, war allerdings in der Bevölkerung und unter den Intellektuellen stärker verbreitet als in der Politik.

Am anderen Ende des Spektrums warteten die Hardliner einer imperialen Politik alten Zuschnitts auf ihre Chance. In erster Linie Winston Churchill und Robert Vansittart standen für diese klassische, anationale Auffassung von Machtpolitik, die mit den neuen Kategorien von nationaler Selbstbestimmung, kollektiver Sicherheit und Demokratisierung nichts anfangen konnte. Machtpolitik in diesem Sinn hatte sich praktischen Zielen unterzuordnen, worunter vor allem Churchill recht eindimensional die Konservierung des Empires im gegenwärtigen Zustand (und mit seinen gegenwärtigen Verteidigungsverpflichtungen, z.B. auf dem Balkan) verstanden wissen wollte.

Damit stand er in den dreißiger Jahren weitgehend allein, etwa bei seiner „einsamen Schlacht gegen Zugeständnisse an Indien" (A.J.P. Taylor, womit konkret der Widerstand gegen die 1935 genehmigte indische Verfassung gemeint war), aber auch in seinem zähen Kampf für einen harten Kurs gegen Deutschland. Vansittart und seiner Gefolgschaft in Teilen des Diplomatischen Dienstes erging es zu dieser Zeit nicht besser. Im Grunde war die Zeit für ihre Politik auch endgültig abgelaufen. Trotz gelegentlich gewaltsamer Übergriffe gegenüber der indischen Unabhängigkeitsbewegung war das liberale England nicht mehr der Staat, der skrupellos die nötigen Machtmittel einsetzen konnte, um dem inneren Druck durch die Unbotmäßigkeit der Dominien und dem allmählichen Erwachen der kolonisierten Nationen auf dem Empire standzuhalten. Beide Entwicklungen waren mit den Methoden des demokratischen Rechtsstaats nicht zu stoppen, genausowenig wie der Druck von außen, der durch den schrumpfenden Anteil Englands am Weltmarkt und seiner industriellen Produktion samt der daraus zunehmend folgenden wirtschaftlichen und militärischen Schwäche zustande kam, wieder gesenkt werden konnte. Man wird Churchill allerdings mit der Bemerkung kaum zu nahe treten, daß er diesen Prozeß nie recht verstanden hat.

Er blieb zeitlebens der Auffassung, militärische Drohgebärden seien eine passende Ergänzung der britischen Politik überall in der Welt und übersah schlicht die schrumpfenden Möglichkeiten des Empire im Vergleich zu den Weltmächten USA und Sowjetunion und selbst den Mächten der zweiten Garnitur wie Japan und Deutschland. (Noch 1953 machte er nach Stalins Tod öffentlich den merkwürdigen Vorschlag, Großbritannien könnte einem vereinigten Deutschland und der Sowjetunion Sicherheit voreinander garantieren. Statt der NATO und den Vereinigten Staaten sollte also England allein wieder als Garant der europäischen Ordnung auftreten, als hätte man nicht in zwei Weltkriegen hinreichend die eigene Unfähigkeit bewiesen, im Ernstfall entscheidend auf dem Kontinent einzugreifen.)

Als Chamberlain sein Amt im Mai 1937 antrat, schien er durchaus der Mann zu sein, der zwischen den „zynischen Realisten" und den Appeasern vermitteln konnte. Er hatte sich schließlich in den vergangenen Jahren auch als engagierter Befürworter der britischen Aufrüstung profiliert, eine Maßnahme, die er schon im Februar 1936 mit einer klaren insularen Strategie verbunden sehen wollte:

„If we can keep out of war for a few years, we shall have an air force of such striking power that no one will care to run risks with it. I cannot believe that the next war, if ever comes, will be like the last one, and I believe our resources will be more profitably employed in the air, and on the sea, than in building up great armies."[98]

Die Waffen von morgen sollten also eine Kriegführung von vorgestern ermöglichen. England sollte sich an seine Stärken erinnern und an die großen strategischen Möglichkeiten, die ihm seine Insellage immer noch bot. Der blutige Ausflug auf den Kontinent während des Ersten Weltkriegs mußte ein einmaliges Unternehmen bleiben und durfte sich keinesfalls wiederholen. Statt dessen konnte die neue Waffengattung der Luftstreitkräfte sowohl die Unangreifbarkeit der britischen Inseln wiederherstellen als auch eine risikolose und moderne Möglichkeit zum Eingreifen auf dem Kontinent bieten. England wäre dort künftig wieder eine Macht, ohne direkte Verpflichtungen einzugehen und ohne mit den Massenheeren des Kontinents konkurrieren zu müssen.

Im Ergebnis ließ sich so eine Renaissance des strategischen Luxus während des 18. und 19. Jahrhunderts erreichen, deren moderne Prioritäten Chamberlain im Dezember 1937 vor dem Kabinett noch einmal deutlich aussprach:

„First priority would be the defense of Britain; the second, defense of her trade rules; the third, defense of overseas territories and dominions, ... our forth objective, which can only be provided after the other objectives have been met, should be the cooperation in the defence of the territories of any allies we may have."[99]

---

[98] Zit. n. *Feiling*, Life, S. 314.

[99] Zit. n. *Fuchser*, Chamberlain, S. 88.

VII. Vorkriegszeit: „Jeder für sich"

Als Imperialist vom altem Schrot und Korn der Jahrhundertwende begrüßte Winston Churchill denn auch Chamberlains Amtsantritt unter anderem mit dem Statement:

„Mr. Chamberlain stood forth alone as the one man to whom at this juncture this high and grave function should be confided."[100] Eine Äußerung, die Churchill möglicherweise in Hoffnung auf einen Posten im neuen Kabinett machte, die aber jedenfalls auf einem Mißverständnis der Intuitionen Chamberlains beruhte, der sehr wohl wußte, wo die Grenzen zwischen ihm und Churchill lagen:

„If we were now to follow Winston's advice and sacrifice our commerce to the manufacture of arms, we should inflict a certain injury on our trade from which it would take generations to recover, we should destroy the confidence which now happily exists, and we should cripple the revenue."[101]

Chamberlain hatte im Gegensatz zu Churchill den Unterschied zwischen Indien und Europa erkannt und den durchaus richtigen Schluß gezogen, daß England nicht ohne immenses Risiko und gewaltige Kosten in die Einzelheiten der politischen Regelungen des Kontinents eingreifen konnte. Er wollte einen Schritt zurück machen und vom imperialen Gehabe der Jahrhundertwende zur Nichtinterventionspolitik der ersten Jahrhunderthälfte zurückkehren. Europa sollte sich künftig wieder selbst ausbalancieren, solange es darüber nicht zum Krieg kam (und selbst dann sollte England sich abseits halten). Als ihn daher der Historiker Harold Temperley in einem Brief an die „Times" mit George Canning verglich, dem Außenminister von 1807-09 und 1822-27, der Großbritannien aus dem kontinentalen Bündnissystem der „Heiligen Allianz" gelöst hatte, militärisches Engagement auf dem Kontinent mit äußerstem Mißtrauen betrachtete und die europäischen Machtverhältnisse auf der Basis nationaler Unabhängigkeit geordnet wissen wollte, wies Chamberlain die direkte Analogie zwar zurück, (auch in einem Brief an die „Times"), sah aber wenigstens Parallelen zum politischen Denken Cannings. Temperley insistierte daraufhin in einem Brief an Chamberlain selbst auf seinem Vergleich, den er durch dessen Deutschlandreise vom September noch verstärkt gegeben sah und beeindruckte seinen Premier nun doch: Am 11. September schrieb der seiner Schwester, die genauere Beschäftigung mit Canning habe ihn gestärkt, „besonders dessen Grundsatz, erst zu drohen, wenn man Taten folgen lassen kann".[102] Zweifellos hatte er auch noch mehr Canning übernommen und so wirft die ganze Affäre ein Licht darauf, wie weit Chamberlain von den imperialen Tra-

---

[100] Ebd., S. 76.

[101] Zit. n. *Feiling*, Life, S. 314.

[102] *Fuchser*, Chamberlain, S. 137.

ditionen eines Disraeli oder Salisbury entfernt war, an denen sich Churchill noch immer orientierte.

Churchills Aufnahme ins Kabinett kam also nicht in Frage, wollte Chamberlain sich nicht gerade eine Fundamentalopposition ins eigene Lager holen. Und er dachte gar nicht daran, er erhob ganz im Gegenteil die Loyalität der Männer, mit denen er die wichtigeren Kabinettsposten besetzte, zum obersten Auswahlkriterium.[103] So entstand, wie Chamberlain selbst es nannte, ein „Inner Cabinet on policy questions".[104] Diese Gruppe hätte ein Forum für die Diskussion über politische Alternativen sein können, mutierte aber dank Chamberlains Auswahl zu einem Instrument seiner persönlichen Kontrolle der Regierungsfunktionen. Lord Birkenhead machte gar eine „autocratic tendency" aus, „which led him to exercise an iron control over his Cabinet."[105] Die britische Außenpolitik der nächsten zwei Jahre wurde weitgehend Chamberlains Privatsache, so lange diese Kontrolle anhielt.[106]

2. Intermarium - Polens Suche nach einem Platz im europäischen Mächtesystem

a) Die polnische Politik gegenüber Deutschland 1932-38

Zu den wichtigsten Personen, die während der Jahre 1932/33 die politische Bühne Europas betraten, gehört ohne Zweifel Josef Beck, der im November 1932 von Marshall Pilsudski zum polnischen Außenminister ernannt wurde. Da Pilsudski die Außenpolitik als absolute Chefsache einstufte, als eigentliche Domäne des Staatschefs, war dies ein außerordentlicher Vertrauensbeweis, den sich Beck zuvor als zuverlässiger innenpolitischer Mitarbeiter und als Staatssekretär im Auswärtigen Amt verdient hatte.[107] Seine Ernennung fiel mit dem Gewinn neuen Spielraums in der polnischen Außenpolitik zusammen, da der japanische Einmarsch in die Mandschurei die Sowjetunion fürs erste an ihrer Ostgrenze beschäftigte. Aus diesem Grund waren die Sowjets zum Abschluß

---

[103] *Fuchser*, Chamberlain, S. 78 f.

[104] Ebd., S. 80.

[105] Ebd., S. 80.

[106] Allerdings zahlte er dafür einen hohen Preis, denn er vergraulte auf diese Weise selbst Gefolgsleute wie seinen Außenminister *Anthony Eden*, der *Chamberlains* Prämissen im Prinzip durchaus teilte, wie er das Kabinett bei Amtsantritt wissen ließ (vgl. *Adams*, Age, S. 36). Die Folgen zeigten sich nach dem März 1939.

[107] *Roos*, Polen und Europa, S. 128.

eines Nichtangriffspakts bereit, den Beck schon vor seiner Ernennung am 25. Juli 1932 unterzeichnen durfte.

Verlierer dieser Aktion war vorläufig Deutschland, denn als Rückwirkung dieser Entspannung hatte Polen den Rücken frei, um verstärkten Druck auf das Reich auszuüben. Ziel war mindestens die bilaterale Anerkennung der Versailler Grenzen, die von Deutschland gegenüber Polen niemals vollzogen worden war, ein Problem, das allerdings auch die Westmächte trotz polnischer Vorsprache in Locarno erneut nicht gelöst (und damit verschärft) hatten. Nun gab es für das isolierte Land also die Möglichkeit, auf eigene Faust gegen Deutschland vorzugehen, wofür kleinere Verletzungen des Versailler Vertrags und die von der Regierung Brüning verstärkten Forderungen nach Grenzrevision jederzeit einen Vorwand liefern konnten. Geplant war eine „Polizeiaktion", bei der Ostpreußen, Danzig und Teile Oberschlesiens besetzt und erst nach Abschluß eines Polen genehmen Vertrags wieder geräumt werden sollten, Danzig möglichst gar nicht mehr. Zur Vorbereitung dieser Aktion hatte Pilsudski seit März 1932 immer wieder militärischen Druck ausgeübt, ein Umstand, der zum Rücktritt der Reichskanzler Brüning und Papen beitrug.[108]

Die polnische Politik stand jedoch vor dem Problem, daß sich die europäischen Beziehungen während dieser Zeit in einer Entspannungs- und (vor allem) Orientierungsphase befanden und für ein irgendwie geartetes Vorgehen gegen Deutschland keinen geeigneten Hintergrund lieferten. Die am 2. Februar 1932 in Genf eröffnete Weltabrüstungskonferenz prägte das Klima. Eben hatten die Alliierten am 9. Juli 1932 in Lausanne einer Aussetzung der deutschen Reparationszahlungen zugestimmt und am 11. Dezember 1932 in einer Fünf - Mächte Erklärung (USA, Großbritannien, Frankreich, Italien, Deutschland) sogar die prinzipielle militärische Gleichberechtigung Deutschlands anerkannt. Das war auch eine erste Niederlage für Beck, denn Polen, das sich nur allzu gern in diesem Kreis gesehen hätte (und vom Inhalt der Erklärung mehr betroffen war als jeder andere), war erneut schlicht übergangen worden. Ein polnisches Vorgehen gegen Deutschland mußte unter diesen Umständen isoliert geschehen und war beim derzeitigen politischen Klima undenkbar.

Da auf den Westen nicht zu rechnen war, brauchte Beck andere Bundesgenossen. Seine Wahl fiel zunächst auf die Tschechoslowakei, deren Präsident Benesch sich ebenso wie Beck in Genf aufhielt. Für Becks verschwiegenen und doppelbödigen Politikstil ist es bezeichnend, daß über seine Gespräche mit Benesch am 26. Januar und 3. Februar nur die Berichte des tschechoslowakischen Präsidenten existieren, keine polnischen Aufzeichnungen. Auch Benesch hätte aus eigenem Antrieb nichts Schriftliches hinterlassen, erwähnte aber

---

[108] Ebd., S. 131.

Becks Aktivitäten bei seinen Gesprächen mit britischen Diplomaten. Am 13. März sagte er gegenüber Sir John Simon: „he had a long talk recently with Mr. Beck. He had told him that Czechoslovakia would not make an alliance with Poland, because he thought it would be very dangerous to give Germany clear cause for fearing enciclement."[109]

Fünf Tage später kam Benesch noch einmal darauf zurück, daß er an kriegerischen Verwicklungen der Tschechoslowakei (mit wem auch immer) vor allem den Nutzen für Polen fürchte: „this would push her (die CsR; d. Verf.) into the arms of Poland, and, as he had already told the British Ministers confidentially, he had already declined an alliance with Poland".[110] Auch in Gesprächen mit dem britischen Premier MacDonald erreichte Beck am 17. März 1933 nicht mehr als dessen Verständnis für die Schwierigkeiten, die Beck „necessarily had to face in that somewhat awkward corner of europe."[111]

Unter diesen Umständen mußte Polen auf weitere Aktionen gegen Deutschland vorläufig verzichten. Weder die unmittelbaren Nachbarn noch die Westmächte konnten für Hasardstücke gewonnen werden, die Polen alleine nicht durchführen konnte. Es beginnt daher hier die Vorgeschichte des polnisch - deutschen Nichtangriffspakts, dessen Abschluß im folgenden Jahr jedoch keinesfalls einen Schlußpunkt unter diese Aspirationen setzte. Er bedeutete einen Wandel im Tonfall, nicht im Grundsatz, wie Staatsoberhaupt Marshall Pilsudski dem französischen Botschafter Laroche in Warschau erklärte. Polen habe auch nach der Unterzeichnung volle Handlungsfreiheit und „if France should initiate an active policy against Germany she could count on full Polish cooperation".[112] Damit faßte er die polnische Politik der dreißiger Jahre in einem Satz zusammen. Die zahlreichen polnischen Versuche, ein Vorgehen der europäischen Mächte gegen Deutschland zu organisieren, reagierten nicht auf eine revisionistische Politik der deutschen Regierungen vor und nach 1933, sondern verfolgten unbeirrt den Ausbau der polnischen Machtstellung in alle Richtungen.

Das zeigte sich bereits an der bruchlosen Fortführung dieser Politik über den Januar 1933 hinweg, erklärt aber auch die spätere hartnäckige Weigerung, durch ein Arrangement mit Deutschland die Spannungen in der Region zu entschärfen. Die polnische Führung brauchte diese Konfliktsituation im Gegenteil geradezu, um weitere Revisionen der Nachkriegsregelungen zu ihren Gunsten

---

[109] DBFP, 2, Bd. IV, Dok. 298.

[110] DBFP, 2, Bd. V, Dok. 43.

[111] DBFP, 2, Bd. V, Dok. 42.

[112] *Cienciala*, Poland, S. 16.

VII. Vorkriegszeit: „Jeder für sich"   103

zu erreichen, eine Taktik, die gegenüber Litauen und der Tschechoslowakei auch voll aufgehen sollte.

Zu diesem Zweck kalkulierte Pilsudski die deutschen Bestrebungen, seinerseits die Versailler Bestimmungen zu unterlaufen, durchaus ein. An irgendeinem Zeitpunkt mußte es gelingen, die Garantiemächte von Versailles, zu denen am Beginn der dreißiger Jahre auch Italien zu zählen war, für ein Vorgehen gegen Deutschland zu gewinnen. Der Januar 1933 ermöglichte allerdings eine Entspannung im deutsch - polnischen Umgangston, da Pilsudski ganz richtig damit kalkulierte, daß der Österreicher Hitler die antipolnischen Vorurteile, besser gesagt die Mischung aus Furcht, Haß und Verachtung, die das Polenbild der preußisch geprägten deutschen Führungsschicht prägte, nicht teilte. In der Tat konzentrierte Hitler solche Gefühle auf das Judentum (allenfalls empfand er, eben als Österreicher, eine gewisse Verachtung für die Tschechen) und hatte gegenüber dem polnischen Staat lediglich einen durchaus sachlich geprägten Respekt: Polen war neben Frankreich am ehesten in der Lage, schnell und effektiv gegen das Reich vorzugehen, das vergaß Hitler in keiner der entscheidenden Strategiebesprechungen zu erwähnen (5.11.37, 23.5.39, 22.8.39). Pilsudskis Schüler Beck folgte dessen politischer Linie, zu allem bereit zu sein, bis in den Sommer 1939 hinein, ohne an die Möglichkeit eines wirklichen Interessenausgleichs mit Deutschland (oder der Sowjetunion) ernsthaft zu glauben, (der nebenbei auch substantielle Änderungen in der weitgespannten Definition der polnischen Interessen erfordert hätte.)

Er hatte allerdings anfangs wenig Erfolg, da man in London, dem aktivsten Zentrum der innereuropäischen Außenpolitik Anfang der dreißiger Jahre, auf einen Ausgleich mit Deutschland setzte und sich von dessen Stärkung eine Stabilisierung der Machtverhältnisse in Europa versprach. Es gab jedoch keine Krise in Europa, bei der Beck nicht sofort bereitstand, um den Westmächten militärische Maßnahmen gegen Deutschland schmackhaft zu machen. Nach der Besetzung des Rheinlands beispielsweise erklärte Beck gegenüber dem französischen Botschafter Leon Noel sofort die Bereitschaft, (nach der Noel gar nicht gefragt hatte) an einer Gegenaktion teilzunehmen. Polen sei willens, seine Verpflichtungen gegenüber Frankreich zu erfüllen.[113]

In einem Interview mit der polnischsprachigen New Yorker Zeitung „Nowy Swiat" blickte er 1940 auf diese Zeit zurück und bestätigte nebenbei auch seine Absicht, frühzeitig eine militärische Aktion gegen Deutschland zustande zu bringen:

„Es gab eine Zeit, da unsere Nachbarn schwächer waren als wir. Damals gingen wir gegen sie, aber wir haben begriffen, daß sie nicht immer schwach bleiben werden.

---

[113] *Beck*, Final Report, S. 113.

Wir sahen schon vor vielen Jahren voraus, was jetzt geschehen muß und haben daraufhin den Alliierten vorgeschlagen, den Feind anzugreifen, so lange er seine Kräfte erst aufzubauen begann. Die Alliierten meinten, daß dieses Problem ohne Krieg entwirrt werden könne und die Deutschen auf ihrem Expansionsmarsch aufzuhalten sein werden. Wir glaubten nicht daran und sehen heute, daß die richtige Ansicht auf seiten der polnischen Staatsräson war."[114]

Es schimmert in diesen Worten Becks etwas von der prinzipiellen Unvereinbarkeit der deutschen und polnischen Interessen durch. Leider verzichtet er auch im Rückblick auf jede Selbstkritik über die Berechtigung der polnischen Ansprüche und begreift statt dessen das (eingestandenermaßen unvermeidliche) Schwinden der Machtposition Polens gegenüber Deutschland und der UdSSR offenbar als unverdiente Ungerechtigkeit, wobei er interessanterweise die Politik der beiden polnischen „Nachbarn" unterschiedslos in einen Topf warf:

„Die Deutschen fühlten die Schwäche der Großmächte heraus und begannen immer dreister zu werden. Dasselbe geschah auch auf der Sowjetseite. Polen war gezwungen, mit den durch nichts gezügelten Nachbarn Verträge zu schließen."[115] (Worunter man sich dann wohl die Nichtangriffsverträge mit der UdSSR von 1932 und Deutschland von 1934 vorzustellen hat, die Beck hier erfrischend deutlich als Klotz am Bein der polnischen Politik kennzeichnet.)

Was aber konnte Polen tun, um diese Entwicklung aufzuhalten? Beide Nachbarländer verfügten nun einmal jeweils über ein Polen mehrfach überlegenes Potential, was naturgemäß politische Folgen in sich trug. Wollte Beck im Ernst abwechselnd Präventivkriege im Osten und Westen führen, bis Deutschland und Rußland auf eine ungefährliche Größe reduziert sein würden? Im Grunde war dies tatsächlich die einzige Alternative, wenn sich Polen längerfristig im Kreis der europäischen Großmächte behaupten wollte. Es war auch intern keine unmögliche Aussicht, denn die polnische Führungsschicht gehörte ohne Zweifel zu den wenigen staatlichen Führungseliten Europas, die noch ungebrochen an Krieg als Mittel der Politik glaubte. Diese internen Voraussetzungen der polnischen Politik sollen nun zunächst untersucht werden.

---

[114] Zit. n. *Wehner*, Großbritannien, S. 146.

[115] Ebd., S. 146.

b) Die innenpolitischen Voraussetzungen der polnischen Außenpolitik nach dem Tod Pilsudskis

Naturgemäß wurde der Tod Marschall Pilsudskis in Polen allgemein als eine deutliche Zäsur empfunden. Mit dem Ableben der dominierenden Persönlichkeit aus der Gründungsphase des Staates ging dieser Zeitabschnitt sichtbar zu Ende, und es stellte sich zwangsläufig die Frage, nach welchen innen- und außenpolitischen Konzepten in Zukunft verfahren werden sollte. Dieses Problem wurde um so dringender, als Pilsudski einen ganz auf sich selbst und sein Charisma zugeschnittenen Herrschaftsstil gepflegt hatte, und der Staat institutionell nicht wirklich gefestigt war. So war es nicht möglich, einfach einen Nachfolger zu ernennen und es konstituierte sich deshalb nach seinem Tod prompt eine „Regentschaft", die in dieser Form nicht verfassungsmäßig abgesichert war.[116]

Diesem informellen Kabinett gehörten an: der Präsident der Republik, Ignacy Moscicki, General Eduard Rydz - Smigly, Generalinspekteur der Streitkräfte und designierter Nachfolger Pilsudskis als militärischer Oberbefehlshaber, der Ministerpräsident Walery Slawek und Außenminister Josef Beck. Die Machtkonzentration in diesem Gremium war also erheblich und als im Oktober 1935 bei einer ersten Umbildung noch Vizepremier und „Wirtschaftsdiktator" Eugeniusz Kwiatkowski dazustieß, während Ministerpräsident Slawek durch Marjan Zyndram - Koscialkowksi ersetzt wurde, war das Gremium endgültig etabliert. Es repräsentierte einen Querschnitt durch die wichtigsten Strömungen der polnischen Politik.

Womit sein bedeutendes Manko auch schon angesprochen wäre, denn es gab innerhalb eines so kleinen Gremiums eigentlich keinen Raum, fundamentale politische Gegensätze nebeneinander stehen zu lassen. Es wäre eher der richtige Rahmen gewesen, eine fertig entwickelte Gesamtkonzeption polnischer Politik durchzusetzen. In der Praxis neutralisierten sich jedoch die unterschiedlichen Positionen zunehmend und schufen in diesem Entscheidungszentrum ein eigentümliches Machtvakuum, das sich besonders außenpolitisch auswirkte. Tatsächlich wurde die Außenpolitik Polens eine persönliche Angelegenheit Becks, die er ohne eine auch nur annähernd adäquate innenpolitische Stellung betreiben mußte.

Schon der Rücktritt des mit ihm auch persönlich befreundeten Slawek nach wenigen Monaten verschlechterte Becks Position erheblich,[117] zumal Slawek nach der Auflösung des von ihm organisierten Regierungslagers im Sejm nach kurzer Zeit zum Leiter einer starken Oppositionsgruppe wurde, so daß Beck

---

[116] *Szembek*, Journal, S. 38; zit. n. *Roos*, Polen und Europa, S. 224.

[117] *Roos*, Polen und Europa, S. 226.

immer wieder als deren Vertreter innerhalb der Regierung begriffen und entsprechend attackiert wurde. Verschärft wurde dieser Konflikt noch durch die protschechische Haltung des neuen Kabinettsmitglieds Kwiatkowski, der Becks tschechenfeindlichen Kurs scharf ablehnte und damit einen der Eckpunkte von Becks außenpolitischer Konzeption in Frage stellte. Diese Opposition war für Beck kaum zu ignorieren, da Kwiatkowski als Mann des Oberbefehlshabers der Streitkräfte und künftigem offiziellen Pilsudski Nachfolger Rydz - Smigly im Gegensatz zu ihm über etliche Rückendeckung verfügte.

Rydz - Smiglys Bemühungen, auch Beck auf seine Seite zu ziehen und ihn zum Eintritt in das Anfang 1937 neu gegründete Regierungs - „Lager der nationalen Einigung" (OZN) zu bewegen, scheiterten. Als es dem OZN bei den (gelegentlich angezweifelten) Neuwahlen von 1938 gelang, die Opposition um Slawek aus dem Parlament zu drängen, stand Beck praktisch ganz ohne innenpolitischen Rückhalt da.

Dennoch konnte er sich als Außenminister behaupten, wohl nicht zuletzt deshalb, weil er von Pilsudski persönlich ernannt war und letztlich als der einzige galt, der über dessen außenpolitische Gesamtkonzeption (an deren Qualität nicht gezweifelt wurde) Bescheid wußte. Die Außenpolitik Pilsudskis werde „sehr verständig und vorteilhaft weitergeführt von dem Schüler des großen Marschalls, Minister Beck, der nicht einen Schritt von den Richtlinien seines Vorgängers abgewichen ist",[118] erklärte Präsident Moscicki noch am 19.März 1937. Das war sowohl eine Rückendeckung als auch eine Drohung: Beck sollte ein Erbe verwalten, keine neue Konzeption aufstellen.

c) „Intermarium" und „Drittes Europa"

Tatsächlich besaß Beck aber recht weitreichende Vorstellungen über Polens Entwicklungsmöglichkeiten, die nur zum Teil auf Pilsudski zurückgingen. Später wurde der Begriff des „Dritten Europa„ dafür gefunden, aber Beck verwendete anfangs lieber das Stichwort „Intermarium", das auch gleich auf ihren Inhalt verwies. Diese Politik verabschiedete sich allein schon begrifflich von dem Ziel Pilsudskis, lediglich zwischen Rußland und Deutschland gleichen Abstand zu halten, denn das „dritte Europa" orientierte sich an West- und Mitteleuropa und ließ die Sowjetunion außen vor. Beck glaubte, drei „Intermarien" in Europa entdeckt zu haben, die Verbindung Atlantik - Mittelmeer durch Frankreich, die Linie Nordsee - Mittelmeer durch Deutschland und eben die Verbindung Ostsee - Schwarzes Meer durch Polen.

---

[118] Zit. n. *Roos*, Polen und Europa, S. 230.

VII. Vorkriegszeit: „Jeder für sich"

Mit diesen Überlegungen stand Beck keineswegs allein. Seit 1930 wurde der Zusammenhang zwischen Verkehrs- und Außenpolitik in Polen verstärkt öffentlich diskutiert, in der wilden Mischung aus wirtschaftlichen, politischen und historischen Überlegungen, wie sie unter dem Eindruck der Weltwirtschaftskrise in fast allen Ländern Konjunktur hatten. (Ähnliche Vorstellungen wurden in Polen von M. Szawlewski: Die Weltwirtschaftskrise und die Lage Polens, Warschau 1931; L. Kirkien: Zwischen Weichsel und Donaumündung. Das Ostsee - Schwarzmeerproblem, Warschau 1932; W. Studnicki: Das politische System Europas und Polen, Warschau 1934 und in zahlreichen Aufsätzen vertreten.)

Sie knüpften an die historische Größe des jagiellonischen Polen von „Meer zu Meer" an und vermischten sie mit modernen wirtschafts- und verkehrspolitischen Motiven zu einer geopolitischen Gesamtkonzeption. Hier wurde Polen zum „Mittelpunkt aller östlichen Kraftströme" erklärt, soweit sie zwischen Ostsee und Schwarzem Meer verliefen und zum „Zentrum der eigentlichen Ostpolitik", wie Beck Ende 1933 in einem Gespräch mit Friedrich Sieburg erklärte.[119]

Das war nicht ganz neu, denn auch Pilsudski hatte für Polens Funktion in Osteuropa schon die Formel vom „natürlichen Protektor" der Staaten von Finnland bis Rumänien gefunden, aber Beck bemühte sich doch auf eigene Art, Leben in dieses Konzept zu bringen. Wo Pilsudski an politisch - militärische Bündnisse gedacht hatte, versuchte Beck Geopolitik zu betreiben.

Dazu gehörten Pläne zum kontinuierlichen Ausbau moderner Nord - Süd Verbindungen, vor allem von Flug- und Eisenbahnlinien, oder auch zum Bau eines Weichsel - Djnestr - Pruth - Donau - Kanals, der den polnisch - rumänischen Handel beleben sollte und die Verbindung Polens zum Schwarzen Meer verkehrstechnisch bereits geschaffen hätte. Diesen wirtschaftspolitischen Aktivitäten kam in Becks Konzept auch deshalb ein besonderes Gewicht zu, weil es dem „Dritten Europa" an der Klammer einer gemeinsamen politischen Überzeugung fehlte. Wie den polnischen Machtansprüchen insgesamt jede ideologische Fundierung fehlte, sollte auch das Dritte Europa ein ideologisch und politisch neutraler Zweckverband werden, den nur der gemeinsame Vorteil verbinden würde.

Voraussetzung für einen Erfolg waren allerdings gewisse Änderungen an den Versailler Grenzregelungen Osteuropas, während gleichzeitig das Hauptergebnis des Weltkriegs bestehen bleiben mußte: die Auflösung der Habsburger Monarchie. Es ist vor diesem Hintergrund nicht überraschend, wenn die polnische Politik recht früh den Anschluß Österreichs an Deutschland befür-

---

[119] *Sieburg*, zit. n. *Roos*, Polen und Europa, S. 261.

wortete, denn nichts hätte den polnischen Einfluß mehr beschädigt als eine Habsburgische Restauration, deren Gefahr nur auf diesem Weg zu beseitigen war. Als daher 1932/33 offensichtlich wurde, daß die Westmächte nichts zu einer weiteren Schwächung Deutschlands unternehmen würden, erklärte Beck den Anschluß Österreichs seit 1934 immer wieder zu einer „unabwendbaren Tatsache".[120] Seinem geopolitischen Konzept tat dies keinen Abbruch, wenn sich damit die Auflösung der Tschechoslowakei verbinden ließ und dann die Einrichtung einer gemeinsamen polnisch - ungarischen Grenze möglich wurde. An diesem Punkt konnte er wieder auf Pilsudski zurückgreifen, denn der Marshall hatte schon in den zwanziger Jahren erklärt, „daß solange kein Friede in Mitteleuropa sein werde, als nicht eine gemeinsame Grenze zwischen Polen und Ungarn bestehe."[121] (Tatsächlich wurde dieser Ausspruch Ende 1938 nach dem Münchener Abkommen Grundlage einer Propagandakampagne, mit der die polnische Presse Grenzkorrekturen in der Karpatenukraine forderte).

Im Ergebnis sollte Beck hier sowohl die politische Wirkung des „Anschlusses" als auch die Orientierung Ungarns zu Deutschland wesentlich unterschätzen, was wohl als Folge seiner einseitig geopolitisch begründeten Strategie begriffen werden kann, wo Deutschland in den Grenzen des alten Reichs als ein geschlossener Wirtschaftsraum (eben ein „Europa" für sich) auftaucht, dessen Ausstrahlung nach Südosteuropa sich allemal durch den kombinierten Einfluß von Polen, Ungarn und Italien überlagern ließ. Ein Rückgriff auf die Geschichte konnte hier nur ermutigen, denn historisch betrachtet war Deutschland von Polen aus gesehen immer weitgehend identisch mit Preußen, und Preußens Desinteresse an balkanischen Affären war nicht erst seit Bismarck legendär. Die weitreichenden Ambitionen Deutschlands in Südosteuropa waren dagegen während des Weltkriegs noch nicht jedem offensichtlich geworden, da sie sich problemlos hinter Interessen des Habsburgerstaats verstecken konnten, dessen mögliche Restauration die politischen Köpfe in Osteuropa noch weit bis in die dreißiger Jahre mehr belastete als irgendwelche deutsche Machtgelüste. Es zeigte sich auch hier, daß die deutschen Ziele „neu" waren und im traditionellen Koordinatensystem europäischer Machtpolitik nicht auftauchten.

Eine Hauptrolle bei der Verwirklichung des „Dritten Europa" sollte Italien spielen. Nicht unbedingt deshalb, weil das Land selbst Teil eines polnisch dominierten Blocks werden konnte, sondern eben als Partner von akzeptablem Gewicht an dessen Südgrenze. Hier stand zunächst die italienische Garantie für die Unabhängigkeit Österreichs einer allzu engen Zusammenarbeit entgegen, aber dieser Gegensatz wurde durch das gemeinsame Interesse an Ungarn, das

---

[120] *Szembek*, Journal, S. 95.

[121] *Laeuen*, Zwischenspiel, S. 243, zit. n. *Roos*, Polen, S. 361.

seit den römischen Protokollen von März 1934 unter dem Protektorat Mussolinis stand, und durch die verbindende Feindschaft gegen die von der CSR dominierte Kleine Entente mehr als ausgeglichen. Die tschechoslowakisch - sowjetischen Verträge vom Mai 1935 schafften zusätzliche Anreize in diese Richtung, da beide Seiten neben dem deutschen natürlich auch den russischen Einfluß in Südosteuropa zu fürchten hatten.

Während des Abessinienkriegs arbeitete Polen dann auch den Völkerbundsanktionen gegen Italien entgegen und im März 1936 war Beck so weit, daß er Szembek gegenüber erklärte, er erwäge die Idee „d'un rapprochement avec le bloc romain".[122] Die Antwort der italienischen Regierung vom Juli des Jahres zeigte aber schon die Bedingungen für die weitere Zusammenarbeit auf: „Polen, unabhängig und mit *guten Beziehungen* zum Deutschen Reich, sei ein Staat, mit dem das faschistische Italien Arm in Arm nach dem gemeinsamen Ziel der Erhaltung des Friedens in Europa streben müsse", wußte Botschafter Wysocki über die Ansichten der italienischen Regierung zu berichten.[123] Rom wollte sich also in keinem Fall in irgendwelche deutsch - polnischen Konflikte hineinziehen lassen, konnte aber ein starkes Polen als Gegengewicht zu Deutschland natürlich gut brauchen. Auch hier gab man sich der Hoffnung hin, auf diese Art einen stärkeren Einfluß im Donaubecken erreichen zu können und überschätzte gewaltig die eigene Fähigkeit, den einmal in Gang gebrachten territorialen Umbau Südosteuropas kontrollieren zu können. Erst das Jahr 1938 machte sichtbar, daß jede Änderung des Status quo unter den gegebenen Umständen nur Deutschland zugute kommen konnte und als Beck Ende Februar 1939 Italiens Außenminister Graf Ciano auf eine gemeinsame Politik gegenüber dem Reich ansprach, mußte er feststellen: „Dieser Mensch hat Angst vor dem eigenen Schatten, wenn man über die Politik gegenüber den Deutschen in Osteuropa spricht."[124] Angst beflügelt häufig die Phantasie, und so machte Ciano zwei Monate später auch den originellsten Vorschlag zur deutsch-polnischen Entspannung im Korridor: „Unter der Erde gibt es keine Souveränität. Laßt die Deutschen einen Tunnel graben. Mit einem Tunnel könnt ihr euch doch einverstanden erklären?"[125]

Den ehrgeizigen polnischen Ambitionen in Richtung Südosteuropa standen Pläne in Bezug auf Skandinavien und das Baltikum gegenüber, die bei aller Gemeinsamkeit doch wesentlich weniger Sprengkraft hatten. Das lag natürlich vor allem daran, daß im Norden Polens Hauptziel schon erreicht war: der un-

---

[122] *Szembek*, Journal, S. 172.

[123] Zit. n. *Roos*, Polen, S. 271, Hervorhebung des Verfassers.

[124] Zit. n. *Pagel*, Polen, S. 212.

[125] So zum polnischen Botschafter in Rom. Zit. n. *Pagel*, Polen, S. 212.

gehinderte Zugang zum Meer. Über Gdingen und Danzig ließ sich die wirtschaftliche Anbindung an Skandinavien gut betreiben, und da dort wie im Baltikum Sorge vor der Rückkehr Rußlands an die Ostsee herrschte, ergab sich auch ein gemeinsamer politischer Nenner fast von selbst. Beck konnte bei einem Besuch in Helsinki im August 1935 die „völlige Identität der Interessen Polens, Schwedens und Finnlands gegenüber der sowjetischen Ostseepolitik" feststellen.[126]

Analog zu seiner Taktik in Südeuropa suchte Beck aber auch in der Ostsee einen weiteren Verbündeten von Gewicht zu gewinnen, von dem gleichzeitig kein allzu penetrantes Verhalten in dieser polnischen Einflußzone zu erwarten sein durfte. Für diese Rolle, die im Süden an Italien gefallen war, suchte er im Norden Großbritannien zu gewinnen. Hintergrund war die völlig richtige Überlegung, daß die Briten kein Vordringen der UdSSR in den Ostseeraum wünschten.

Kaum aus Helsinki zurückgekehrt, fuhr Beck nach Genf weiter und hatte dort im Oktober 1935 eine erste grundsätzliche Aussprache mit dem britischen Außenminister Eden und konnte ihn tatsächlich für das Modell einer neutralen Zone in Osteuropa erwärmen, in deren Zentrum Polen zu stehen hatte.[127] Ohne daß es zu konkreten Absprachen kommen sollte, wurde Polens osteuropäische Einflußzone angesichts der verschärften Polarisierung der europäischen Politik während des Jahres 1937 in London zusehends auf der Habenseite verbucht. Eden machte sich Becks Konzept so zu eigen, daß er eineinhalb Jahre später von sich aus beim polnischen Botschafter dafür warb, daran festzuhalten. Eden halte das polnische System für wichtig als „systeme qui s'appuie sur les Etats scandinavies et englobe Etats baltes au nord et la Romanie au sud. Cette „zone neutrale" remplit dans la structure des relations europeennes, une mission de haute portee,[128] berichtete Komarnicki aus London nach Hause.

Es sollte sich zeigen, daß Beck dem weit gesponnenen Netz der polnischen Interessen nur an einer Stelle Substanz verleihen konnte - dem Bündnis mit Großbritannien. Alles andere blieb im Unverbindlichen hängen und verlor mit dem Aufstieg Deutschlands und der Sowjetunion zusehends an Wert. Die geopolitischen Kraftlinien verliefen eben doch nicht durch Polen (auch nicht durch Deutschland oder Italien, wie sich bald zeigen sollte), und so wurde das Land wohl unvermeidlich ein Objekt fremder Machtpolitik. Aus dem offensiven Projekt des Dritten Europa wurde die polnische Politik in das passive Vertrau-

---

[126] *Beck*, Final Report, S. 103/104.

[127] *Szembek*, Journal, S. 120.

[128] *Beck*, Final Report, S. 104, zit. n. *Roos*, Polen, S. 265.

VII. Vorkriegszeit: „Jeder für sich"   111

en auf den andauernden und angeblich unüberbrückbaren deutsch - sowjetischen Gegensatz zurückgedrängt und mauerte sich ein. Die britische Garantie vom April 1939 setzte nur den Schlußpunkt unter diese Entwicklung.

Obwohl unter den 1939 gegebenen Umständen wohl nicht mehr zu erreichen war, wurde es die Bankrotterklärung von Becks Außenpolitik und niemand wußte dies besser als sein politischer und persönlicher Freund Walery Slawek. Unter dem Eindruck der außenpolitischen Ereignisse beging der innenpolitisch schon längst isolierte ehemalige Ministerpräsident am 3. April 1939 Selbstmord.[129]

3. Der Diktator und die Moderne

Von den Schwierigkeiten autoritärer Machtpolitik in der Massengesellschaft

Zu einem Goethe werden wir Deutschen es nicht wieder bringen, aber zu einem Cäsar.

(Oswald Spengler)

Spengler (hätte) ohne weiteres wissen können, daß die Deutschen eben nicht einen Cäsar hervorbringen würden, sondern einen kranken und larmoyanten Schauspieler, der unter dem Beifall verworrener Massen eine selbstmörderische Cäsarennummer zum besten geben würde.

(Peter Sloterdijk)

Wir haben bisher recht wenig über Deutschland gesagt, und das Wenige vor allem im Zusammenhang mit Gustav Stresemanns Versuch, den deutschen Einfluß in Europa über das Medium der Wirtschaftskraft wiederherzustellen und auf dieser Basis das Verhältnis Deutschlands zu seinen Nachbarn völlig neu zu definieren. Dieses ganze Projekt war ein typisches Produkt der zwanziger Jahre, der ökonomischen Dominanz der USA, ihres Freihandelssystems, des damit verbundenen Wirtschaftswachstums und des verbreiteten Traums von einem friedlichen Interessenausgleich unter den Staaten. Nichts konnte für sein Ende symbolischer sein als Stresemanns Tod unmittelbar vor Ausbruch der Wirtschaftskrise.

Nun konnte Stresemann selbst von seiner politischen Herkunft her als Vertreter des nationalen Lagers gelten. Unter dem Stichwort „nur Nixon konnte nach China gehen" (und nur der Kriegsheld Sadat den ägyptisch - israelischen Ausgleich betreiben) hat Henry Kissinger die merkwürdige Dialektik von ta-

---

[129] *Roos*, Polen, S. 225.

dellosem patriotischem Image und friedenspolitischer Dialogfähigkeit auch am Beispiel Stresemanns und seiner „Erfüllungspolitik" sehr treffend gezeigt.[130]

Als typischer Vertreter des nationalen deutschen Lagers (aus der Nationalliberalen Partei) hatte sich Stresemann während des Krieges für einen umfassenden Siegfrieden eingesetzt, den uneingeschränkten U-Bootkrieg unterstützt und später selbstverständlich auch heftig gegen den Versailler Vertrag agitiert. Dies alles verschaffte ihm den Kredit, der ihm später trotz der vielen Regierungswechsel der Weimarer Zeit die Führung einer kontinuierlichen Außenpolitik ermöglichte.

Dennoch war Stresemann isoliert. Die Politik die er führte, konnte eben nur *er* führen, und er wußte sehr genau, daß sie ohne offensichtliche Erfolge in Sachen Wiederbewaffnung oder Grenzrevision keine Zukunft haben würde. Eben da sah es nicht gut aus:

„Ich habe gegeben, gegeben und immer nur gegeben, bis sich meine Landsleute gegen mich gewandt haben. Hätte ich nach Locarno ein einziges Zugeständnis erhalten, so würde ich mein Volk überzeugt haben," zog er 1929 Bilanz.[131]

In der Tat hätte eine Änderung etwa des Status von Danzig (oder etwa eine vorzeitige Rückgabe des Saarlands) zu dieser Zeit erhebliche innenpolitische Folgen für die Zukunft der Weimarer Republik haben können und lag außerdem der Konzeption von Locarno auch gar nicht so fern. Wenn die Westmächte Polens Grenzen weder garantieren, noch das Land zu internationalen Konferenzen einladen wollten, mußten sie wenigstens die deutsch-polnischen Spannungen vermindern, zu denen Danzigs internationalisierter Status ständig den Anlaß gab. Die Stadt bot gerade wegen ihres Status allemal eine bequemer zu handhabende Verhandlungsmasse als der Korridor und hätte in der 1925 gegebenen Atmosphäre allgemeiner Ausgleichsbereitschaft sehr wohl zum Vehikel eines deutsch - polnischen Ausgleichs nach dem Muster: „Danzig gegen Anerkennung der Grenzen" werden können. Über diese Möglichkeit und ihre Folgen kann heute nur spekuliert werden, Realität wurde sie nie. Realität wurde etwas anderes: Nach Stresemanns Tod (und dem faktischen Ende der Weimarer Republik durch die Etablierung der ausschließlich präsidial gestützten Regierung Brüning nicht einmal ein Jahr später) kehrte sich die deutsche Politik von der Erfüllungspolitik ab.[132]

---

[130] *Kissinger*, Vernunft, S. 293 ff.

[131] Zit. n. *Rauh*, Geschichte, S. 153.

[132] *Knipping*, Deutschland, Frankreich und das Ende der Locarno - Ära 1928 - 1931, München 1987.

VII. Vorkriegszeit: „Jeder für sich"

Auf die näheren Umstände dieser Wende muß hier nicht eingegangen werden. Es handelte sich um eine Episode, in der noch einmal für drei Jahre die konservativen Eliten des Kaiserreichs deutsche Politik machen durften. Formal gesehen erreichten die Kanzler Brüning, Papen und Schleicher in dieser Zeit tatsächlich mehr Revisionen als Stresemann. Das war nicht schwer. Sie wurden ihnen geradezu aufgedrängt und/oder fielen ihnen (wie die Streichung der Reparationen 1932) als Konsequenz multilateraler Abkommen in den Schoß. Das Karussell autonomer nationaler Machtpolitik kam weltweit langsam wieder in Schwung und Deutschland wurde als Mitfahrer selbstverständlich akzeptiert. Ob sie darüber hinaus eine langfristig stabile Konzeption von Deutschlands außenpolitischer Rolle in Europa entwickelt hätten, bleibt Spekulation. Es darf bezweifelt werden. Nichts spricht dafür, daß die deutschen Konservativen 1932 konzeptioneller gedacht hätten als vor 1914, als sie Deutschland mit Forderungen an alle und Provokationen gegen jeden in die Isolation trieben. Und weil sie auch innenpolitisch die Männer von gestern waren, wurden sie bald von der NSDAP und deren Führer überspielt, über dessen Ziele einstweilen nur zu spekulieren war.

a) Adolf Hitlers Pläne; Zum Zeithorizont einer rassistischen Zukunftsvision

Die Diskussion über Adolf Hitlers „Endziele" zählt zu den Dauerbrennern historischer Forschung. Neben der „Urprämisse", daß die deutsche Außenpolitik zwischen 1933 und 1945 letztlich Hitlers Außenpolitik war (eine Ansicht, die vom Autor dieser Zeilen durchaus geteilt wird) verdankt sie diese Stellung einer fortdauernden Unklarheit über den von ihm angestrebten Umfang der Machtstellung Deutschlands, vor allem aber dem Umstand, daß während der Verwirklichung seiner Pläne eine globale Auseinandersetzung entstand. Es liegt daher nahe, von den Dimensionen der Ereignisse auf die Dämonie der Pläne zu schließen und den Kriegsbeginn als Etappe eines lange vorausgedachten Weges zu deuten, als „Entfesselung" eines Krieges, wie dies Walter Hofer getan und in der Forschung durchgesetzt hat.

Allein, Hitlers öffentliche und private Äußerungen vor 1939 decken solche Interpretationen nicht wirklich, denn sie sind nicht nur in hohem Maß widersprüchlich, sondern auch ganz offen in Ton und Inhalt auf das jeweilige Publikum und das gerade angestrebte Ziel abgestimmt. Hier findet sich die ganze Palette dessen, was nicht nur Peter Sloterdijk treffend als Schauspielerei erkannt hat.[133] Hitler gab den verantwortungsvollen Staatsmann ebenso gut wie

---

[133] Vgl. dazu etwa auch *Alan Bullock*, Ursprünge, S. 128 ff., der gleichzeitig den Kompromißvorschlag präsentiert, daß *Hitler* „überzeugt (war) von seiner Rolle als

den zornigen jungen Mann, den kleinen Beamtensohn, den „einfachen Gefreiten", den Friedensapostel, den Retter der Arbeitslosen, den Kinderfreund, den zu „allem entschlossenen" Diktator und vieles andere mehr. Die „Cäsarennummer" besetzte nur einen kleinen Teil seines Spielplans. Jede Geste seiner Reden war sorgfältig vor dem Spiegel einstudiert und gerade die emotionellsten Ausbrüche oft nur die Folge trockener Berechnung. Auf die Wirkung kam es an, nicht auf den Inhalt. Diese Gefühlsausbrüche waren bald berüchtigt, wurden Hitlers bevorzugtes Stilmittel und überlagerten mit steigendem Erfolg alle anderen, bis sie es nach dem Zusammenbruch des Tschecho - Slowakischen Präsidenten Hacha bei einem solchen Auftritt im März 1939 zu einer eigenen regimeinternen Bezeichnung brachten, dem „hachaisieren".

Aus diesen Auftritten einen Eindruck von Hitlers wirklichen Zielen gewinnen zu wollen, ist ein fast unmögliches Unternehmen. Er war in ganz einzigartiger Weise in der Lage, beinahe alles glaubwürdig zu repräsentieren, was im politischen Deutschland (und Europa) gedacht, gewünscht und angestrebt wurde, ein unvergleichlicher Populist, der seine Fähigkeit geschickt ausnutzte. Hitler bot fast jedem etwas und so kann es nicht erstaunen, wenn der „wahre Hitler" unsichtbar wurde und die Hitler - Forschung sich letztlich auf die gewagte Behauptung zurückzog, man könne seine Ziele in „Mein Kampf" nachlesen und sie hätten sich im Grunde Zeit seines Lebens nicht verändert - und zur Deckung dieser These mittlerweile durch Jochen Thies und seinem Versuch, aus Hitlers Bauplänen auf seine Herrschaftspläne zu schließen, gar die Ikongraphie bemüht wurde.

Gestützt wird die These von Weltherrschaftsplänen Hitlers dann natürlich von der Entstehung eines Weltkriegs, seinen Äußerungen während des Krieges und dessen Beginn mit dem deutschen Angriff auf Polen. Vervollständigt und zusätzlich motiviert wird dieses Szenario durch das Ausmaß des Völkermords an den für Deutschland erreichbaren Juden, die Hitler in „Mein Kampf" als Verkörperung des negativen Prinzips der Weltgeschichte bezeichnet hatte und der damit prinzipiell allen Juden der Welt gelten mußte; eine universelle Herausforderung an ein weltweit lebendes Volk und zugleich an alle existierenden Moralvorstellungen.

Andere Deutungen sprechen Hitler angesichts solcher Tatsachen jede Rationalität ab. So ordnet Gerhard Weinberg ihm einen „unbedingten" d.h. eigentlich planlosen Willen zu Krieg und Vernichtung zu. Eine dämonische Komponente, die ihre Erfüllung nur in allgemeinem Tod und Vernichtung finden konnte und an deren Vorhandensein gerade in Deutschland nach der Gleichsetzung des Nationalsozialismus mit „Nihilismus" durch Hermann Rauschning

---

Mann des Schicksals *und* bereit, alle Künste des Schauspielers einzusetzen, um diese Rolle zu spielen." (ebd., S. 129).

gern geglaubt wurde. A. J. P. Taylor wiederum zog in seinem spektakulären und viel kritisierten Buch eine weniger apokalyptische Deutungsvariante vor und sah in Hitler in erster Linie den Opportunisten, der nur die Gelegenheiten genutzt habe, die ihm das Mächtesystem der Zeit und die Beschwichtigungspolitik der Westmächte schufen. Eine neue Variante dieser Sicht wurde vor kurzem von Henry Kissinger präsentiert, der Hitler jede längerfristige, über die eigene Lebenszeit hinausreichende Zielsetzung abspricht. Er sei nur seinen eigenen Obsessionen gefolgt, habe in seinen Äußerungen und Stellungnahmen lediglich sich selbst dargestellt.[134]

Wir meinen nun, daß Kissinger damit nur ein Manko auf die Spitze getrieben hat, das in allen genannten Interpretationsversuchen von Hitlers Vorstellungswelt und seinen Plänen während der dreißiger Jahre auftaucht. Es werden in ihnen durchgehend zwei wichtige Elemente vernachlässigt: Zum einen war Hitler nicht nur der Nutznießer seiner Schauspielkunst, er war auch existentiell auf sie angewiesen und wurde immer mehr ihr Gefangener. Der „homo novus" Hitler wußte sehr gut, wieviel Widerwillen seine Erscheinung in den europäischen, aber auch in den deutschen Eliten, vor allem aber in der alten preußischen Führungsschicht erzeugte und daß es nur sein Erfolg war, der den Wechsel vom Widerwillen zum Widerstand immer wieder verhinderte. Der „Beifall der verworrenen Massen" durfte auf keinen Fall erlöschen, sonst drohte die auf das Charisma des „Führers" aufgebaute Herrschaft zu kippen, doch die „großen Gesten" und „entscheidenden Wenden" entwickelten naturgemäß eine Eigendynamik, deren Folgen Hitler nur so lange unter Kontrolle halten konnte, wie sich alles nach seinen Erklärungen entwickelte. Je öfter er Entscheidungen treffen mußte, die er früher wortreich verdammt hatte, desto mehr lief er Gefahr, sein Ansehen zu ruinieren.

Das andere, in der Regel vernachlässigte Moment ist die Zeit; genauer gesagt, der Zeithorizont von Hitlers politischen Planungen. Gelegentlich wird das Problem angedeutet, so etwa von Klaus Hildebrand, wo er von „langfristig angelegten, ja visionär erscheinenden Fernzielen" spricht,[135] aber auch Hildebrands Schilderung sieht schon in Hitlers Programm „eine vom Träger selbst kaum mehr zu kontrollierende Dynamik" angelegt.[136] Hier überlagert die Dynamik der Ereignisse offensichtlich die relative Statik in Hitlers Weltsicht. Er mochte als Schauspieler und populistischer Tyrann eine moderne und zugleich kurzlebige Erscheinung sein, aber er war auch ein Visionär (um genau zu sein: ein Historizist). Zwar verschwand das „Tausendjährige Reich" bereits nach

---

[134] *Kissinger*, Vernunft, S. 350.

[135] *Hildebrand*, Programm, S. 209.

[136] Ebd., S. 182.

zwölf Jahren wieder in der Versenkung, aber was ein guter Grund für sarkastische Witzeleien wurde, verdeckt nebenbei auch nachhaltig die Absichten seines Gründers. Hitler dachte in Jahrhunderten, und das hieß für die meisten seiner Pläne, daß ihre Verwirklichung sich in einer nebulösen Ferne verlief. Er glaubte an die Möglichkeit, die Weltgeschichte langfristig zum Stehen zu bringen, weil er dachte, ihr Prinzip erkannt zu haben. Um den Inhalt dieser Vision, ihre Entwicklung und ihre Rolle in der politischen Krise Ende der dreißiger Jahre soll es nun zunächst gehen, der Gedankengang der Untersuchung läßt sich aber schon hier kurz skizzieren.

So lautet die Botschaft aus „Mein Kampf": Die Herrschaft der Erde wird dem Volk zufallen, das seine rassische Substanz zu schützen weiß. Daß dies nun keine Angelegenheit sei, die in einer oder zwei Generationen zu bewältigen wäre, gehörte zu den Standards in Hitlers öffentlichen und privaten Äußerungen vor und während des Krieges, denen im folgenden nachgegangen werden soll. Das „Jahrhundert" nimmt in ihnen den Charakter der kleinsten Recheneinheit an, die für die angepeilten Projekte im „Osten" und die Rassenpolitik gilt, beides in eine ferne Zukunft verweist und die in einem scharfen Gegensatz dazu niemals auf Hitlers konkrete Zeitpläne in Mitteleuropa angewandt wird.

Hier, wo es darum ging, die Revision des Versailler Vertrags voranzutreiben und die innere und äußere Konsolidierung des neuen, von einem „Achtzigmillionen - Rassekern" bewohnten Deutschland zu sichern, hier nannte Hitler ganz andere Zahlen, die auf präzise benannte Aktionen Mitte der vierziger Jahre hinausliefen und dann mindestens für weitere zehn bis zwanzig Jahre vorhalten sollten – was bei Hitlers hypochondrisch übersteigerter Todeserwartung nichts anderes heißen konnte als: für seine Lebenszeit.

Wenigstens „ein Jahrhundert" setzte Hitler dagegen für den ersten Erfolg einer Rassenpolitik nach nationalsozialistischen Grundsätzen an, deren Durchsetzung ein Ereignis sei, wie es „seit dem Aufkommen des Christentums, dem Siegeszug des Mohammedanismus oder seit der Reformation .... auf der Welt nicht stattfand".[137] Als Schlußpunkt würde der „Wanderpokal" der Weltherrschaft irgendwann in deutscher Hand sein – und bleiben.

Als erste Voraussetzung für die Etablierung eines solchen Systems galt ihm ein starker Staat, sowohl nach innen wie nach – außen, womit wir das eigentliche Thema dieses Versuchs erreicht haben. Die Einzelheiten von Hitlers Überlegungen zur Lage des deutschen Staates werden später zur Sprache kommen. Für den Fortgang der Überlegung soll an dieser Stelle zunächst die Bemerkung genügen, daß der rassistische Ursprung seiner ganzen Argumenta-

---

[137] Schlußrede auf dem Parteitag von 1937, zit. n. *Zitelmann*, Hitler, S. 73.

tion eine Bremswirkung hinsichtlich des Zeitplans erzeugte. So unbegrenzt Deutschlands Ziele auf dem langen Weg zur Weltherrschaft sein mußten, so begrenzt mußten Hitlers Absichten für seine eigene Lebenszeit sein. Nach eigenem Verständnis konnte er nur den Grundstein legen. Überdies blieben diese Pläne nicht unverändert, sondern erlebten zwischen dem ungehemmt radikalen, aber unpräzisen Text von „Mein Kampf", der unter anderem ein „Testament für das Deutsche Volk" enthielt, bis hin zu Hitlers eigenem, in der Hoßbach - Besprechung entwickelten „politischen Testament" sowohl eine Konkretisierung als auch eine Beschränkung. In „Mein Kampf" hatte Hitler den „zornigen jungen Mann" gegeben, den gescheiterten Putschisten, der in der Zelle schmollte, eigentlich alles besser wußte und es als Prophezeiung, als „Weltanschauung" der Welt um die Ohren haute. (Es sei in großen Teilen nicht mehr zutreffend, er hätte sich nie so früh festlegen dürfen, ließ er gegenüber Albert Speer verlauten.[138]) In dem nicht veröffentlichten „Zweiten Buch" von 1928 wurde er schon präziser, in gewissem Sinn auch realistischer, und in der Hoßbach - Besprechung definierte er schließlich (ausdrücklich!) als Reichskanzler die überdachte und aktualisierte Version der Ziele, die Deutschland seiner Meinung nach in den nächsten Jahrzehnten erreichen sollte.

Daraus ergibt sich eine nachvollziehbare Entwicklung seines Denkens von visionären zu politischen Perspektiven. In der Spannung zwischen beiden sollen nun Hitlers Äußerungen zu seinen außenpolitischen Plänen untersucht werden: die Überlegungen eines rassistischen Propheten, wie eine gefährdete Mittelmacht in die strategisch privilegierte Situation einer Großmacht zu lavieren sei. Hitlers Neigung zu Übertreibung und Zuspitzung, die sich auch in seinen Texten findet, soll dabei zu keinem Zeitpunkt vergessen werden. Sich bis zu einem gewissen Grad auf seinen Sprachgebrauch und seine Gedankenwelt einzulassen, ist unvermeidlich.

4. 1924-1939: Die Entwicklung in Hitlers außenpolitischen Zielen zwischen „Mein Kampf" und dem „Hoßbach - Protokoll"

Der Friedensvertrag von Brest - Litowsk und die Entstehung des Raumkonzepts in „Mein Kampf"

Hitlers Ideen über Weltmachtpolitik, wie er sie in seinem ersten Buch formuliert hat, waren einfach bis zur Banalität. Der bestimmende Begriff in diesen Überlegungen lautete „Raum". Hitler ging ganz plausibel davon aus, daß in Zukunft keine Macht ohne den Besitz eines kontinentgroßen Gebiets eine weltpolitische Rolle spielen könnte. Das begründete er sowohl mit wirtschaftli-

---

[138] *Speer*, Erinnerungen. S. 136.

chen Erwägungen, wie der sicheren Rohstoff- und Nahrungsmittelversorgung, als auch militärstrategisch. Nur eine große Landmasse sei vor Überraschungsangriffen sicher:

„In der Größe des Wohnsitzes eines Volkes liegt allein schon ein wesentlicher Faktor zur Bestimmung seiner Sicherheit. ... In der Größe des Staatsgebiets liegt damit immer noch ein gewisser Schutz gegen leichtfertige Angriffe, da ein Erfolg nur nach langen schweren Kämpfen zu erzielen ist"[139] Es werde also keinen Angriff auf so ein Land geben, „sofern nicht ganz außerordentliche Gründe vorliegen."[140]

Später gab der Verlauf des Krieges Hitler allerhand ungewollte Gelegenheiten, die Bestätigung seiner Thesen zu erleben: Die Großräume USA und UdSSR überstanden die „leichtfertigen Angriffe" Japans und Deutschlands, ohne substantiell getroffen zu werden. Einstweilen fiel ihm nur auf, daß Deutschland unter diesem Gesichtspunkt in einer grundsätzlich schwachen Position gegenüber anderen Mächten in der Nachbarschaft war, vor allem gegenüber Rußland und England, die dank schierer Größe und Insellage keine Überraschungsangriffe zu fürchten hatten. Dieser Mangel, in Jahrhunderten entstanden, sei auch durch Aufrüstung nicht zu beseitigen:

„Es ist notwendig, daß wir das deutsche Reich nach Volkszahl und Flächeninhalt in seinem Verhältnis zu anderen Staaten durch die Jahrhunderte hindurch verfolgen. Ich weiß, daß dann jeder mit Bestürzung zu dem Resultat kommen wird....: Deutschland ist keine Weltmacht mehr (!?), gleichgültig, ob es militärisch stark oder schwach dasteht." [141]

Es blieb sein Geheimnis, wann Deutschland jemals die genannten Kriterien einer Weltmacht erfüllt haben sollte (möglicherweise eine Anspielung auf das von ihm hochgeschätzte Hochmittelalter, auf Zeiten also, in denen Deutschland auch nicht größer, die Welt aber dafür kleiner war). Die jetzige Situation sei jedenfalls nur durch den freien Zugang zu einem Reservoir an Rohstoffen und Nahrungsmitteln zu ändern, dem langfristig die „emsige Arbeit des deutschen Pflugs" zu folgen habe.[142] In „Mein Kampf" liegt dieses Reservoir eindeutig in Rußland „und den ihm untertanen Randstaaten".[143]

Der Versuch nun, sich diesen „Raum", das östliche Mitteleuropa, für Deutschland nutzbar zu machen, spielte in Hitlers politischer Phantasie eine

---

[139] *Hitler*, Mein Kampf, S. 150.

[140] Ebd., S. 150.

[141] *Hitler*, Mein Kampf, S. 641.

[142] Ebd., S. 743.

[143] Ebd., S. 742.

zentrale Rolle. Mit seiner Überlegung, daß dieses Reservoir an Rohstoffen und landwirtschaftlicher Nutzfläche nur in Osteuropa liegen könnte, folgte er einer Richtung deutscher Großmachtpolitik, die bereits in der Endphase des ersten Weltkriegs die Politik des Reichs bestimmt hatte. Der Frieden von Brest - Litowsk, nach dem Rußland an seiner West- und Südgrenze zahlreiche Staaten in die Unabhängigkeit entlassen mußte, und der damit in Grundzügen das heute noch bestehende Staatensystem schuf, war ihr größter Erfolg.

Es ist vor diesem Hintergrund nicht überraschend, daß Hitler seine politische Laufbahn 1919 mit der Agitation für den Brest - Litowsker Vertrag und gegen die Versailler Regelungen begonnen hat. Noch fünf Jahre später sah er in den Reden über die Verträge seinen Hauptverdienst in dieser Zeit, da durch sie die Basis für die nationalsozialistische Bewegung gelegt worden sei:

„Die beiden Vorträge, nämlich über „Die wahren Ursachen des Weltkriegs" und über „Die Friedensverträge von Brest - Litowsk und Versailles", hielt ich damals für die allerwichtigsten, so daß ich sie Dutzende Male in immer neuer Fassung wiederholte und wiederholte, bis wenigstens über diesen Punkt eine bestimmte klare und einheitliche Auffassung unter den Menschen verbreitet war, aus denen sich die Bewegung ihre ersten Mitglieder holte".[144]

Wie er dabei vorging, läßt sich aus den erhaltenen Entwürfen seiner Reden und Flugblätter ablesen. Schon zu seiner Zeit bei der Reichswehr hatte er ein Flugblatt vorgelegt, das einfach die Bestimmungen beider Verträge gegenüberstellte. So erzielte das Blatt bereits einen optischen Effekt in der gewünschten Richtung, da die 14 Artikel des Brest - Litowsker Vertrags gegenüber den 440 Artikeln von Versailles geradezu bescheiden wirkten. Dazu entsprach die schlichte Forderung des Vertragstextes, daß Rußland seine von anderen Völkern bewohnten Randgebiete aus seinem Staatsverband zu entlassen habe, auch noch dem oft proklamierten und allgemein anerkannten Grundsatz der nationalen Selbstbestimmung, der in Versailles gegenüber Deutschland verletzt worden war. Da obendrein die finanziellen Regelungen des Vertrags im Gegensatz zu den Reparationsforderungen der Westalliierten exakt definiert und begrenzt waren, hatte Hitler leichtes Spiel:

„Ich stellte die beiden Friedensverträge gegeneinander, verglich sie Punkt für Punkt, zeigte die in Wirklichkeit geradezu grenzenlose Humanität des einen im Gegensatz zur unmenschlichen Grausamkeit des zweiten und das Ergebnis war ein durchschlagendes."[145]

---

[144] *Hitler*, Mein Kampf, S. 524.

[145] *Hitler*, Mein Kampf, S. 524.

Eine Behauptung, die durch Berichte über diese Versammlungen weitgehend gedeckt wird.[146]

Es ist nicht leicht nachzuweisen, welchen Einfluß die Beschäftigung mit diesem Vertrag auf die Vorstellungen Hitlers vom „Lebensraum im Osten" hatte. Er kam später selten auf ihn zurück, selbst in den Tischgesprächen und Monologen während des Krieges nicht. Zweifellos billigte er den Versuch, den Osten Mitteleuropas zur deutschen Einflußzone zu machen. Dennoch hielt er die angewandten Mittel für untauglich und benutzte den Vertrag eher als negatives Zerrbild der eigenen Vorstellungen. Das ergibt sich aus Äußerungen, in denen er sich mit den einzelnen Bestimmungen des Vertrags auseinandersetzt. Zunächst wies er dabei die merkwürdigen und wirklich recht anachronistischen Konstruktionen zurück, in denen das zweite Reich die neu geschaffenen Staaten mit Hilfe deutscher Fürstenhäuser in Personalunion mit dem Reich verbinden wollte:

„Denn endlich haben die deutschen Grenadiere wirklich nicht ihr Blut vergossen, damit die Polen einen Staat erhalten oder damit ein deutscher Prinz auf einen plüschenen Thron gesetzt wird."[147]

„Daß dies kein Ziel war für einen Krieg eines Staates gegen 26, in dem dieser den bisher ungeheuersten Bluteinsatz der Geschichte auf sich nehmen mußte, während zu Hause ein ganzes Volk buchstäblich dem Verhungern ausgeliefert war, sollte selbstverständlich sein."[148]

„Alle diese bürgerlichen Vorschläge waren reine Grenzkorrekturen und hatten mit raumpolitischen Gedanken gar nichts zu tun."[149]

Dann formulierte er seine Alternative:

„Das einzige Kriegsziel, das diesem ungeheuren Bluteinsatz würdig gewesen wäre, hätte nur in der Zusicherung an den deutschen Soldaten bestehen können, soundso viele 100.000 qkm Grund den Kämpfern der Front als Eigentum zuzuweisen oder für die allgemeine Kolonisation durch Deutsche zur Verfügung zu stellen."[150]

---

[146] Vgl. *Jäckel/Kuhn*, Aufzeichnungen, S. 101 - 104.

[147] *Hitler*, Zweites Buch, S. 105.

[148] Ebd., S. 105.

[149] Ebd., S. 105.

[150] Ebd., S. 105.

a) Die „lange Dauer" der völkischen Bodenpolitik und der Verzicht auf die Eroberung Europas

Der an der oben genannten Stelle entwickelte, auf den ersten Blick etwas nebulöse Gedanke, daß Grenzkorrekturen mit Raumpolitik nichts zu tun haben, ist ein Anzeichen für die verschwommene Perspektive in Hitlers Plänen. In gewisser Weise orientierten sich seine Vorstellungen von der neuen Ostsiedlung an ihrem mittelalterlichen Vorbild. Wie überhaupt der Ausdruck „Tausendjähriges Reich" sich eindeutig auf das „Heilige Römische Reich Deutscher Nation" bezog, worauf erst jüngst Frank - Lothar Kroll hingewiesen hat.[151] Schon die gelegentlich verwendete Paraphrase vom „Germanischen Reich Deutscher Nation" macht das deutlich. Den eigentlich naheliegenden Schluß, daß sich daran auch der vorläufig geplante Umfang des Reichs orientieren sollte, hat die Forschung nie gezogen, obwohl Hitler exakt dies im Hoßbach - Protokoll selbst gesagt hat und es auch eine Erklärung für seine Einstellung dem Tschechischen Volk gegenüber wäre, dem er den Willen, die Fähigkeit und die Berechtigung zum Besitz eines eigenen Staats schlicht absprach. (s.u.) Gleichzeitig ließ sich über das mittelalterliche Vorbild eine Brücke zum verehrten Römischen Reich schlagen.

Von solchen Perspektiven aus rechnete Hitler mit einem langen Zeitraum für die neue deutsche Ostsiedlung, ohne daß er sich über die Rolle des deutschen Staates dabei schon klar äußerte. Hier spielten offenbar Motive aus der von ihm als Modell hochgeschätzten römischen Geschichte eine Rolle, wo der Tausch von Siedlungs- oder Bürgerrecht gegen Waffendienst nichts ungewöhnliches war. An einer späteren Stelle wird die untergeordnete Rolle des Staates bei der geplanten Ostsiedlung noch deutlicher, erhofft sich Hitler für seine Methode doch sogar die Zustimmung der anderen europäischen Mächte.

Er kommt auf seine Idee zurück, nachdem er das von ihm entworfene Zukunftsziel in Gegensatz zu den bürgerlich - nationalen Zielen deutscher Politik gesetzt hatte. Für ihn sah die beste Möglichkeit so aus:

„Deutschland entschließt sich, zu einer klaren weitschauenden Raumpolitik überzugehen. Es wendet sich damit von allen weltindustriellen und welthandelspolitischen Versuchen ab und konzentriert statt dessen alle seine Kräfte, um unserem Volk durch die Zuweisung eines genügenden Lebensraumes für die nächsten hundert Jahre auch einen Lebensweg vorzuzeichnen."[152]

---

[151] *Kroll*, Geschichte und Politik im Weltbild Hitlers, in: VjZ, 3/96, S. 342 f.

[152] *Hitler*, Zweites Buch, S. 163.

122   B. Ein Experiment

Auch dafür brauche man „große militärische Machtmittel", bringe aber „Deutschland nicht unbedingt in Konflikt mit sämtlichen europäischen Großmächten", was in „der Natur eines solchen außenpolitischen Ziels liege". „So sicher Frankreich Deutschlands Feind bleiben wird, so wenig ... liegt .... für England und besonders für Italien ein Grund zur Aufrechterhaltung der Feindschaft des Weltkriegs" vor.[153]

Diese Zeilen deuten darauf hin, daß Hitler es tatsächlich für möglich hielt, seine Ziele ohne großen Krieg zu erreichen. Das kalkulierte Vorhandensein von „großen militärischen Machtmitteln" war zunächst einmal ambivalent und konnte durchaus als Druckmittel dienen, die Großmächte von einem Krieg abzuhalten und gleichzeitig den kleinen Staaten Osteuropas „Lebensraum" abzupressen, d.h. sie als Rohstofflieferanten und militärische Pufferzone zu nutzen und langfristig durch steigenden Siedlungsdruck zu germanisieren. Tatsächlich folgte diesen Gedankengängen eine klare Absage an die Etablierung einer Gewaltherrschaft über Europa, wobei es Hitler auch noch gelang, dies in seine völkisch - rassistische Ideologie einzubauen:

„In ferner Zukunft läßt sich vielleicht eine neue Völkervereinigung denken, die, aus Nationalstaaten von hohem Eigenwert bestehend, dann der drohenden Überwältigung der Welt durch die amerikanische Union gegenübertreten könnte. Denn mir scheint, daß den heutigen Nationen das Bestehen der englischen Weltherrschaft weniger Leiden zufügt als das Aufkommen einer amerikanischen.

Kein Paneuropa aber kann zur Lösung dieses Problems berufen sein, sondern nur ein Europa *mit freien und unabhängigen Nationalstaaten*, deren Interessengebiete auseinandergehalten und genau begrenzt sind.

Für Deutschland aber kann *dann erst* die Zeit heranreifen, gesichert durch ein in die Schranken gewiesenes Frankreich und gestützt auf die erneut gewordene Wehrmacht, die Behebung seiner Raumnot in die Wege zu leiten. .... Und dann wird man auch endgültig die Periode des kleinen täglichen Geschreis und der vollkommen unfruchtbaren Wirtschafts-Grenzpolitik überwunden haben."[154]

Der Staat zieht also nach, wenn die rassische Umorganisierung der Gesellschaft vollendet sein wird. Die „Behebung seiner Raumnot" ist nicht identisch mit der Inbesitznahme neuen Siedlungsraums und erfordert daher aus Hitlers Blickwinkel auch keine so maßlose Unterdrückungs- und Ausrottungspolitik, wie sie später in Wirklichkeit stattfand. Die Äußerungen in „Mein Kampf" und späteren Reden sprechen von Rußland als „unserem Indien" und noch in den

---

[153] Ebd., S. 163.

[154] *Hitler*, Zweites Buch, S. 218, Hervorhebungen des Verfassers.

"Tischgesprächen" hielt Hitler an diesen Vorstellungen fest,[155] ging also von der Möglichkeit einer Beherrschung Rußlands ohne Besiedlung aus. Dies entsprach auch seiner Einschätzung der russischen Mentalität als „im allgemeinen ruhig, brauchbar und willig".[156]

Möglicherweise entstand gerade aus solchen Ideen der berüchtigte Kommissarbefehl, dessen Sinn Hitler gegenüber dem bulgarischen Außenminister damit begründete, daß die Russen erst wieder Menschen würden „wenn diese bedauernswerten Kreaturen mit eigenen Augen sähen, daß ihre Kommissare erschossen worden wären".[157] Es müsse dann möglich sein „diese Gebiete mit 250000 Menschen, die von guten Verwaltungsbeamten geführt werden, zu beherrschen."[158]

Der räumliche Umfang der geplanten Besiedlung des Ostens wird in den programmatischen Texten von „Mein Kampf" und dem „Zweiten Buch" nicht präzise beschrieben, auch wenn es deutliche Anspielungen gibt. Hitler dachte wie gewohnt in übergroßen Zeiträumen und hatte zu seinen Lebzeiten maximal eine Siedlung in den Gebieten in der Nähe des Reichs geplant. Für die Ostsiedlung wie für die Etablierung einer indirekten Herrschaft wollte er den Zusammenbruch Rußlands abwarten, der wegen des Scheiterns der „bolschewistischen jüdischen Staatsidee" sicher kommen werde.[159] Dann wird „ein gigantisches Landgebiet ... damit dem wechselvollsten Schicksal ausgeliefert sein und statt einer Stabilisierung der Staatsverhältnisse auf der Erde wird eine Periode unruhevoller Veränderungen beginnen.[160]

Als Folge werde der ausländische Einfluß in Rußland wachsen, da die „verschiedensten Nationen der Welt versuchen werden, mit diesem gewaltigen Staatenkomplex Beziehungen anzuknüpfen .... Es wird ein solcher Versuch aber immer gebunden sein an das Bestreben, auch einen eigenen geistigen und organisatorischen Einfluß dabei auf Rußland auszuüben."[161]

Das sei aber nicht der Weg Deutschlands, denn „Deutschland darf nicht hoffen, bei dieser Entwicklung irgendwie in Frage zu kommen." Die russische

---

[155] *Picker*, Tischgespräche, S. 143.

[156] *Ranki*, Hitlers Verhandlungen, in: *Hildebrand*, Deutsche Frage, S. 213.

[157] Ebd., S. 213.

[158] *Benoist*, Militärmacht, S. 311 und *Weinberg*, Eyes, S. 44.

[159] *Hitler*, Zweites Buch, S. 158.

[160] Ebd., S. 159.

[161] Ebd., S. 159.

Mentalität und praktische Überlegungen stünden dagegen, was aber insgesamt ein Glück sei, „weil dadurch ein Bann gebrochen ist, der uns verhindert hätte, das Ziel der deutschen Außenpolitik zu suchen, wo es einzig und allein liegen kann: Raum im Osten."[162]

„Im Osten", das hieß in der Nähe Deutschlands, daran ließ Hitler kaum einen Zweifel. Daß Rußland durch die Revolution und den von ihm erwarteten staatlichen Zusammenbruch als Großmacht ausgeschaltet war, machte Deutschland aus seiner Sicht den Weg frei für eine Aufnahme der Ostsiedlung dort, wo sie vor Jahrhunderten unterbrochen worden war: in Polen und im Baltikum. Erst in den Monologen während des Krieges begann Hitler von „Wehrbauern" vor allem in der Ukraine und auf der Krim zu reden. In seinem „Zweiten Buch" las sich dies noch anders, mit deutlicher Kritik an der deutschen Politik während des ersten Weltkriegs und mit Blick auf den Frieden von Brest - Litowsk:

„Mithin war jede deutsche Außenpolitik daraufhin angewiesen, in erster Linie die militärische Stellung Deutschlands in Europa zu festigen und zu sichern. Wir konnten von unseren Kolonien dabei nur sehr wenig ausschlaggebende Hilfe erwarten. Umgekehrt hätte jede Erweiterung unserer europäischen Raumbasis von selbst zu einer Stärkung unserer Lage geführt. Es ist nicht gleich, ob ein Volk ein *geschlossenes* Siedlungsgebiet von 560.000 oder sagen wir 1 Million qkm besitzt."[163]

Dies sah er vor allem unter militärischen Gesichtspunkten, denn, so wiederholte er den Gedanken aus „Mein Kampf" fast wörtlich:

„Ganz abgesehen von der Schwierigkeit der Ernährung im Falle eines Krieges, die möglichst unabhängig von der Einwirkung des Gegners bleiben soll, liegt in der Größe der Raumfläche selbst schon ein militärischer Schutz, ... Vor allem aber konnte nur durch eine Raumpolitik in Europa das dorthin abgeschobene Menschengut unserem Volke bis einschließlich der militärischen Verwertung erhalten bleiben. 500000 Quadratkilometer Boden in Europa kann (ein bezeichnender Wechsel ins Präsens, d. Verf.) Millionen deutscher Bauern neue Heimstätten bieten, der deutschen Volkskraft für den Entscheidungsfall aber Millionen von Soldaten zur Verfügung stellen"[164]

„Das einzige Gebiet, das für eine solche Politik in Frage kam, war dann Rußland." und zwar das Rußland von 1914 (!), wie der erneute Zeitenwechsel deutlich macht.

---

[162] Ebd., S. 159.

[163] *Hitler*, Zweites Buch, S. 102, Hervorhebung des Verfassers.

[164] *Hitler*, Zweites Buch, S. 102. Manchmal durfte es auch etwas weniger sein. *Gerhard Weinberg* zitiert aus einer Rede von Mai 1928, wo *Hitler* von 300.000 bis 400.000 Quadratkilometern spricht, *Weinberg*, Eyes, S. 35.

VII. Vorkriegszeit: „Jeder für sich"

„Die an Deutschland angrenzenden dünnbesiedelten westlichen Randgebiete, die schon einmal deutsche Kolonisatoren als Kulturbringer empfangen hatten, kamen auch für die neue europäische Bodenpolitik der deutschen Nation in Frage."[165]

Damit wird klar, wohin Hitlers politische Phantasie zu dieser Zeit reichte. Die neue Ostsiedlung sollte an die alte anknüpfen und dabei vor allem den Westen Polens zu deutschem Gebiet machen, wahrscheinlich auch das Baltikum. Es ergibt sich eine frappierende Kontinuität, wenn man vor dem Hintergrund dieser Überlegungen die deutschen Siedlungsmaßnahmen während des Kriegs betrachtet. Tatsächlich findet sich hier außer in vollmundigen Absichtserklärungen und Gedankenspielen keine Spur von „Wehrbauerntum" und Siedlungen in der Ukraine. De facto bemühte sich das Dritte Reich, die Deutschen aus den weiter entfernten Gebieten in die Nähe des Reichs zu deportieren, so aus Rumänien und nach der sowjetischen Besetzung zunächst auch aus dem Baltikum. Die Konzeption des neuen nationalsozialistischen Europa wird hier sichtbar: Im Zentrum das nationalsozialistisch, nach biologisch-rassistischen Gesichtspunkten umgestaltete Deutschland, umlagert von einem Kranz kleiner Verbündeter, die seinen Bevölkerungsüberschuß aufzunehmen haben.

Das weitere hätte man nach Hitlers Ansicht wohl der „natürlichen" Entwicklung überlassen müssen, denn die Überlegenheit dieses deutschen Reichs beruhte nach seinen Ideen nicht nur auf der Zahl der Bevölkerung, sondern vor allem auf der Anwendung der Rassengesetze. Einer Integration Europas in einem Staat, auch in einem deutschen Reich, hatte er in seinem Buch, wie oben bereits angedeutet, eine deutliche Absage erteilt. Nach der Diskussion darüber, ob Europa prinzipiell ganz „niedergeworfen" und beherrscht werden könnte, (eine Frage, die er bejahte) fuhr er fort:

„Aber selbst in diesem Fall würde der gewünschte Erfolg ausbleiben. Denn sowie heute irgendeine europäische Großmacht - und es könnte sich dabei natürlich nur um eine ihrem Volkstum nach wertvolle, also rassisch bedeutende Macht handeln - auf diesem Wege Europa zu einer Einheit brächte, so würde die letzte Vollendung dieser Einheit die rassische Niedersenkung ihrer Gründer bedeuten und damit dem ganzen Gebilde ihren Wert nehmen."[166]

Interessanterweise richtet sich die ganze Überlegung an dieser Stelle auf den Aufbau einer Gegenmacht zu den USA, deren Existenz Hitler hier in sein biologistisches Weltbild schlüssig einbauen will. Er führt denn auch fort: „Niemals würde man damit ein Gebilde schaffen können, das der amerikanischen

---

[165] *Hitler*, Zweites Buch, S. 102.

[166] *Hitler*, Zweites Buch, S. 130.

Union standzuhalten vermöchte."¹⁶⁷ Tatsächlich halten die USA im „Zweiten Buch" in weiten Passagen als Vorbild her. Die dort bestehenden Einwanderungsverbote für Asiaten werden von Hitler mehrmals lobend erwähnt:

„Daß sich .... die amerikanische Union selbst als nordisch - germanischer Staat fühlt und keineswegs als internationaler Völkerbrei, geht auch weiter hervor aus der Art der Zuteilung der Einwanderungsquoten an die europäischen Völker. Skandinavier, also Schweden, Norweger, weiter Dänen, dann Engländer und endlich Deutsche erhalten die größten Kontingente zugewiesen. Romanen und Slawen sehr geringe, Japaner und Chinesen würde man am liebsten überhaupt ausschließen."¹⁶⁸

Tatsächlich hatte ein Gesetz von 1922 Japaner als grundsätzlich „ungeeignet für die amerikanische Staatsbürgerschaft" bezeichnet. Es wurde ein Jahr später durch den „Oriental Exclusion Act" bestätigt und erweitert. 1924 schließlich wurde ein neues Einwanderungsgesetz verabschiedet, auf das Hitler sich hier wohl bezogen hat. Danach sollten 86 Prozent aller Einwanderer aus nordischen Ländern kommen, während die Einwanderung von Japanern erneut völlig verboten wurde.¹⁶⁹

Hitler reihte sich hier in eine wohlgepflegte Tradition der deutschen Völkischen ein. Die Einwanderungsquoten der USA hatten schon Ende des 19.Jahrhunderts immer wieder als Argument und Beispiel für eine „gesunde Rassenpolitik im freiesten Land der Welt" herhalten müssen (Liebermann v. Sonnenberg). So läßt sich der völkische Rassismus zum Teil wohl als deutsche Variante des amerikanischen Versuchs begreifen, die Gesellschaft möglichst „wasp" (weiß, angelsächsisch, protestantisch) zu halten. Im Zusammenhang mit unserem Thema sind die Konsequenzen nicht unwichtig, die Hitler aus seinen Überlegungen zog. Er machte die USA zum mächtigsten Staat der Erde und sah die

„drohende amerikanische Hegemoniestellung durch den Wert des amerikanischen Volkes in erster Linie und dann erst in zweiter Linie durch die Größe des diesem Volk gegebenen Lebensraums und des dadurch günstigen Verhältnisses zwischen Volkszahl und Grundfläche bedingt."¹⁷⁰

ergo:

„Nordamerika wird in der Zukunft nur der Staat die Stirne zu bieten vermögen, der es verstanden hat, durch das Wesen seines inneren Lebens sowohl als durch den

---

¹⁶⁷ Ebd., S. 130.

¹⁶⁸ Ebd., S. 132.

¹⁶⁹ *Benoist*, Militärmacht, S. 27/28.

¹⁷⁰ *Hitler*, Zweites Buch, S. 128.

VII. Vorkriegszeit: „Jeder für sich"   127

Sinn seiner äußeren Politik den Wert seines Volkstums rassisch zu heben und staatlich in die zweckmäßigste Form zu bringen."¹⁷¹

Diese Sätze werden hier aus zwei Gründen so ausgiebig zitiert: Zum einen erlauben sie einen Schluß auf Hitlers Vorstellungen von der Neuordnung Europas und zum anderen sprechen sie deutlich gegen die oft vorgetragene These, Hitler habe die USA als wesentlichen Faktor der Weltpolitik schlicht übersehen. Zwar hat er sich tatsächlich nach dem Scheitern seiner Politik und der Kriegserklärung gegenüber den Vereinigten Staaten über deren Charakter beklagt und dies wie üblich dem jüdischen Einfluß zugeschrieben. Noch in seiner Antwort an Roosevelt vom 28.4.39 knüpft er jedoch deutlich an die hier entwickelten Gedanken an:

„Herr Präsident Roosevelt! Ich verstehe ohne weiteres, daß es die Größe ihres Reiches und der immense Reichtum ihres Landes Ihnen erlauben, sich für die Geschicke der ganzen Welt...... verantwortlich zu fühlen. Ich, Herr Präsident Roosevelt, bin in einen viel bescheideneren und kleineren Rahmen gestellt."¹⁷²

Das war eindeutig mehr als nur ein rhetorischer Effekt und zielte wie die ganze übrige Rede darauf ab, Roosevelt seinerseits die Beschränkung auf seinen „Rahmen", nämlich die „Westliche Halbkugel" nahezulegen. Im gleichen Atemzug entwickelte Hitler ja auch die europäische (sprich: deutsche) Variante der Monroe - Doktrin, die er als amerikanische Art der Herrschaftsausübung verstand und auf seine Art kopieren wollte.

Tatsächlich war dies gleich ein doppeltes Mißverständnis, denn zunächst stellte die Monroe - Doktrin in ihrer ursprünglichen Form nur eine Absage an neue europäische Interventionen auf dem amerikanischen Kontinent dar, aber keine völlige Negation des europäischen Einflusses in der Region. Zum anderen waren die USA 1939 längst von einer regionalen zu einer globalen Definition ihrer Interessen übergegangen. Im März 1939 sah dies so aus, daß Roosevelt kurz vor seinem Brief an Hitler und Mussolini gerade die Berechnung der wirtschaftlichen Folgekosten einer weiteren Deutsch - Japanisch - Italienischen Expansion von seinem Londoner Botschafter erhalten hatte.¹⁷³ Joseph Kennedy hatte zu diesem Zweck gemeinsam mit britischen Diplomaten ein Szenario entworfen, das die Welt nach der Niederlage Großbritanniens und der Aufteilung des Empire zeigte. Auch Hitlers Äußerungen gegenüber dem polnischen Außenminister Beck, dem er im Januar eine polnische Expansion in die Ukraine vorgeschlagen hatte, hatten sich bis in die Beratungsrunde herumgespro-

---

¹⁷¹ Ebd., S. 130.

¹⁷² *Domarus*, Reden, S. 1148.

¹⁷³ *Junker*, Weltmarkt, S. 210.

chen, denn Kennedy rechnete mit einem deutschen Wirtschaftsimperium „bis zum Dnjepr", d.h. exakt bis an die damals angepeilte Ostgrenze Polens.

Die nächsten Wochen zeigten, wie sehr Roosevelt davon beeindruckt war. Er leitete das Memorandum unmittelbar (am 13.3.39) an den „Chief of Naval Operations" weiter, hielt am 8. April eine Pressekonferenz ab,[174] in der er die Weltlage auf Basis des Papiers darstellte und ließ schließlich am 14. April jenen Brief an Hitler und Mussolini folgen, den Hitler in seiner Reichstagsrede vom April beantwortete. Unter Roosevelts Präsidentschaft nahmen die USA damit 1939 offen die Rolle an, die Hitler den Vereinigten Staaten bereits 1928 zugeordnet hatte: die der weltweiten Hegemonialmacht. Hitler seinerseits verabschiedete sich nach der Abfassung des Zweiten Buchs für längere Zeit von systematischen strategischen Planungen für künftige Gebietsgewinne. In den folgenden Jahren geben nur sporadische Äußerungen gelegentlich Hinweise auf seine Pläne. Nach 1930 nimmt auch deren Zahl ab, bis die Machtübernahme endgültig Zurückhaltung mit solchen Äußerungen nötig machte. Erst 1937 gab der inzwischen zum „Führer und Reichskanzler" avancierte Parteichef wieder eine zusammenhängende Darstellung seiner Analyse der Machtverhältnisse in Europa und der daraus folgenden Pläne.

b) November 1937 bis März 1939:
Hitlers politisches Testament: Das Hoßbach - Protokoll

Am 5. November 1937 versammelte Hitler den inneren Kreis der deutschen militärischen und politischen Führung, um das Ergebnis seiner Überlegungen zur militärischen, wirtschaftlichen und außenpolitischen Situation Deutschlands vorzustellen. Anwesend waren der Außenminister v. Neurath, Vertreter der drei Teilstreitkräfte und Hermann Göring in seiner Doppelfunktion als Chef der Luftwaffe und Beauftragter für den Vierjahresplan. In jedem anderen Staat gehöre das Thema des Treffens vor das Kabinett, bemerkte Hitler eingangs, denn „seine nachfolgenden Ausführungen seien das Ergebnis eingehender Überlegungen und den Erfahrungen seiner viereinhalbjährigen Regierungszeit".[175] Der neueste Stand seiner Erkenntnisse also, die nichts geringeres bedeuteten als die Präzisierung und Aktualisierung des in „Mein Kampf" genannten „Testaments für das deutsche Volk": „Im Interesse einer auf weite Sicht (!) eingestellten deutschen Politik" bat er nämlich darum, „seine Ausführungen als seine testamentarische Hinterlassenschaft" anzusehen.[176]

---

[174] *Junker*, Weltmarkt, S. 213.

[175] ADAP, Serie D, Bd. I, Dok. 13, S. 25.

[176] Ebd., S. 25.

VII. Vorkriegszeit: „Jeder für sich"

Es war ein persönliches Testament, das seinen Nachfolgern den Rahmen ihrer Politik vorgehen sollte. Es sollte für 1-3 Generationen gültig sein, längere Zeit könne „naturgemäß" niemand voraussehen. Seitdem er in Nürnberg unter die vier Ansprachen Hitlers gezählt wurde, die als wesentlicher Beweis für die Anklage auf Vorbereitung eines Angriffskriegs anerkannt wurden, gilt dieser Text nahezu allen Untersuchungen, die sich mit Hitlers Plänen befassen, als Schlüsseldokument für den Nachweis seiner aggressiven Absichten. (Lediglich Taylor bemüht sich, die Bedeutung des Protokolls herunterzuspielen, weil er Hitler ja überhaupt keine Pläne zugestehen will.[177] Dem soll hier ausdrücklich zugestimmt werden. Die Rede legt jedoch auch offen, wie begrenzt Hitlers Ziele waren, und dies wird in der Regel übersehen.

Tatsächlich begründet er hier noch einmal ausführlich seine Meinung, das Problem Deutschlands sei der Mangel an Lebensraum. Die Wirtschaft könne auf dem jetzigen Raum nicht autark werden und die Ernährung sei auch nicht sicherzustellen:

„Die deutsche Zukunft sei daher ausschließlich durch die Lösung der Raumnot bedingt, eine solche Lösung könne naturgemäß nur für eine absehbare, etwa 1 - 3 Generationen umfassende Zeit gesucht werden."[178]

Wo dieser Raum liegen sollte, in welchen Zeiträumen Hitler rechnete und wie er über seine eigene Rolle dabei dachte, darauf gab er an diesem Tag ebenfalls präzise Antworten. Sowohl die Ernährungsgebiete als

„auch die Rohstoffgebiete seien zweckmäßiger in unmittelbarem Anschluß an das Reich in Europa und nicht in Übersee zu suchen, wobei die Lösung sich für ein bis zwei Generationen auswirken müsse. Was darüber hinausgehe, müsse nachfolgenden Geschlechtern überlassen bleiben. Die Entwicklung großer Weltgebilde gehe nun einmal langsam (!) vor sich, das deutsche Volk mit seinem starken Rassekern finde hierfür die günstigsten Voraussetzungen *inmitten des europäischen Kontinents*".[179]

Deutschlands Raumproblem war also zumindest in den nächsten Jahrzehnten durch Expansion *inmitten Europas* zu lösen. Was er sich dabei im einzelnen dachte, führte Hitler auch gleich aus. Der Anschluß Österreichs und der „Tschechei" (nicht: Tschechoslowakei) ermögliche die Ernährung von 5-6 Millionen Menschen zusätzlich und bringe zwölf Divisionen ein. Damit wäre nach seiner Rechnung ein Zeitgewinn von mindestens zehn Jahren verbunden

---

[177] *Taylor*, Ursprünge, München 1980, S. 158 f.

[178] ADAP, Serie D, Bd. I, Dok. 13, S. 26.

[179] Ebd., S. 27.

gewesen, denn er kalkulierte gleichzeitig mit einem Geburtenüberschuß von fünfhunderttausend Menschen pro Jahr.[180]

Hitler wies darauf hin, daß wirtschaftliche Autarkie in Mitteleuropa schwer zu erreichen sei und kam damit auf ein altes Motiv zurück, das nebenbei weiteren Aufschluß über den zeitlichen Horizont seiner Pläne gibt. Schon im Mai 1930 hatte er gegenüber Otto Strasser zu dessen großer Enttäuschung erläutert, daß es zum Erreichen deutscher Autarkie ebenfalls mindestens einhundert Jahre brauche. Bis dahin müsse sich Deutschland noch an der Weltwirtschaft beteiligen, denn „wir sind angewiesen auf die Einfuhr aller wichtigen Rohstoffe. Wir sind nicht minder angewiesen auf die Ausfuhr unserer Industrieartikel".[181] Diese Äußerung führte wegen des angegebenen langen Zeitraums in der Forschung gelegentlich zu Irritationen, so etwa bei Rainer Zitelmann, der kurzerhand eine eigene Version des Gesprächs zwischen Strasser und Hitler erfindet, um sie in seine Argumentation einzubauen.[182] Solche Schwierigkeiten entfallen, wenn man Hitlers allgemeinen Zeitplan berücksichtigt.

Es war jedoch noch ein ganz anderes Potential in der Hoßbach - Vision versteckt, denn Hitler zeichnete gleich die Umrisse deutschen Einflußgebiets außerhalb des Reichs. Wichtig war ihm zunächst die gemeinsame Grenze mit Ungarn. Als weitere nützliche Folge könne nach dem Abschluß dieser Aktion auch „mit einem neutralen Verhalten Polens in einem deutsch - französischen Konflikt gerechnet werden."[183] Damit war die angepeilte neue Rolle Polens als künftiger Juniorpartner bereits angedeutet, denn man mußte schon von einer deutlichen Umorientierung Polens ausgehen, um auf dessen „Neutralität" (sprich: Wohlwollen) gegenüber Deutschland hoffen zu können.

Einstweilen ließ er mehrmals Respekt und Vorsicht vor Polen durchblicken:

„Unsere Abmachungen mit Polen behielten nur solange Geltung als Deutschlands Stärke unerschüttert sei, bei deutschen Rückschlägen müsse ein Vorgehen Polens gegen Ostpreußen, vielleicht auch gegen Pommern und Schlesien in Rechnung gestellt werden."[184]

Solche Sorgen sollten also nach dem Anschluß Österreichs und der „Tschechei" der Vergangenheit angehören. Eine Analyse, die zweifellos Hitlers Ver-

---

[180] Ebd., S. 26.

[181] Zit. n. *Strasser*, Mein Kampf. Eine politische Autobiographie, Frankfurt 1969, S. 64 f.

[182] *Zitelmann*, Hitler, S. 293.

[183] ADAP, Serie D, Bd. I, Dok., S. 30.

[184] Ebd., S. 30.

VII. Vorkriegszeit: „Jeder für sich"

halten gegenüber Polen auch nach München bestimmte, als ihn das Ausbleiben der vorhergesagten polnischen Kooperationsbereitschaft höchst irritierte und letzten Endes von der fortdauernden Gefährlichkeit des Landes überzeugte.

Trotz schwerer Fehler bei der Einschätzung der Stärke Italiens und der Wahrscheinlichkeit eines Kriegs im Mittelmeerraum ist es frappierend, wie sehr Hitler mit diesem Vortrag die Situation erfaßt hat, die nach München führte. „An sich glaube der Führer, daß mit hoher Wahrscheinlichkeit England, voraussichtlich aber auch Frankreich, die Tschechei bereits im Stillen abgeschrieben hätten."[185] Er betonte gegen Ende des Vortrags deshalb auch noch einmal „daß er von der Nichtbeteiligung Englands überzeugt sei und daher an eine kriegerische Aktion Frankreichs gegen Deutschland nicht glaube."[186]

Bei planmäßigem Verlauf wollte Hitler seine Ziele spätestens in den Jahren 1943-45 militärisch durchsetzen. Der Krieg sollte gegen Österreich und die Tschechoslowakei geführt werden, nicht gegen die Westmächte. Damit wäre sein Testament erfüllt worden, „Großdeutschland" etabliert und der weitere Weg zur Vormacht in Europa vorgezeichnet.

Es sind an diesem Dokument zwei weitere Tatsachen bemerkenswert, weil sie eine deutliche Änderung im Vergleich zum „Testament des deutschen Volkes" aus „Mein Kampf" bezeichnen: Es findet sich kein Wort zu einem Angriff auf Rußland, und auch die Auseinandersetzung mit Frankreich soll hier nach Möglichkeit vermieden werden. Tatsächlich setzt das Szenario sogar einen Konflikt zwischen Frankreich und Großbritannien auf der einen und Italien auf der anderen Seite voraus, in dessen Windschatten Deutschland seine Ziele verfolgen kann, *ohne* in ihn einzugreifen. Die Gelegenheit soll aber genutzt werden, andernorts Tatsachen zu schaffen. Nimmt man Hitlers Aussagen an dieser Stelle ernst, läßt sich nur der Schluß ziehen, daß er sich 1937 in der Lage sah, einen großen europäischen Krieg zu seinen Lebzeiten zu vermeiden. (Einen Monat später, am 13. Dezember 1937, billigte Hitler die auf dieser Grundlage formulierte Militärvorlage „Fall Grün,", die allerdings im Fall des Scheiterns dieser Pläne darauf abzielte, zur Not „einen Angriffskrieg gegen die Tschechoslowakei und damit die Lösung des deutschen Raumproblems auch dann zu einem siegreichen Ende zu führen, wenn die eine oder andere Großmacht gegen uns eingreift."[187]

Es werden auch Interpretationen angeboten, die diesen Schluß zu umgehen suchen. Gerade weil in der Hoßbach - Mitschrift der große Krieg nicht erwähnt

---

[185] Ebd., S. 30.

[186] Ebd., S. 32.

[187] Zit. n. *Messerschmidt*, Lagebild, S. 146.

wird, nicht einmal ein aggressives Wort gegen Polen fällt, werden Hitler bei seiner Ansprache taktische Absichten unterstellt. Er habe die Bereitschaft seiner Generäle testen wollen, die skizzierte Politik mitzutragen und aus diesem Grund große Teile seiner Pläne verschwiegen. Tatsächlich äußerte ein Teil der Anwesenden Vorbehalte gegen Hitlers Absichten. Zufall oder nicht, es gaben exakt diese Kritiker in den folgenden Monaten, allerdings aus sehr verschiedenen Gründen (v. Neurath z.B. erreichte lediglich die Altersgrenze, wurde bald während einer Abwesenheit seines Nachfolgers Ribbentrop reaktiviert und brachte es schließlich sinnigerweise noch zum Verwalter des „Reichsprotektorats Böhmen und Mähren", dessen Errichtung sich seit diesem Tag abzuzeichnen begann) ihre Ämter ab. Auch wird gemutmaßt, Hitler habe mit der Ansprache nur den zweiten Teil der Besprechung vorbereiten wollen, der sich mit der Rohstoffsituation und dem Rüstungsprogramm beschäftigte.

Uns scheinen diese Deutungen zu sehr von den späteren Ereignissen beeinflußt zu sein. Hitlers Ausführungen an diesem Tag waren zu komplett, um lediglich als Aufhänger einer Manipulation der Wehrmachtsführung zu dienen. Tatsächlich sind hier alle wesentlichen Motive enthalten, die seine politischen Großtheorien bisher begleitet hatten. Das Stichwort „Lebensraum" taucht ebenso auf, wie die Erschöpfung der Böden, der Druck durch das Wachstum der Bevölkerung und Notwendigkeit autarken Wirtschaftens. Das alles eingebettet in strategische Überlegungen zur ablenkenden Wirkung Italiens auf Frankreich, die so schon in „Mein Kampf" standen. Neben diesen Überlegungen bliebe auch die Merkwürdigkeit, warum ein Mann, der weitgehende Expansionspläne in Millionenauflage verbreiten ließ, ihre Einzelheiten ausgerechnet gegenüber der innersten militärischen Führung verschwiegen haben sollte. Es spricht daher wenig dagegen, Hitler beim Wort zu nehmen und in dieser Rede die aktualisierte Version seiner Expansionspläne zu sehen. Und diese Pläne waren auch in der neuen Fassung wahrlich umfangreich genug, um den Abschluß eines Lebenswerks zu markieren.

Er glaubte an die Existenz eines „Fensters der Gelegenheiten", eines „schmalen Korridors" wie er es selbst nannte, zwischen 1937 und den frühen vierziger Jahren, der sich durch die deutsche Aufrüstung und die Ablenkung Frankreichs und Englands im Mittelmeerraum und Ostasien geöffnet hatte. Diese Gelegenheit wollte er nutzen, um in dieser Zeit in Zentraleuropa eine Stellung zu erreichen, die Deutschland für spätere Auseinandersetzungen, gleich gegen wen, stark genug machte. Das waren Hitlers *politische* Ziele, die von seinen Rassetheorien überlagert wurden, aber doch deutlich von ihnen zu trennen sind.

Als alle diese politischen Ziele erreicht waren, glaubte er Deutschland die Ruhe verschafft zu haben, um den rassistischen Umbau der Gesellschaft ungestört vorantreiben zu können. Dieses Motiv, das Wesentliche sei geschafft und der Rest eine Frage der Zeit, zieht sich durch eine Vielzahl seiner Äußerungen im Januar 1939, den er unter dem Eindruck der neu eingeweihten Reichskanzlei mit einer Ansprache vor Offiziersanwärtern am 25. des Monats beendete. In einer für seine damalige Stimmung typischen Rede voller Rückblicke auf die Geschichte der NSDAP, der Germanenzeit „Deutschlands" und der Weimarer Republik sprach er von der kommenden Auslese einer neuen Führungsschicht, die den NS-Staat tragen werde:

„Diese Führung wird im Laufe nicht von zehn oder zwanzig Jahren, aber von hundert Jahren natürlich eine neue gesellschaftliche Elite darstellen....

Und wenn dieser Aufbau - sagen wir in 100 Jahren - endgültig in sich gefestigt sein wird und eine neue tragende Gesellschaftsschicht abgegeben haben wird, dann wird das Volk, das als erstes diesen Weg beschritt, die Anwartschaft besitzen auf die Herrschaft Europas - das ist meine festeste Überzeugung."[188]

5. Die Wirtschaftskrise als kriegerischer Akt

a) Militarisierung der Gesellschaft und Isolationismus:
Zwei Antworten der USA auf die Wirtschaftskrise

„Aggression in the American Charakter is seen as response rather than as primary behavior. The chip on the shoulder .... is the folk expression of this set of attitudes. In many parts of America small boys deliberately put chips on their shoulders and walk about daring anyone to knock the chips of."

„With Pearl Harbour, Japan came along and pushed the chip off our shoulder and left us free to fight."

Margret Mead[189]

In gewisser Weise wurde kein Land von der Weltwirtschaftskrise mehr erschüttert als die Vereinigten Staaten. Was in Europa nach den Schrecken des Krieges, der Hyperinflation und den politischen Unsicherheiten der frühen zwanziger Jahre nur das Ende einer kurzen Ruheperiode bedeutete, war für die USA eine völlig unerwartete substantielle Herausforderung an ein Gesellschaftssystem, dem seit Jahrzehnten der Erfolg nachzulaufen schien. Gerade während des Weltkriegs hatte die amerikanische Erfolgsgeschichte dann den

---

[188] *Jacobsen*, Außenpolitik, S. 108.

[189] *Mead*, And Keep Your Powder Dry, S. 139 und S. 150-151, zit. n. *Sherry*, Shadow, S. 57.

letzten Schliff bekommen und bei der Beschreibung der folgenden amerikanischen Überlegenheit während der 20er Jahre gingen schon so manchem Autor die Superlative aus.

Damit war es seit 1929 vorbei. Die Große Depression kostete nicht nur Millionen Menschen den Arbeitsplatz, ließ die Produktivität und den Anteil Amerikas am Welthandel im ungeahnte Tiefen stürzen, sondern sie beendete auch nachhaltig den Glauben an die Zukunft des liberalen Wirtschaftssystems als eines Selbstläufers. Es wurden neue Antworten gesucht und in Franklin Delano Roosevelts „New Deal" - Programm auch gefunden. Auch in Amerika zog der Staat künftig einen wachsenden Teil des Sozialprodukts an sich, verteilte um und sorgte für einen gewissen sozialen Ausgleich, ein innenpolitischer Paradigmenwechsel also, dessen Auswirkungen auf die Gesellschaft revolutionäre Ausmaße annahm und der in manchem Detail, so etwa beim Straßenbau, den Infrastrukturprogrammen glich, die das nationalsozialistische Deutschland aus der Weimarer Zeit übernommen hatte und die es nun ohne Rücksicht auf die Kosten in die Tat umsetzte.[190]

Dem stand zunächst kein außenpolitisches Äquivalent gegenüber. Roosevelt kümmerte sich während seiner ersten Präsidentschaft zu sehr um den inneren wirtschaftlichen Umbau, um auch nur in wirtschaftlicher Hinsicht ein geschlossenes außenpolitisches Konzept zu entwickeln („first things first", wie er in seiner Rede zur Amtseinführung betonte) und für die amerikanische Öffentlichkeit galt das noch in viel größerem Maß. Gerade jetzt feierte der Isolationismus seine größten Erfolge, schien doch aus der Perspektive von 1934 das Engagement in Europa durchaus einer der Gründe für den wirtschaftlichen Zusammenbruch zu sein. (Ein Standpunkt, den vor allem die Republikanische Partei populär zu machen versuchte und der bis heute eine gewisse Rolle in der amerikanischen Innenpolitik spielt. Mit teilweise überraschenden Einsichten: Die großen Kriege dieses Jahrhunderts seien „demokratische Kriege" gewesen, behauptete der republikanische Präsidentschaftskandidat Dole noch im Wahlkampf 1996.)

1935 veröffentlichte dann ein Sonderausschuß des Senats unter dem Vorsitz von Senator Gerald Nye einen eintausendvierhundert Seiten starken Bericht, der zu dem lapidaren Schluß kam, die Verantwortung für den Kriegseintritt der Vereinigten Staaten liege allein bei der Rüstungsindustrie.[191] Die breite Öffent-

---

[190] Vgl. *Junker*, Weltmarkt, S. 43 f. *Junker* diskutiert ausgiebig das Problem „Reform oder Revolution" und scheint eher letzterem zuzuneigen: „Wenn Revolution eines „Systems" auch heißen soll, daß sich in ihm das Verhältnis von Wirtschaft und Staat in erheblichem Maße geändert hat, dann war der New Deal eine Revolution, ebd., S. 53.

[191] *Kissinger*, Vernunft, S. 401.

lichkeit war bereit, das zu glauben, und der Grundstein für die strikte Neutralitätsgesetzgebung der Jahre 1935-1937, die *erst jetzt* die Vereinigten Staaten aus der Weltpolitik zurückzogen, war gelegt.

Präsident Roosevelt hat die Prämissen dieser Gesetze wohl zu keinem Zeitpunkt geteilt, konnte ihnen aber schlecht entgegentreten, ohne seine Wiederwahl zu gefährden. Immerhin versuchte er ständig, die amerikanische Öffentlichkeit für die Ereignisse im Rest der Welt zu interessieren. Neben den amerikanisch - japanischen Beziehungen, die schon bei seinem Amtsantritt restlos verdorben waren und durch die aggressive Politik Japans gegenüber China, einem Land, das die USA spätestens seit der Jahrhundertwende zu ihrem Interessenbereich zählten, auch nicht gerade besseren, wurde bald die Person Adolf Hitler sein beliebtestes Beispiel.

b) Roosevelt und Hitler 1933-1939

Ohne in die Ansicht zurückzufallen, daß „Männer Geschichte machen", läßt sich doch die Einsicht nicht umgehen, daß die „Chemie" zwischen wichtigen Entscheidungsträgern ein bedeutender Faktor werden kann. Dies gilt besonders, wenn sie so schlecht ist, wie es zwischen Roosevelt und Hitler der Fall war. Obwohl sich die beiden nie persönlich begegnet sind, und die Metapher „Chemie" hier also etwas fehlgeht, bleibt es bemerkenswert, wie früh sich beide als Antagonisten gegenüberstanden, ein Gegensatz, den zuerst vor allem Roosevelt pflegte. Bei FDR zeigte sich bereits am Beginn seiner Amtszeit eine merkwürdige Fixierung auf die Person Hitler, die am Anfang allerdings nicht unbedingt negativ besetzt zu sein schien. Im Gegenteil fallen im Frühjahr 1933 die positiven Äußerungen über den neuen deutschen Reichskanzler auf. In einem Gespräch mit dem Reichsbankpräsidenten Hjalmar Schacht verglich er sich sogar mit ihm. Gerade wenn es auf die schnelle Realisierung von Regierungsmaßnahmen ankomme, so betonte Roosevelt, gebe es nicht überall so „handlungsfähige Faktoren", wie sie „Mussolini, Hitler und Roosevelt darstellen."[192]. Solche Parallelen sah übrigens auch ein Beschluß des 13. Parteitags der KPdSU, der den New Deal als „Übung in faschistischer Ökonomie" bezeichnete.[193]

Bald diente Hitlers Existenz Roosevelt aber zunehmend als Erklärung für amerikanische Schwierigkeiten, ein Phänomen, das sich schon lange vor Kriegsausbruch zu dem mehrfach geäußerten Wunsch weiterentwickelte, Hitler möge ermordet werden. Symptomatisch für die Frühphase dieser Entwicklung

---

[192] ADAP, Serie C, Bd. I, S. 390, zit. n. *Funke*, Hitler, S. 342.

[193] Zit. n. *Hochmann*, Failure, S. 82.

ist sein Versuch, im November 1934 auf einer Pressekonferenz die Gründe für Probleme im amerikanischen Baumwollexport zu erläutern:

> „Hitler trägt heute einen Anzug, der zu neunzig Prozent aus künstlicher Faser und zu zehn Prozent aus Baumwolle besteht. Der Anzug sieht verdammt gut aus, und mit Stolz zeigt er ihn jedem Amerikaner, der vorbeikommt."[194]

Diese persönlichen Animositäten waren seitens Roosevelts in eine militante Rhetorik eingebettet, die er schon zu seiner Amtseinführung mitbrachte, und die einen völlig neuen Ton in die politische Arena der Vereinigten Staaten brachte, einen Ton, in dem gelegentlich sogar (so etwa die Isolationisten um Lindbergh) eine Gefahr für die Stabilität des demokratischen Systems gesehen wurde. Die erste Rede seiner Präsidentschaft am 4. März 1933 bemühte so ausgiebig militärische Metaphern, daß manche amerikanischen Historiker mit diesem Tag wirklich jenen Prozeß der Militarisierung der US-Gesellschaft beginnen sehen, den FDR auch ausdrücklich forderte,[195] (und der aus dem insularen, bis auf seine Seestreitkräfte fast vollständig demilitarisierten Amerika eine waffenstarrende Supermacht werden ließ, die auch nach dem Ende des Kalten Krieges noch mehr für Rüstung ausgibt als die vier nächstgrößten Militärmächte zusammen). Er sprach zwar hauptsächlich zur ökonomischen Krise, seine Lösungsvorschläge erweckten aber eher den Eindruck einer bevorstehenden Invasion. Die Arbeitslosigkeit sei zu bekämpfen:

> „by direct recruiting by the Government itself, treating the task as we would treat the emergency of a war, ... to summon Americans to be a trained an loyal army."[196]

Sollte das nicht ausreichen, verlange er

> „broad executive power to wage a war against the emergency, as great as the power that would be given to me if we were in fact invaded by a foreign foe."[197]

Zwar forderte Roosevelt niemals weitere Machtbefugnisse ein, aber die Drohung blieb im Raum hängen und wurde durch den Eindruck von vier Amtsperioden noch verstärkt. Roosevelts einzigartige Dominanz schien die Machtfülle des amerikanischen Präsidenten über den von der Verfassung vorgesehenen Punkt hinauszutreiben, ein Umstand, der auch in Deutschland bemerkt und wohlwollend kommentiert wurde. „Der völlige Bruch mit der altüberlieferten demokratischen Staatsform" bahne sich an, jubelte der „Völkische Beobachter" zu FDR's erstem Amtsjubiläum und fühlte sich eins mit dem

---

[194] Zit. n. *Junker*, Weltmarkt, S. 151.

[195] Vgl. *Sherry*, Shadow, der dies ausgiebig thematisiert.

[196] Zit. n. *Sherry*, Shadow, S. 15.

[197] Ebd., S. 15.

Zeitgeist. Wenn eine „Volksströmung" Roosevelt zum „Führer" kürte, dann sei dies aus der klaren Erkenntnis geschehen, daß die Welt in einer „tiefgreifenden revolutionären Krise auf politischem, ökonomischem, sozialem und kulturellem Gebiet" sei.[198] Daß sich das Führerprinzip auch im „demokratischsten aller Länder" durchsetze, sei ein Beweis dafür, daß das „parlamentarische System, die Regierung einer Vielheit ohne Kopf" sich überlebt habe.[199]

Auch wenn hier nur zweifellos vorhandene Tendenzen aus Propagandagründen zu einem allgemeinen Trend hochgeschrieben wurden, lag der „Beobachter" doch nicht ganz falsch. Die Militanz Roosevelts und seine gelegentlich schockierende Bedenkenlosigkeit bei der Wahl seiner Mittel, wie sie etwa 1937 in dem Plan zur Manipulation des widerspenstigen Obersten Gerichtshofs und 1938 bei dem Versuch einer regelrechten „Säuberungsaktion" der demokratischen Partei von Gegnern des „New Deal" im Zusammenhang mit den Kongreßwahlen offensichtlich wurde,[200] rief auch in den USA Angst vor möglichen verfassungspolitischen Folgen hervor. Als Hebel für weitere Veränderungen könne Roosevelt dabei der näher rückende Krieg dienen, auf den er trotz aller Dementis offensichtlich zusteuerte. Die von Charles Lindbergh geleitete isolationistische Bewegung nannte denn unter den vier wichtigsten Gründen gegen den Kriegseintritt der Vereinigten Staaten auch die Gefahr für die amerikanische Demokratie.

Krieg wurde und blieb während der folgenden Jahre Roosevelts bevorzugte Metapher zur Beschreibung der amerikanischen Situation. Er schloß sich damit einem Trend an, der Anfang der dreißiger Jahre in den USA um sich zu greifen begann und die stillschweigende Ansicht repräsentierte, daß die Große Depression für die USA tatsächlich eine kriegsähnliche Herausforderung bedeuteten und mit entsprechenden Mittel zu bekämpfen war. Andere Länder machten es ja vor. So genoß der italienische Faschismus wegen seiner wirtschaftlichen Erfolge zu dieser Zeit noch großes Ansehen in den Staaten.

Bemerkenswert, weil einen Ausblick auf Zukünftiges liefernd, ist an dieser Rede der Hinweis auf die drohende Invasion der USA. Kaum etwas konnte das Lebensgefühl des insularen Amerika mehr trüben als die Aussicht auf Militär vor der eigenen Haustür. Das galt schon für die amerikanischen Streitkräfte selbst, deren bis dahin spärliche Erweiterungspläne immer mit dem Vorwurf verzögert wurden, sie würden Amerika in einen „Garrison-State" verwandeln. Um so mehr Aufregung verursachte die Aussicht auf eine Invasion, und Roo-

---

[198] Völkischer Beobachter vom 23. März 1934, zit. n. *Funke*, Hitler, S. 345.

[199] Völkischer Beobachter vom 11. Mai 1933.

[200] *Junker*, Roosevelt, S. 94.

sevelt war sich offenbar schon 1933 darüber im klaren, wie sehr sich diese Aussicht zur Mobilisierung und Einigung der amerikanischen Gesellschaft eignete. Es dürfte nicht zuletzt dieser Erfolg gewesen sein, der ihn schon wenige Jahre später fast pausenlos auf der Schimäre dieser Invasionsdrohung herumreiten ließ, um Amerikas Eingreifen in Übersee zu rechtfertigen[201]. Einstweilen mußte er sich jedoch in dunklen Andeutungen über die Gefährdungen Amerikas und die Störenfriede der internationalen Ordnung ergehen, wie in der Quarantänerede von 1937 sichtbar wurde. Erst im Januar 1939 riskierte er eine halbwegs öffentliche Definition amerikanischer Interessen in Europa.

Zu diesem Zeitpunkt hatte der Kontinent nach den aufregenden Jahren des beginnenden spanischen Bürgerkriegs, des italienisch - abessinischen Kriegs und der deutschen Wiederbewaffnung schon das besonders nervenaufreibende Jahr 1938 hinter sich, als sich die Neudefinition von Machtpolitik in ersten Grenzbewegungen äußerte. Die europäische Politik hatte nach dem Verlust der wirtschaftlichen Stabilität auch die geringen Sicherheiten von Versailles und Locarno über Bord geworfen und befand sich vollständig in Fluß. Dieses Jahr ist eine genauere Betrachtung wert.

VIII. Bewegung

1. Die Neudefinition der Machtpolitik zeigt Wirkung : Der Weg zu „Anschluß" und Sudetenkrise

a) November 1937: Die USA optieren gegen Großbritanniens Versuche, einen Viererpakt zustande zu bringen, sie stärken Polen als autonomen Faktor in der Europapolitik

Die seit dem 28. Mai 1937 amtierende britische Regierung Chamberlain, für deren Außenpolitik wiederum Anthony Eden verantwortlich war, machte einen neuen Anlauf zur endgültigen Befriedung Europas und griff zu diesem Zweck auf den schon bekannten Plan eines Viererdirektoriums über den Kontinent zurück, das neben England aus Frankreich, Italien und Deutschland bestehen sollte. Bis Oktober entwickelte Chamberlain aus diesem Ansatz einen konkreten Friedensplan, dem sich die französische Regierung anschloß und dessen Vorteile für Deutschland Lord Halifax als britischer Sonderbevollmächtigter am 19. November in Berchtesgaden Hitler erläuterte.[202] Der genaue Verlauf der

---

[201] Wie sehr das Publikum zuletzt geneigt war, an die „Invasion" zu glauben, zeigte dann 1937 Orson Welles Invasionssatire vom Angriff der Marsmenschen, der von einem Großteil der Hörer ohne weiteres als authentischer Live-Bericht aufgefaßt wurde.

[202] *Roos*, Polen, S. 290.

Besprechung und die von Halifax genannten Bedingungen für das britische Entgegenkommen sind nicht unumstritten, liefen aber offenbar im wesentlichen darauf hinaus, daß England den deutschen Ansprüchen in Österreich, der Tschechoslowakei, Danzig und der Frage der Kolonien entgegenkommen wollte, wenn diese Probleme in Absprache mit London und den anderen Mächten gelöst würden. Ähnliches durfte Italien erwarten, dessen äthiopische Eroberungen von Großbritannien gegen den heftigen Widerstand der USA diplomatisch anerkannt werden sollten (und ein Jahr später nach dem Münchener Abkommen auch anerkannt wurden).

Da Chamberlains Plan dem langjährigen Axiom der britischen Politik entsprach, amerikanischen und russischen Einfluß in Europa möglichst auszuschließen, betrachtete man dieses Angebot in Washington recht argwöhnisch. Weitere Zugeständnisse an Deutschland und Italien mußten die Aufteilung Europas und des Mittelmeerraums in wirtschaftliche und militärische Einflußzonen beschleunigen, aus denen die USA ausgeschlossen worden wären. Just zu dieser Zeit hielt Präsident Roosevelt daher die Chikagoer Quarantäne - Rede, die den Absichten Großbritanniens diametral entgegenlief. Ohne Italien, Japan oder Deutschland beim Namen zu nennen, bezeichnete er zehn Prozent der Weltbevölkerung als Krankheitsherde der Menschheit, denen gegenüber kein Entgegenkommen, sondern eben - Quarantäne angebracht sei. Dennoch blieb kaum ein Zweifel, wer hier gemeint war und es war 1937 keine Selbstverständlichkeit, wenn hier die drei Staaten, die später Kriegsgegner der USA wurden, gemeinsam auf der Anklagebank saßen. Im Oktober 1937 verband die drei weder ein Militärabkommen, noch ein gemeinsames Wirtschafts- und Außenhandelssystem, noch eine politische Ideologie. Tatsächlich war diese Staatenkonstellation so heterogen, daß es selbst später unter dem Druck des Weltkriegs nicht zu einer wirklichen Zusammenarbeit kommen sollte. Was die drei Staaten allerdings verband, war 1937 ein Element: Großbritanniens Bereitschaft, ihren in Inhalt, Umfang und Motiv völlig unterschiedlichen Expansionskurs zu tolerieren. Roosevelt setzte vor der Weltöffentlichkeit ein deutliches Signal, daß er die Dinge anders sah.

Die Schwachstelle des geplanten Viererdirektoriums saß zweifellos in Paris, wo sich die französische Regierung eindeutig im Schlepptau der britischen Politik zu der Teilnahme an einem Projekt entschlossen hatte, das dem bilateral verbündeten Polen keinesfalls schmackhaft zu machen war. Roosevelt schickte daher seinerseits seinen Pariser Botschafter William C. Bullitt, den er bereits mit Weisungsbefugnis gegenüber allen diplomatischen Stellen der USA in Europa ausgestattet hatte,[203] auf eine tour d'horizon durch Mittel- und Osteuropa, um die Lage zu erkunden und die Ablehnung der USA gegenüber dem Projekt

---

[203] *Roos*, Polen, S. 277.

der Westmächte zu signalisieren. Im Zentrum seiner Bemühungen stand Polen, wo die US-Politik nach der Ablösung des pessimistischen Botschafters John Cudahy im vergangenen Sommer neuen Schwung bekommen hatte. Er sei „anxious to get out of Poland as he has had enough of the physical disorder of Eastern Europe" ließ Cudahy seinen Botschafterkollegen Bullitt (damals noch in Moskau) schon im April 1935 wissen.[204] Trotzdem dauerte es noch zwei Jahre, bis Cudahy nach Dublin abgeschoben werden konnte und nicht zuletzt auf Bullitts Vorschlag durch Anthony Drexel Biddle ersetzt wurde. Der neue Mann in Warschau „should also be very much of a gentleman and acutely intelligent" hatte Bullitt an Roosevelt geschrieben und Biddle erfüllte diese Vorgaben aus polnischer Sicht so herausragend,[205] daß sein Amtsantritt als Beginn einer neuen Ära aufgenommen wurde.

Eine Wertschätzung, die auf Gegenseitigkeit beruhte, da sich der diplomatische Quereinsteiger Biddle (der sich seine politischen Meriten in Roosevelts Wahlkampf verdient hatte und an Botschaftererfahrung nur die zwei Jahre vorweisen konnte, die er in Norwegen auf Cudahys Ablösung gewartet hatte) mit Feuereifer auf seine Aufgabe stürzte. Er gewann schnell das persönliche Vertrauen der polnischen Führung, vor allem von Außenminister Beck und Präsident Oberst Moscicki, und seine umfassenden Berichte aus Warschau wurden in den nächsten zwei Jahren eine wesentliche Informationsquelle für Roosevelt in allen europäischen Angelegenheiten.

Man verfolge die Bemühungen des Präsidenten um Weltfrieden in Warschau mit „utmost interest", ließ Biddle zunächst im Juli 1937 wissen.[206] Das war noch untertrieben, denn tatsächlich sah die polnische Führung in der Präsenz der USA nicht weniger als die mögliche Rettung aus allen außenpolitischen Schwierigkeiten. Eine Führungsrolle der USA in Europa würde Polen endlich von dem Alpdruck befreien, im Fall einer Revision der Versailler Regelungen zur Verhandlungsmasse der europäischen Mächte zugeschlagen zu werden. Man bemühte sich daher nach Kräften, die Vereinigten Staaten nach Europa hineinzuziehen:

„Poland ..... is looking to the United States for leadership in Europe as well as throughout the world",[207] erklärte der polnische Botschafter Jerzy Potocki in

---

[204] *Cannistraro*, Poland, S. 7.

[205] Ebd., S. 7.

[206] *Biddle* to *Roosevelt*, 26.7.37, FDRL-PSF, 37, Poland.

[207] Foreign Relations of the United States, 1937, Washington 1954, *Hull* – Memorandum 2:552.

Washington im Juni 1937 und zeigte sich zuversichtlich, daß „such leadership with a programm will be forthcoming when the time is ripe."

Nun wurde Warschau vom 14.-17. November also mit dem Besuch des wichtigsten amerikanischen Diplomaten in Europa geehrt. Bullitt teilte dabei bereits vor Halifax' Reise nach Deutschland im gleichen Monat Informationen über deren Hintergrund mit, die in Warschau höchst alarmierend wirken mußten. So sagte er Außenminister Beck ganz pauschal, England fühle sich zu schwach, um seine Interessen im Mittelmeerraum allein zu vertreten und strebe zu seiner Entlastung ein Viererdirektorium an. Für Bullitt, der nach seiner Zeit als Botschafter in Moskau die Dinge immer auch aus sowjetischer Perspektive betrachtete, hatte dieses Abkommen eine eindeutig antisowjetische Tendenz.[208] Die amerikanische Diplomatie, ließ er Beck wissen, sei kategorisch gegen dieses Projekt eingestellt, dessen Verwirklichung so ziemlich alle Alpträume Polens von einer Ausgrenzung aus dem Konzert der Mächte hätte wahr werden lassen. Als Antwort schlug Bullitt eine polnisch - amerikanische Zusammenarbeit vor. Neben dem Angebot, auch künftig genaue Informationen über den Fortgang der Viererpaktverhandlungen zu liefern, offerierte er eine amerikanische Anleihe von 50 Millionen Dollar, die auch Roosevelt gegenüber dem polnischen Botschafter in Washington bereits versprochen hatte.[209] Schließlich hätten insbesondere die USA und Polen ein Interesse an der Aufrechterhaltung des status quo in Europa, wie er Graf Szembek gegenüber versicherte.[210]

Am 30. November unterrichtete US-Botschafter Biddle Oberst Beck über Einzelheiten des Halifax - Besuchs in Berchtesgaden und verwies auf den bevorstehenden Besuch des französischen Außenministers Delbos in Warschau, der doch Gelegenheit für Klarstellungen biete.[211] Delbos wurde denn auch schlechte Aufnahme zuteil, als er am 3. Dezember, nach Gesprächen mit der deutschen Führung in Berlin, in Warschau eintraf, sich tatsächlich negativ zur sowjetischen Politik äußerte und Beck gegenüber die Idee des Viererpakts erläuterte. Beck kündigte schlicht den polnischen Austritt aus dem Völkerbund an, sollten die Westmächte an dieser Idee festhalten,[212] und ließ am 15. Dezember demonstrativ ein Handelsabkommen mit der UdSSR schließen, um die gutnachbarschaftlichen Beziehungen zu betonen. Indessen waren die innenpolitischen Verhältnisse Frankreichs nicht stabil genug, um die außenpolitische

---

[208] *Szembek*, Journal, S. 251, zit. n. *Roos*, Polen, S. 290.

[209] *Szembek*, Journal, S. 254.

[210] Ebd., S. 252.

[211] *Roos*, Polen, S. 291.

[212] *Szembek*, Journal, S. 258.

Kontinuität zu gewährleisten, die für ein Viererdirektorium erforderlich gewesen wäre. Schon April 1938 wurde die Volksfrontregierung von einer Bürgerlichen unter Daladier abgelöst. Außerdem bestanden zwischen den Westmächten erhebliche Meinungsunterschiede über den anzustrebenden neuen Status quo. In Frankreich dachte man eher an eine Rückgabe der deutschen Kolonien, als an substantielle Änderungen europäischer Grenzen.[213] Da andererseits Hitler in der Rückgabe von Kolonien allenfalls eine Zugabe zu seinen (eben gerade in der Hoßbach - Besprechung erklärten) Zielen in Kontinentaleuropa sah, die er keinesfalls vor irgendeinem Gremium zu rechtfertigen gedachte, verlief die Idee eines formalen Viererdirektoriums während der Jahreswende 1937/38 im Sand. Was blieb, war das besondere Vertrauensverhältnis der polnischen Führung zur amerikanischen Politik und ihrem Repräsentanten in Warschau. Auf diese Weise gestärkt, versuchte die polnische Politik in den westlichen Hauptstädten genauer über die bevorstehenden Entwicklungen zu erfahren.

b) Polnische Aktionen bis zum Sommer 1938: Sondierungsgespräche in London und Berlin, das Ultimatum an Litauen und Interessenbekundungen an der Slowakei

Es zeichneten sich also bereits allerhand Veränderungen der Landkarte Europas ab, als Polens Außenminister Beck zum Jahreswechsel 1937/38 in England vorfühlte, ob die Briten wohl Österreich und die Tschechoslowakei überhaupt gegen einen deutschen Zugriff verteidigen würden. Am 23. Januar trafen er und der Londoner Botschafter Polens, Raczynski zu diesem Zweck mit Winston Churchill zusammen, den sie auch ohne Regierungsamt wohl nicht zu unrecht zu den besser Informierten in London zählten. Churchill machte allerdings seinen Abstand zur Regierungspolitik ziemlich deutlich. Er gab Chamberlains Versuch, ein neues Gleichgewicht zu etablieren, schon jetzt keine Chance mehr und nutzte die Gelegenheit für eine emphatische Erklärung zur politischen Situation in Europa, die Polen ganz offenbar auf die Seite der Westmächte ziehen sollte. Er sprach viel vom bevorstehenden Zusammenstoß zwischen Demokratie und Faschismus und von der Zeit, die für die momentan schwachen Demokratien arbeiten würde.

Beck, der sich ohne sein Zutun nun quasi zum „Demokraten ehrenhalber" ernannt sah, stimmte dieser Beurteilung zunächst einmal vage zu, wie er es gegenüber seinen Verhandlungspartnern meistens tat. Er sagte aber nichts kon-

---

[213] *Bloch*, Das Dritte Reich, S. 218/219.

kretes und erhielt seinerseits auch nur Andeutungen zu dem eigentlichen Punkt seines Interesses, der britischen Haltung in Mitteleuropa.[214]

Churchill mußte Becks Zurückhaltung gespürt haben, denn er nahm nur vier Tage später einen neuen Anlauf, als er Raczynski allein traf. Er fragte den Botschafter nach dessen Aufzeichnung mehrmals in pathetischem Tonfall, ob Polen am „Tag der Entscheidung" (at the crucial moment) auf der Seite der Demokratien stehen werde.[215] Dazu konnte Raczynski nichts sagen, bekam aber nun in aller Deutlichkeit zu hören, daß die Briten für Österreich keinen Finger krumm machen würden, und auch ein eventueller Krieg um die Tschechoslowakei allein von den Franzosen getragen werden müßte. Ähnlich äußerte sich Eden, den Beck mittlerweile in Genf aufgesucht hatte. Es werde jetzt von Seiten Großbritanniens nicht eingegriffen werden, aber der Konflikt sei im Kommen. Im übrigen erging er sich in dunklen Andeutungen über die entscheidende Rolle der USA in dieser Angelegenheit. Die anglo - amerikanischen Beziehungen seien besser als allgemein angenommen.

Da zu dieser Zeit durch eine, möglicherweise gezielte Indiskretion aus der britischen Botschaft in Warschau Teile der britischen Vorschläge an die Öffentlichkeit (die Polish News Agency; PAT) gelangten, die Halifax am 19. November Hitler überbracht hatte, konnte in Polen ebensowenig wie in Berlin ein Zweifel an der aktuellen britischen Interessenlage in Mitteleuropa bestehen. Es wurde von polnischer Seite allerdings vermerkt, daß nach dem PAT - Bericht von Deutschland in den nächsten 18 Monaten „anständiges" (decently) Verhalten gefordert wurde. Lipski vermutete in der Übermittlung dieser Bedingung, die nirgendwo sonst auftaucht, den Hauptzweck des PAT - Berichts.[216] Einstweilen hatten die Briten mit ihren Erklärungen jedoch nur erreicht, daß auch in Warschau alte Pläne für die Umgestaltung Ostmitteleuropas aus der Schublade geholt wurden:

„Im Januar (1938 d. Verf.) sagte ich zu Beck in Berlin, daß der Anschluß in der Luft liege und drückte dabei die Ansicht aus, daß dieser im litauischen Bereich kompensiert werden müsse, da ich der Meinung war, daß wir auf diese Weise Ostpreußen umzingeln könnten."[217]

So erläuterte Botschafter Lipski im März 1941 vor einer polnischen Untersuchungskommission die Situation. Und wenn im nachhinein auch von Kompensation (Litauen für Österreich ?!) die Rede war, forderte er damit nur, was

---

[214] *Cienciala*, Poland, S. 40/41.

[215] Ebd., S. 41.

[216] *Cienciala*, Poland, S. 43.

[217] Zit. n. *Pagel*, Polen, S. 34.

im März 1937 eine Denkschrift des Außenministeriums auch ohne dieses Mäntelchen vorgeschlagen hatte: „ein Ultimatum, ... das für den Fall des Nichtbefolgens mit Krieg droht."[218] Litauen mußte gezwungen werden, seine nach offizieller Sprachregelung „von Polen verwalteten" Gebiete einschließlich der Hauptstadt Wilna endgültig abzutreten. (Das gelang nur eine Woche nach dem Anschluß Österreichs und auch Litauen nutzte der Appell an die Westmächte nichts. Es waren eben schlechte Zeiten für kleine Länder.) Aber Litauen blieb nicht das einzige Ziel. Im Frühjahr 1938 wurde in Warschau auch über die günstigste Aufteilung der Tschechoslowakei diskutiert. Zur Debatte stand vor allem das Schicksal der Slowakei, die man entweder Ungarn zuordnen wollte oder gegebenenfalls in einer Föderation mit tschechischen Gebieten unter polnische Verwaltung zu stellen gedachte.[219] Der erste Vorschlag war bereits Ende 1936 diskutiert worden, wie der Unterstaatssekretär im polnischen Außenministerium Szembek in seinem „Journal" vermerkte.[220] 1938 neigte man eher anderen Lösungen zu:

„Die Konzeption einer Anlehnung der Slowakei an Polen hatte im Zeitraum Juli-Oktober 1938 echte Chancen. Sie war von unserer Gesandtschaft in Prag vorbereitet, weit fortgeschritten und fand beim Außenminister volles Verständnis."[221]

So sagte es zwei Jahre später der damalige polnische Botschafter in Prag, der im Rückblick keine wirkliche Erklärung für das Scheitern dieser Pläne hatte und die Gründe „außerhalb des Außenministeriums und im weitesten Sinne in der Schwäche und der militärischen Nichtvorbereitung Polens" vermutete[222] - womit er nicht ganz falsch lag, denn die nächsten Monate zeigten Polens strukturelle Mängel als Großmacht, vor allem seine Isolation, die man wohl nur in Warschau selbst als Form der Souveränität mißverstand, ganz deutlich. Immerhin tat Beck aber den ersten Schritt zur Verwirklichung solcher Pläne, für die man neben dem ungarischen Einverständnis natürlich die Rückendeckung der wichtigsten Macht in diesem Raum benötigte. Beck besprach sich im Februar (23.2.38) mit Göring und meldete fürs erste das polnische Interesse am Olsa - Gebiet an. Vor allem aber wollte er vor einem deutschen Vorgehen gegen die Tschechoslowakei konsultiert werden. Damit hatte er den Fuß in der Tür, das weitere würde man sehen.

---

[218] Ebd., S. 34.

[219] *Stanislawska*, Wielka Mala, S. 86 und *Cienciala*, Poland, S. 56.

[220] *Szembek*, Journal, S. 220.

[221] Zit. n. *Pagel*, Polen, S.114.

[222] Ebd., S. 114.

VIII. Bewegung

Kurze Zeit nach diesem Gespräch erhielten die polnischen Hoffnungen während des ungarischen Staatsbesuchs in Warschau einen gewaltigen Dämpfer. Admiral Horthy, begleitet von seinem damaligen Außenminister Kalman Kanya und dessen künftiger Nachfolger Graf Istvan Csaky wollte von solchen wilden Aufteilungsplänen, die allemal eine antideutsche Spitze enthielten, nichts wissen. Horthy ging sogar darüber hinaus und empfahl Beck unverblümt, er solle sich an Deutschland halten und zu diesem Zweck Danzig und den Korridor an das Reich abtreten.[223]

In Warschau sah man sich keineswegs in der Lage, diesen Empfehlungen nachkommen zu müssen. Ganz im Gegenteil. Da offensichtlich eine Neugliederung Mitteleuropas bevorstand, auf deren Umfang und Modalitäten Großbritannien entscheidend Einfluß nehmen wollte, würde sie fast mit Sicherheit in nächster Zeit stattfinden und Polen Gelegenheit geben, als Preis für seine Unterstützung (oder wenigstens sein Wohlverhalten) eigene Ziele zu erreichen. Berlin war zweifellos eine wichtige Adresse für entsprechende Absprachen, aber nicht als Seniorpartner, wie es die Ungarn sahen. Immerhin konnte die Idee einer polnischen Expansion in die Slowakei nach dem Horthy-Besuch nicht offen weiter verfolgt werden. Man mußte die Reihenfolge einhalten und zunächst den Bären erlegen, d.h. die Tschechoslowakei zerteilen. So kam Polen im Vorfeld der Münchener Krise auf eines der älteren Traumziele der polnischen Außenpolitik zurück, schlug am 24. August die Angliederung der ganzen Slowakei an Ungarn (bei Gewährung von Autonomie) vor und rief damit de facto zur sofortigen Zerschlagung der Tschechoslowakei auf. Dieser Vorschlag, der das Viermächtediktat von München ohne Hinzuziehung Polens unmöglich gemacht hätte, wurde von Botschafter Lipski gegenüber Hermann Göring zur Sprache gebracht.

> „I observed, that the evolution of the Slovak nation had progressed rapidly, especially in the last years, and I said that it is imperative that Slovakia be granted autonomy from either one side or the other - from the Czechs or the Hungarians."[224]

Da konnte Göring voll und ganz zustimmen, um so mehr, als Lipski bestritt, daß Polen eigene polnische Ziele in der Slowakei habe.[225] So fuhr Lipski mit dem Eindruck nach Hause, es sei die Zeit für eine grundsätzliche Bereinigung des deutsch - polnischen Verhältnisses gekommen:

---

[223] *Cienciala*, Poland, S. 61.

[224] *Lipski*, Diplomat, S. 385.

[225] Ebd., S. 385.

„This was the moment to impress on Germany the necessity of accepting our demands."[226] In Warschau angekommen, biß er bei Außenminister Beck allerdings auf Granit. Bei Gesprächen Anfang September erhielt Lipski nicht nur keine Zustimmung zu weitergehenden Gesprächen mit Berlin, sondern es stand auch die Erklärung zur polnischen Position in der Slowakei wieder in Frage, die Lipski allerdings auch eigenmächtig abgegeben hatte:

„I also did not feel that Beck definitely wished to present our demands to Germany in order to stabilize our relations. Obviously, he did not want to bind himself by new agreements with regard to Czechoslovakia."[227] Beck wollte sich also in keiner Hinsicht festlegen, weder gegenüber Deutschland noch in Bezug auf die Slowakei. Lipski gegenüber äußerte er allerdings Interesse am Donau - Becken, noch mehr als am Teschener Gebiet. Es bleibt der Eindruck, daß er auf weitere europäische Verwicklungen hoffte, in deren Windschatten Polen auch zu weiteren Gebietsgewinnen kommen könnte, ohne sich irgendeiner Seite zu verpflichten.

Das hatte Staatssekretär Ernst v. Weizsäcker schon am 30. August erkannt, auch ohne genauere Informationen über Görings vom Auswärtigen Amt mißtrauisch beäugte Nebenaußenpolitik gegenüber Polen zu haben:

„Polen liegt auf der Lauer und wird sich alle Wege offen halten. Polen sucht zur Zeit mit Deutschland offiziell keine Fühlung. Über kürzliche Gespräche des polnischen Botschafters und eines Sendboten des Ministers Beck bei G. F. Göring liegt hier noch keine Nachricht vor. Sicher ist nur, daß Polen im Kriegsfall russische Truppen nicht in seinem Lande dulden will."[228]

In Berlin wurde der polnische Vorschlag also bezeichnenderweise mit Zurückhaltung aufgenommen. Man hatte grundsätzlich kein Interesse daran, Ungarn die Slowakei auf dem Silbertablett zu servieren, Polen durch Übernahme seines Vorschlags eine zentrale Rolle in dem Konflikt einzuräumen und wegen der offenen Verletzung des Prinzips der ethnischen Grenzziehung seine westlichen Verhandlungspartner unter den Druck der Öffentlichkeit zu setzen. Als kleiner, aber selbständiger Staat war die Slowakei für das Reich am nützlichsten. Die polnische Initiative macht aber die Hartnäckigkeit des polnischen Revisionismus und die in den dreißiger Jahren angewandte Taktik deutlich. Polen war entschlossen, die Versailler Regelungen zu eigenem Vorteil zu untergraben, wozu in polnischer Sicht auch umfangreiche Grenzkorrekturen gehörten, nicht unbedingt mit großem eigenem territorialem Gewinn, aber jeden-

---

[226] Ebd., S. 387.

[227] Ebd., S. 389.

[228] *Weizsäcker*-Papiere, S. 140.

falls unter symbolischer Mitwirkung Polens, das sich auf diese Weise als regionale Macht etablieren konnte (ein Verhalten, das der italienischen Taktik nicht ganz unähnlich war, bei jedem wichtigen Abkommen auf jeden Fall Signatarmacht zu sein). Man bemühte sich daher sehr, immer „dabei" zu sein und begleitete die deutschen Aktionen des Jahres 1938 stets mit eigenen Aktivitäten, wie beispielsweise das Ultimatum an Litauen während des „Anschlusses" Österreichs zeigt. Als willkommener Nebeneffekt wurde so auch das Prinzip der ethnischen Grenzziehung diskreditiert, das außer von der CSR und dem serbisch dominierten Vielvölkerstaat Jugoslawien von keinem Staat in Osteuropa mehr als von Polen verletzt wurde.

Die polnischen Vorstellungen vom August liefen offensichtlich darauf hinaus, daß sich Deutschland die Forderung nach völliger Aufteilung der CSR zu eigen machen sollte. Die scheinbare Rettung des Prinzips der ethnischen Grenzziehung in München hätte unter diesen Bedingungen nicht gelingen können. Ein „München" unter solchen Vorzeichen, vielleicht mit Einbeziehung Polens, wäre gegen die öffentliche Meinung in England und Frankreich kaum durchsetzbar gewesen, selbst wenn Chamberlain und Daladier zu einem solchen Schritt bereit gewesen wären, der doch zu einer ehrlichen Offenlegung des wahren Charakters des Abkommens geführt und die Frage nach einer generellen Regelung der Grenzziehungen in Ostmitteleuropa unmittelbar nach sich gezogen hätte. Bei solchen Aussichten hätten sich die Westmächte entscheiden können, nun jede Grenzrevision in der Tschechoslowakei abzulehnen und Deutschland lief Gefahr, für diesen Fall mit leeren Händen dazustehen oder auf eigene Faust (und unter der Gefahr eines großen Krieges mit ungewissen Konstellationen) die Grenzrevision durchzusetzen.

Polen kam bald nach dem Münchener Abkommen auf seinen Vorschlag einer gemeinsamen Grenze mit Ungarn zurück. Das lief weiterhin darauf hinaus, daß die Anrainerstaaten ein weiteres Stück der Tschechoslowakei unter sich aufteilten, diesmal allerdings nicht die Slowakei, sondern nur die Karpato - Ukraine. Polen war nicht an dem Erwerb interessiert, wollte aber Ungarn dieses Gebiet zuteilen, eine Haltung, die von Hitler unterstützt wurde. Die ungarische Regierung ihrerseits zögerte mit diesem Schritt bis zum März 1939, vor allem um sich gegenüber Deutschland nicht zu sehr zu verpflichten, aber auch, weil man selbst vor der militärischen Kraft der Rest - Tschechoslowakei noch gehörigen Respekt hatte.

2. Zwischenbetrachtung vor München
Von den Schwierigkeiten des „Widerstandes" in der Massengesellschaft

Das Eingangs skizzierte grobe Drei - Stufen Modell der innenpolitischen Faktoren, die außenpolitische Entscheidungen beeinflussen können, trifft in Deutschland in besonderem Maß zu. Nirgendwo sonst in Europa gab es in den dreißiger Jahren einen vergleichbar tiefen Graben zwischen der politischen Führung einerseits, den Entscheidungseliten im weiteren Sinn und der Öffentlichkeit.

Es ist überspitzt gesagt worden, daß die Weimarer Republik im Kern nichts anderes gewesen sei als die Fortsetzung des Kaiserreichs ohne Kaiser,[229] daß die konservativen Führungsschichten des Kaiserreichs ihren Einfluß und ihr Weltbild konservieren konnten und eine wirkliche Revolution und mit ihr eine Liberalisierung der Gesellschaft nicht stattfand. Nach der nationalsozialistischen Machtübernahme zeigte sich dies in ganzem Umfang. „Erst 1933 kamen neue Gesichter, keine schönen, aber neue", so hat Golo Mann die Ernennungswelle von 1933 und 1934 beschrieben,[230] die den Machtanspruch der konservativen deutschen Eliten erstmals ernsthaft erschütterte und deshalb nicht zu Unrecht vom Regime selbst als „nationalsozialistische Revolution" bezeichnet wurde. Obwohl alles im Rahmen der Legalität blieb (zum dauernden Hohn des positiven Rechts) läßt sich keine passendere Bezeichnung für diesen Prozeß finden, der in wenigen Monaten die Eckpfeiler der Ordnung aus Wilhelminischer und Weimarer Zeit liquidierte: Länder, Parteien, Verbände, Gewerkschaften, alle fanden sich in kurzer Zeit in der NS-Einheitsfront wieder, gleichgeschaltet und damit ausgeschaltet. Nach dem Tod Hindenburgs schloß die Armee diesen Prozeß ab, als sie sich auf Hitler persönlich verpflichten ließ.

Jedoch stand das NS-Regime vor dem Problem jedes revolutionären Umbruchs der Moderne, einer Schwierigkeit, die in Deutschland auch nach 1945 und 1989 wieder auftreten sollte: Ohne Beteiligung der alten Eliten läßt sich ein Industriestaat nicht effektiv lenken, und schon gar nicht ein so komplexes und empfindliches Gewebe wie das Deutsche Reich. Das bedeutet auf einer unteren Ebene notwendig die Verpflichtung der „Clerks", „Arbeiter" oder „Fachmenschen" (Max Weber) aller Branchen, die sich mit einer Mischung aus Druck und Karriereaussichten relativ problemlos erreichen läßt, auf einer höheren Ebene jedoch eine gewisse Abhängigkeit des neuen Regimes von der Loyalität der unersetzbaren alten Führungsschicht in unverzichtbaren Institu-

---

[229] *Mann*, Deutsche Geschichte, S. 804.

[230] Ebd., S. 804.

VIII. Bewegung

tionen. Für das nationalsozialistische Deutschland aber war, hier ganz den klassischen Notwendigkeiten einer Revolution unterworfen, niemand unverzichtbarer als die Reichswehr.

Das mußte ein Problem werden, weil die Reichswehr zugleich auch Quelle und Zentrum eines elitären preußisch - königlichen und in neuerer Form deutsch - kaiserlichen Selbstverständnisses war (und immer gewesen war), das den nationalsozialistischen Machtanspruch mit größter Selbstverständlichkeit in Frage stellen mußte. Nirgendwo sonst wurde den geschlagenen Hohenzollern mehr nachgetrauert, nirgendwo sonst erwartete man von Hitler so sehr eine Führung im Stil „Wilhelms III." Die Rückkehr zu einer starken nationalen Politik, die Wiederaufrüstung, die Einführung der allgemeinen Wehrpflicht bedeuteten für diese Offiziere die Rückkehr zu früheren Traditionen, so hat es General Oster, einer der profiliertesten Widerstandskämpfer, noch bei seiner Vernehmung nach dem 20. Juli 1944 zusammengefaßt.[231] Man habe den Nationalsozialismus unter diesem Aspekt begrüßt. Nicht zuletzt um diesen Eindruck zu fördern und die Aufmerksamkeit der Offiziere auch auf den „richtigen" Punkt zu konzentrieren, verneigte sich Hitler am „Tag von Potsdam" demonstrativ vor den Traditionen Preußens. In der Tat zog er in kurzer Zeit die Loyalität der militärischen Führung auf sich, die ihre ganze Kraft dem Aufbau der neuen Reichswehr zu widmen begann, ohne von der Frage nach dem Zweck dieser Militärmacht berührt zu werden. Auch dies entsprach ja ganz der preußischen Tradition: der Soldat war präzise und zuverlässig, aber er stellte keine Fragen, schon gar keine politischen. Zudem handelte es sich ja auch einstweilen um die bloße Wiederherstellung der militärischen Verteidigungsfähigkeit Deutschlands.

Seit August 1938 lag die Hauptverantwortung dafür in den Händen des neuen Generalstabschefs Halder, der Nachfolger des zurückgetretenen Ludwig Beck wurde. Halder nun repräsentierte die Vorzüge und Begrenzungen des deutschen Offizierskorps so ausgeprägt und spielte in den Jahren bis 1942 eine so wichtige Rolle, daß wir kurz bei ihm und dem von ihm geplanten Staatsstreich von 1938 anhalten wollen.

„Er war kein bloßer Haudegen, sondern eher eine spröde Natur, ein planerischer Kopf mit Einfühlungsgabe, unbeugsamer Härte des Willens, beschwingter Phantasie und unbestechlicher Nüchternheit", so hat Manfred Rauh seine Schilderung Halders abgeschlossen,[232] die eher eine Verteidigung für den Generalstabschef als eine Abwägung seiner Persönlichkeit sein will. Unwillkürlich hat Rauh damit tiefer getroffen, als er selbst wollte. Denn in der Aufzäh-

---

[231] *Rauh*, Geschichte, S. 225 f.

[232] *Rauh*, Geschichte, S. 305.

lung von Halders Vorzügen fehlt zu Recht die Eigenschaft, die allein eine erfolgreiche Opposition gegen Hitler hätte möglich machen können: Die politische Phantasie. Halder lehnte den Gefreiten ab, der ihm als Oberbefehlshaber Befehle erteilte, es widerte ihn körperlich an, Hitlers Vorträge hören zu müssen und er war überzeugt, daß aus dessen Führungsrolle für Deutschland nichts Gutes kommen würde. Aber das war es auch schon. Weder Halder noch seine Offizierskollegen hatten die geringste praktisch umsetzbare Vorstellung, wen oder was sie an Hitlers Stelle setzen wollten. Eine Militärdiktatur aus eigener Machtvollkommenheit schlossen sie aus, sie wäre auch ein Novum in der deutschen Geschichte gewesen. Persönlichen politischen Ehrgeiz hatte Halder nicht, und er wollte nach einem erfolgreichen Staatsstreich zurücktreten (!), um das auch zu demonstrieren.

Politische Macht mußte sich legitimieren, sie durfte nicht nur aus den Gewehrläufen kommen, das war die unausgesprochene, aber allgemeine Überzeugung im deutschen Offizierskorps und es wäre allen am liebsten gewesen, man hätte dazu auf einen Monarchen zurückgreifen können. Da es diesen nicht gab, und er durch einen Militärputsch auch nicht wieder eingesetzt werden konnte, blieb nur der Appell an den anderen Souverän, das Volk. Also sollten Wahlen abgehalten werden. Aber nach welchem Wahlrecht? Sollte ausgerechnet die Reichswehr die von ihr abgelehnte Weimarer Republik wiederherstellen? Und wer sollte an Wahlen teilnehmen? Die Parteien der Republik und des Kaiserreichs waren aufgelöst, hatten dies mit Ausnahme der Linken in vorauseilendem Gehorsam selbst beschlossen und waren nicht nur in den Augen der Armee durch die Politik der zwanziger Jahre ohnehin diskreditiert. Konnte man die NSDAP, die bis dahin erfolgreichste Partei Deutschlands, wirklich ausschließen? Und wenn die NSDAP dann auch ohne Hitler (besser gesagt: mit ihm als Märtyrer) die Mehrheit gewinnen sollte?

Es gab nur nebulöse Vorstellungen, wie diese Fragen zu beantworten waren, und sie liefen alle auf einen konservativ - ständischen, jedenfalls erneut autoritär und elitär verfaßten Staat zu. Ein Ausdruck dafür, wie sehr sich das politische Vorstellungsvermögen der deutschen Elite in der Sackgasse befand und im Rückblick betrachtet mit Sicherheit ein Modell mit kurzem Verfallsdatum, da es für die liberalen, katholischen und sozialdemokratischen Traditionen der deutschen Politik keinen Platz bot und also einen Großteil der Gesellschaft von der Mitwirkung ausschloß. Aber vielleicht ein tragfähiges Modell für einen Militärputsch, der in erster Linie auf den Zusammenhalt der Armee aufbauen mußte und also deren Traditionen zu respektieren hatte. Daraus folgte jedoch noch etwas anderes: Im Grunde war man sich in der Reichswehrführung darüber im klaren, daß man eine sichtbare und unanfechtbare Rechtfertigung brauchte, Hitler zu ermorden und den Putsch durchzuführen. Da eine solche Erlaubnis innerhalb Deutschlands weder vom Volk noch einer anderen Autorität zu haben war, mußte sie aus der Sache selbst herzuleiten sein, aus der Gefährdung des Staates.

So transportierte man das Problem kurzerhand ins Ausland: Die europäischen Mächte sollten Hitler delegitimieren und so den Grund für den Putsch liefern. Sein Charisma, mit dem er alle Initiative der deutschen Politik an sich gezogen hatte, sollte sich gegen ihn wenden. Wenn man ihm international die Zustimmung zur Zerschlagung der CSR verweigern würde und er dann den Krieg befahl, der wahrscheinlich in einem Weltkrieg und der Zerstörung Deutschlands enden würde, dann fühlten sich die Verschwörer zu seinem Sturz ermächtigt, dann waren alle Probleme in ihm personalisiert.

In diesem bizarren Plan spiegelt sich die ganze panische Orientierungslosigkeit eines hierarchischen Denkens, dem der Leitstern genommen worden war. Die Führung des deutschen Widerstands pilgerte in der Tat nach London, um die britische Regierung gegen die eigene deutsche Regierung aufzuwiegeln. Allen Ernstes verlangte Kleist - Schmenzin von seinen englischen Gesprächspartnern, England solle mit Krieg drohen, dann werde er „diesem Regime ein Ende bereiten."[233]

Einigen machtlosen Intriganten zuliebe (mehr konnten sie aus britischer Sicht nicht sein), sollte England also einen Weltkrieg riskieren, in der vagen „Hoffnung", das Hitler - Regime dann durch einen konservativ - autoritären Nachfolger ersetzt zu sehen. Ein gewagteres Spiel mit der Kriegsgefahr in Europa läßt sich kaum denken, denn was sollte passieren, wenn der Putsch ganz oder teilweise fehlschlug und Großbritannien sich aus der Kriegsdrohung nicht zurückziehen konnte? Wenn die britischen Verbindungen zum deutschen Widerstand vielleicht aufgedeckt wurden? Wenn es einen Bürgerkrieg gab und das neue Regime sich nicht stabilisierte? Warum sollte Großbritannien dem Gedankengang der Verschwörer überhaupt folgen und das eigentliche Problem in *einer* Person sehen, statt in der prinzipiellen Machtstruktur Mitteleuropas? Italiens Botschafter in Berlin Attolico goß schon 1939 gegenüber Carl J. Burckhardt seinen ganzen Hohn über diese Art Verschwörung aus, an deren Gelingen Italien selbst ein großes Interesse gehabt hätte:

> „Das sind vereinzelte Konservative, Offiziere, bisweilen auch Sozialisten, aber sie haben keinen Zusammenhang, keine Methode, sie sind unvorsichtig, leichtsinnig, die Deutschen sind keine Verschwörer. Zum Verschwörer gehört alles, was sie nicht haben, Geduld, Menschenkenntnis, Psychologie, Takt, nein, sie werden alle abgeschossen werden, in Lagern verschwinden; gegen Gewaltregierungen ... braucht es eine Ausdauer, eine Verstellungsgabe, ein Geschick, wie es Talleyrand oder Fouche besaßen. Wo finden Sie zwischen Rosenheim und Eydtkuhnen einen Talleyrand?

---

[233] Zit. n. *Rauh*, Geschichte, S. 309.

.... Nehmen Sie .... einen Mann wie Hassell (den deutschen Botschafter in Rom; d. Verf.), er redet und schimpft drauflos, er will immer alles den Engländern sagen und meint, sie hätten nur ein einziges Interesse, eine starke, konservative, mit Ideen von Tirpitz durchsetzte nationale Regierung in Deutschland, womöglich eine Monarchie, einer solchen Regierung hätte England dann volle Sympathie entgegenzubringen, Sympathie aufgebaut auf einem gemeinsamen „Gentleman - Begriff"; all das ist dumm wie die Vorstellung von Kadettenschülern ...".[234]

Attolico hatte nur vor Ernst v. Weizsäcker einigen Respekt: „Es gibt einen Mann ....., er tut alles mit bewundernswerter Anspannung, um den Krieg zu verhindern",[235] aber auch v. Weizsäcker mußte 1949 bekennen: „Ich habe mir eine Funktion zugetraut, die im entscheidenden Augenblick über meine Kräfte ging."[236]

Das deutsche Ancien Regime war offenbar nicht in der Lage, etwas anderes als Beamte und Soldaten hervorzubringen - ein Mangel, den man wohl als systembedingt betrachten kann. Überdies duldete Hitler keinen Repräsentanten dieses Regimes in seiner Nähe, so weit es sich vermeiden ließ (was bei der Reichswehr nicht möglich war). Ernst v. Weizsäcker mochte persönlich noch so raffiniert vorgehen, er war eben kein Talleyrand, an dem vorbei im napoleonischen Frankreich nichts ging, sondern nur einfacher Staatssekretär und hatte bei Hitler nicht einmal Vortragsrecht.

Auf solch dünne Verschwörungspläne konnte tatsächlich keine fremde Regierung bei klarem Verstand bauen. So lauteten die naheliegenden Überlegungen in London, und so hätten sie auch in deutschen Widerstandskreisen lauten müssen, wenn man dort zu politischer Analyse bereit gewesen wäre, statt nur den eigenen Obsessionen zu folgen. Wenn Hitler wirklich der „Blutsäufer", Verbrecher, Geisteskranke und sexualpathologisch veranlagte Dämon war, als der er dort galt, dann gab es genügend Grund, ihn abzusetzen und (falls nicht anders möglich) dafür auch seinen Tod in Kauf zu nehmen. Ein Angriffsbefehl Hitlers auf die CSR hätte allenfalls eine gewisse Bestätigung dieser Ansichten liefern können - und zwar nicht einmal eine besonders qualifizierte. Das war eine Tatsache, der auch die Verschwörung dadurch Rechnung trug, daß selbst für diesen Fall vorgesehen war, Hitler zu beseitigen und einen Prozeß gegen den Diktator nicht zu riskieren.

Es fehlte dem Plan jedoch ohnehin die Basis. Hitler dachte nämlich gar nicht daran, wegen der Tschechoslowakei einen europäischen Krieg zu führen.

---

[234] *Carl J. Burckhardt*, Meine Danziger Mission, München 1962, S. 232 f.

[235] Ebd., S. 232.

[236] Zit. n. *Knipping*, Machtbewußtsein, S. 118.

VIII. Bewegung

Er hatte schon in der Hoßbach - Besprechung deutlich gesagt, daß er einen Angriff auf das Land nur im Windschatten eines solchen Konflikts zwischen anderen Mächten riskieren würde. Ebenfalls schon dort hatte er spekuliert, daß die Briten nichts für das Land tun würden, wenige Tage später hatte Halifax bei seinem Besuch diesen Eindruck verstärkt und Chamberlains Visite in Berchtesgaden verdichtete ihn zur Gewißheit. Die Briten hatten die Tschechoslowakei in ihrer jetzigen Form aufgegeben und wollten nur friedliche Umstände bei einer Neuordnung gewahrt wissen. Sie boten damit etwas weniger als Hitler eigentlich wollte, für den der deutsch - tschechische Westen der Tschechoslowakei vollständig ins Reich einzugliedern war, und so drohte er noch einige Tage in der Hoffnung, den Preis nach oben treiben zu können, aber als sich in dieser Hinsicht nichts bewegte - nahm er Chamberlains Angebot an.

3. „München"

„Ich habe nicht daran geglaubt, daß England und Frankreich in einen Krieg ziehen würden, aber ich war der Überzeugung, daß die Tschechoslowakei durch einen Krieg vernichtet werden müsse. Wie alles gekommen ist, ist geschichtlich einmalig. Wir können uns beide von Herzen gratulieren."

Adolf Hitler[237]

Auf die Einzelheiten der Münchener Verhandlungen selbst muß hier nicht unbedingt eingegangen werden. Trotz aller spektakulären Details wie Hitlers Reichstagsrede und Chamberlains Flugreisen stand das Ergebnis im Grunde schon seit langem fest. Die Westmächte zogen ihre Hand von der CSR und anders als in Polen dachte in Prag niemand ernsthaft daran, auf eigene Rechnung für seine Unabhängigkeit zu kämpfen. Eine Möglichkeit, die der gut gerüsteten und modernen Tschechischen Armee allemal mit größeren Aussichten offenstand als der Polnischen. (Tatsächlich hätte die deutsche Armee 1938 ernsthafte Schwierigkeiten gehabt, gegenüber den 35 tschechoslowakischen Divisionen ein zahlenmäßiges Übergewicht zu erhalten, die noch dazu in einem modernen Befestigungsgürtel verschanzt standen. Obendrein verfügte CSR ja noch mit der UdSSR über einen Verbündeten, der zwar nicht ausdrücklich zum Eingreifen verpflichtet war, dessen bloße Existenz aber für Deutschland die Drohung unkontrollierbarer Verwicklungen enthielt, und der sich bei längerer Dauer der Kampfhandlungen wohl kaum die Gelegenheit hätte entgehen, seinen Einfluß geltend zu machen.)

Die Tschechische Führung glaubte aber nicht an die Überlebensfähigkeit ihres Landes unabhängig von der Billigung der Westmächte (vielleicht war die

---

[237] Zit. n. ADAP, Serie D, Bd. 5, Dok. 272, S. 304.

CSR in ihrer damaligen Vielvölkerstruktur auch nicht überlebensfähig, sie war es ja auch 1992 nicht ohne Druck einer Hegemonialmacht, trotz der Vertreibung des deutschen und dem Verlust des ukrainischen Bevölkerungsteils) und gab so widerstandslos auf, daß nicht einmal ihre Anwesenheit auf der Münchener Konferenz erreicht werden konnte.

Unter diesen Umständen konnte es kaum anders kommen als es dann kam. Mit dem Gedanken, den deutschen Bevölkerungsteil der früheren Habsburgermonarchie an das Reich anzuschließen, hatte man sich in London schon vor dreißig Jahren angefreundet und so wollte man es nun einrichten - so lange dabei nicht geschossen wurde und der Einfluß Großbritanniens durch die Unterschrift auf dem entsprechenden Dokument gewahrt war. Das seit 1925 immer wieder ins Gespräch gebrachte Viererdirektorium bot dafür den idealen Rahmen. Alle „wichtigen" europäischen Mächte waren beteiligt, und die außereuropäischen Amerikaner und Russen ausgeschlossen. Darauf zielte Großbritannien seit Jahren ab.

Nach seiner Rückkehr aus München verkündete Chamberlain dann auch den „Frieden in unserer Zeit", eine Überzeugung, die er (wie gesagt) weniger aus dem Inhalt des Münchener Abkommens selbst, als aus den Umständen seiner Entstehung und dem anschließend unterzeichneten deutsch - britischen Abkommen zog. Beides schien Chamberlain darauf hinzudeuten, daß die größten Schwierigkeiten in Mitteleuropa überwunden waren und die europäischen Mächte endlich eine gemeinsame Sprache gefunden hatten:

„We are resolved that the method of consultation shall be the method adopted to deal with any other questions that may concern... ."[238]

So hatte es in dem Papier gestanden, das er Hitler am Tag nach der Münchener Konferenz unterzeichnen ließ. Eben wegen dieses Eindrucks hatte Großbritannien den Deutschen auf der Münchener Konferenz mehr als nur das Sudetenland zugestanden. Schon das Münchener Abkommen machte etwa 800000 Tschechen zu deutschen Staatsbürgern und es enthielt keine Garantien für den Umfang der Resttschechoslowakei. Deren künftige Grenzen wurden de facto von Deutschland festgelegt, und damit war diese Region praktisch offiziell zur deutschen Einflußsphäre erklärt. Hitler hatte dem noch die Krone aufgesetzt, als er gegenüber Chamberlain den weiteren Fortbestand der CSR nicht garantieren wollte.

So waren die Mängel des Münchener Abkommens offensichtlich. Schlimm war weniger, daß es ein Produkt klassischer Großmachtpolitik (im anachronistischen Kabinettstil) über die Köpfe kleinerer Völker hinweg war - es war ein

---

[238] Zit. n. *Parker*, Chamberlain, S. 180.

schlechtes Produkt dieser Politik. Nicht nur die Tschechische Führung war nicht beteiligt worden, was an sich schon einen Affront gegen das Völkerrecht darstellte, sondern auch die Wünsche der anderen direkt interessierten Mächte wie Polen (am Teschener Gebiet) und Ungarn (an der Karpato - Ukraine und der Slowakei) waren nicht abschließend berücksichtigt. Statt durch präzise Grenzregelungen Klarheit zu schaffen und zu garantieren, verzichtete man in München ausdrücklich auf beides und gab die Tschechoslowakei faktisch und rechtlich zur Plünderung frei. Erst nach Abschluß dieses Prozesses wollten sich die Westmächte an einer Garantie des Restbestands der CSR (wenn noch etwas übrig bleiben sollte) beteiligen.

Zu diesen Mängeln gesellte sich auf geopolitischer Ebene noch der Ausschluß der Großmächte USA und UdSSR von den Münchener Regelungen. Das Interesse beider Mächte an den Ereignissen in Mitteleuropa war für diplomatische Kreise offenkundig, die Sowjetunion sogar mit der Tschechoslowakei verbündet. Wenn nun die Europäer ein ganzes Land neu aufteilten, ohne beide Mächte zu fragen, dann kam das einer diplomatischen Kampfansage gleich. Es war ein Signal, daß beide Länder auf Dauer von mittel- und westeuropäischen Angelegenheiten ferngehalten werden sollten. Dieser Versuch wäre vielleicht nicht ganz aussichtslos gewesen, aber es hätten doch mindestens zwei Voraussetzungen gegeben sein müssen: Rußland und die Vereinigten Staaten dürften in nächster Zeit keine allzu aktive Europapolitik betreiben, (d.h. kleineren Mächten keine konkrete Alternative zu den vier großen Europäern anbieten) und die vier Münchener Mächte müßten sich so weit einig sein, daß sie nicht gegeneinander ausgespielt werden könnten.

Beides war nicht der Fall. USA und UdSSR meldeten zu Beginn des nächsten Jahres, nur wenige Monate nach München offen ihr Mitspracherecht in Europa an und allein schon dadurch stürzte das Kartenhaus einer Zusammenarbeit der vier „Münchener" zusammen. Ihnen blieb kaum ein halbes Jahr Zeit, um sich rettungslos zu verfahren.

Natürlich war das nicht der einzige Grund. Wie gesagt, enthielt das Münchener Abkommen ebenso wie seine Vorgeschichte viele Stilelemente alter Kabinettspolitik. So kühl am grünen Tisch hatten fremde Gebiete in Europa schon lange nicht mehr den Besitzer gewechselt, und so rücksichtslos wie Hitler in diesem Fall hatte auch schon lange niemand mehr eine Kriegsdrohung eingesetzt. Das blieb für die Beteiligten auch innenpolitisch nicht folgenlos. Für den Augenblick wurde Neville Chamberlain in London von der Öffentlichkeit begeistert empfangen, aber es war völlig offensichtlich, daß diese Begeisterung identisch mit der Erleichterung über den vermiedenen Krieg war und nicht dem Münchener Abkommen galt, das dem britischen Verständnis von seriöser Politik absolut nicht entsprach. Chamberlain hatte *jetzt* den Rückhalt, ein solches Papier zu unterzeichnen, aber das konnte kein Modell für die Zukunft sein.[239]

Hitler kam ebenfalls nicht ohne Schaden davon. Es gibt viele Augenzeugenberichte darüber, wie sehr er vom Widerwillen der deutschen Bevölkerung gegenüber dem drohenden Krieg beeindruckt war. (Manche sehen hier sogar die Ursache dafür, daß er den Angriff auf die CSR nicht befohlen hat.) Auch die Renitenz seiner Militärs blieb ihm nicht verborgen:

„Was sind das für Generale, die ich als Staatsoberhaupt womöglich zum Krieg treiben muß! Wäre es richtig, so dürfte ich mich doch vor dem Drängen meiner Generale nach Krieg nicht retten können!"[240]

Es war eben nicht „richtig". Krieg und Kriegsdrohung wurden in Deutschland 1938 von keiner Bevölkerungsschicht noch als Mittel der Politik akzeptiert. Hitler mag in solchen Augenblicken vielleicht erkannt haben, wie allein er mit seiner Auffassung von staatlicher und völkischer Machtentfaltung stand. In jedem Fall registrierte er aber den daraus resultierenden Druck auf sich. „Ich verlange nicht, daß meine Generale meine Befehle verstehen, sondern daß sie sie befolgen", so fuhr er (das obige Zitat) fort. Die Einsamkeit (und damit die Gefährdung) seiner cäsaristischen Position hatte also zugenommen und weil es natürlich ohne ein gewisses Verständnis seiner Befehle auch nicht ging, auch der Rechtfertigungsdruck. Er war sichtlich an die Grenzen seines persönlichen Spielraums gestoßen und mußte erkennen, daß Deutschland im Grunde auch nicht besser für eine machiavellistische Machtpolitik gerüstet war als die Westmächte. Das Charisma des „Führers" mochte viel überbrücken, die Führung einer Außenpolitik nach eigenem Ermessen und ohne Rücksicht auf Tradition und Rechtsempfinden ermöglichte es nicht. Die renitente Wehrmachtsführung jedenfalls wurde künftig im Umfeld politischer Weichenstellungen (so bei Abschluß des „Stahlpakts", bei Abschluß des deutsch - russischen Nichtangriffspakts und letztmals bei der Entscheidung zum Angriff auf Frankreich) von ihm persönlich indoktriniert und auch das friedensbegeisterte Volk, vor allem der von ihm als Autodidakten so gefürchtete „intellektuelle" Teil, mußte dringend daran gewöhnt werden, Hitlers Entscheidungen eine stärkere Willkür zuzugestehen, denn:

---

[239] Wohl um seinen Spielraum zu erhalten und der Kritik etwas die Spitze zu nehmen, streute *Chamberlain* hinter den Kulissen denn auch selbst einige kritsche Anmerkung-en zum Münchener Abkommen aus. Vgl. *Rock*, Roosevelt and Chamberlain, S. 126 f.

[240] Zit. n. *Rauh*, Geschichte, S. 235.

VIII. Bewegung 157

„Was würde geschehen, wenn wir nun einmal einen Mißerfolg hätten ? Auch das könnte sein, meine Herren. Wie würde dieses Hühnervolk denn dann sich erst aufführen ?"²⁴¹

Im Grunde war ihm wohl klar, daß er das keinesfalls genau wissen wollte.

4. panta rhei

Unsicherheiten nach München

Im Herbst 1938 machte Hitler sich daran, die neuen Machtverhältnisse in Osteuropa auf Basis des Münchener Abkommens zu stabilisieren. Im Mittelpunkt seines Interesses stand dabei, neben der Beendigung des ungarisch / tschecho-slowakischen Grenzkonflikts, die am 2. November 1938 durch einen deutsch - italienischen Schiedsspruch in Wien erreicht wurde, der potentiell wertvollste Verbündete im östlichen Mitteleuropa: Polen. Diese Rolle fiel dem Land sowohl aufgrund der eigenen wirtschaftlichen und militärischen Stärke zu, als auch durch seine strategische Bedeutung. Ein Abkommen mit Polen hätte den militärischen Druck vom Reich genommen, der sich unstreitig schon aus der bloßen Möglichkeit ergab, ein Krieg gegen andere europäische Mächte könne durch Polen zu einem Zweifrontenkrieg ausgeweitet werden, den Deutschland auf eigenem Territorium führen und dabei die schwer zu verteidigenden Grenzen von 1937 schützen müßte.

Ob nun echt oder nur vorgeschoben, die polnische Kriegsdrohung von 1933 hatte gezeigt, daß man sich in Warschau dieser Möglichkeit durchaus bewußt war und die Äußerungen Pilsudskis gegenüber dem französischen Botschafter nach dem Abschluß des deutsch - polnischen Nichtangriffsabkommens bestätigten das noch einmal. Hitler seinerseits sah dies als reale Gefahr an und erhoffte sich, wie er schon in der Hoßbach - Besprechung gesagt hatte, nach der Zerschlagung der Tschechoslowakei und dem Anschluß Österreichs ein größeres Wohlwollen Polens. Sollte es gar zu einem förmlichen Bündnis kommen, so stellte ein verbündetes Polen in der Tat gemeinsam mit Deutschland (und Ungarn) einen unmöglich schnell zu überrennenden Block dar und hätte die Verwirklichung von Hitlers „Großraum" - Konzeption bereits recht nahe rücken lassen. (Man erinnert sich: 500000 Quadratkilometer zusätzlich sollten es sein.)

Am 24. Oktober 1938 erging daher ein allerhöflichst formuliertes Angebot an die polnische Regierung, das deutsch - polnische Verhältnis auf eine neue Grundlage zu stellen. Es enthielt acht Punkte:²⁴²

---

²⁴¹ Rede vom 8.11.1938, zit. n. VjZ 1958/2, S. 181 ff.

1. Eingliederung Danzigs ins Deutsche Reich

2. Einrichtung einer exterritorialen Straßen- und Eisenbahnverbindung zwischen Deutschland und Ostpreußen

3. Einrichtung einer ebensolchen Verbindung und eines Freihafens für Polen im Danziger Gebiet

4. Deutsche Absatzgarantie für polnische Waren im Danziger Gebiet

5. Die beiden Nationen anerkennen ihre gemeinsamen Grenzen (Garantie) oder die beiderseitigen Territorien

6. Der deutsch - polnische Vertrag von 1934 wird auf 25 Jahre verlängert

7. Polen tritt dem Antikomintern - Pakt bei

8. Die beiden Staaten fügen ihrem Vertrag eine Konsultationsklausel bei

Diese Punkte wurden dem einigermaßen verblüfften polnischen Botschafter Josef Lipski von Außenminister Ribbentrop mitgeteilt. Tatsächlich hatte Lipski um die Unterredung gebeten, um den Besuch des polnischen Außenministers Beck vorzubereiten und eine deutsche Erklärung über die Erhaltung des territorialen Status quo in Danzig und dem Korridor vorzuschlagen. Die polnische Regierung sah sich wegen der guten Zusammenarbeit mit dem Reich bei der Aufteilung der Tschechoslowakei in der Rolle des Gläubigers. Schließlich hatten sich beide Seiten bereits am 28.9.38, also vor Abschluß des Münchener Abkommens, über die gegenseitigen Interessen verständigt und sogar eine Abgrenzung der jeweiligen Interessensphären in der Tschechoslowakei war vorgenommen worden.[243] Polen hatte also aus seiner Sicht Deutschland den Rücken freigehalten - am 20. September hatte Lipski Hitler eine ganze Liste der polnischen Verdienste überreicht - und für dieses Mal sein „Wohlwollen" zu Protokoll gegeben. Was aber Hitler als erste Etappe einer längerfristigen Zusammenarbeit sah, war für die polnische Regierung nur ein äußerst begrenztes Geschäft gewesen, dessen Gewinn sie nun eintreiben wollte.

Lipski reagierte denn auch gegenüber Ribbentrop auf dessen Vorschläge sofort mit der Abgabe einer, wahrscheinlich zu ganz anderen Zwecken vorbereiteten, längeren Erklärung zur symbolischen Rolle Danzigs für Polen. Polen erkenne den deutschen Charakter Danzigs an, mische sich nicht in innere Angelegenheiten der Stadt, lehne aber ihren Anschluß an das Reich ab, der auch innenpolitisch kaum durchsetzbar sei. Bei „genauerem Studium" der Frage ließe

---

[242] Zit. n. ADAP, Serie D, Bd. 5, Dok. 81, S. 87 f.

[243] *Wojciechowski*, An der Schwelle zum Krieg, S. 271 und *Pagel*, Polen, S. 146.

sich „jegliche Reibungsfläche" sicher ausscheiden."²⁴⁴ Ribbentrop versuchte seinerseits, Lipski von einer schnellen Festlegung abzuhalten, deutete aber an, daß auch in Deutschland innenpolitische Schwierigkeiten im Fall einer Anerkennung der polnischen Grenze zu erwarten seien. Vor diesem Hintergrund sei die Rückgliederung Danzigs die notwendige Kompensation zu einem deutschen Verzicht auf den Korridor.

So hatte man sich in Warschau das Gespräch zwischen Lipski und Ribbentrop offenbar nicht vorgestellt. Das deutsche Angebot traf die polnische Regierung in zweifacher Hinsicht unvorbereitet, denn einerseits hatte man nach Hitlers mündlicher Erklärung vom Frühjahr, am Danziger Status nichts ändern zu wollen, diesen Punkt nicht so schnell wieder auf der Tagesordnung erwartet und andererseits eine Bindung an Deutschland oder eine andere Macht überhaupt nicht erwogen. Warschau wollte die bisher ausgeführte unabhängige Politik des gleichen Abstands zwischen der UdSSR und Deutschland fortführen und hatte auch die eigenen Aspirationen auf ein polnisch dominiertes „drittes Europa" noch lange nicht aufgegeben.

Ganz im Gegenteil bot die Auflösung der Tschechoslowakei endlich die Gelegenheit zur Stärkung Ungarns und zur Schaffung einer gemeinsamen polnisch - ungarischen Grenze. Unter Einbeziehung Rumäniens und Italiens ergaben sich damit ganz neue Perspektiven für eine Begrenzung des deutschen Einflusses, zu deren Stabilisierung auch die Westmächte (einschließlich der USA) mit herangezogen werden konnten. Gleichzeitig war man in Polen zu dem Schluß gekommen, die UdSSR stelle in ihrem gegenwärtigen Zustand keine Gefahr dar, und so sah sich Beck keineswegs in der Situation, Deutschland Zugeständnisse machen zu müssen.

Daher ging die polnische Regierung vorerst gar nicht auf die deutschen Vorschläge ein, auch nicht durch Gegenvorschläge. Am 19.11.38 sprach Lipski wieder bei Ribbentrop vor und präsentierte dem verblüfften deutschen Außenminister seinen Vortrag vom 24. Oktober noch einmal, als sei gar nichts gewesen: Man müsse zu einem zweiseitigen Vertrag über Danzig kommen. Zu den anderen Punkten sagte er nichts, bezeichnete lediglich den polnischen Beitritt zum Antikomintern - Pakt als unnötig, da man die Komintern in Polen mit polizeilichen Mitteln bekämpfe.

Seine Notizen nach dem Gespräch zeigen deutlich, wie sehr der deutsche Außenminister von dieser Reaktion überrascht war. Ribbentrop neigte ohnehin zu emotionalen Auftritten, wenn die Dinge nicht in seinem Sinn liefen. In diesem Fall wurde er geradezu beschwörend und betonte, „daß es der Mühe lohne, die deutschen Vorschläge zu dem Gesamtkomplex der deutsch - polnischen

---

²⁴⁴ ADAP, Serie D, Bd. 5, Dok. 81, S. 88.

Beziehungen ernsthaft (!) zu überlegen. Man wolle hier ja etwas Dauerhaftes schaffen und eine wirkliche Stabilität herbeiführen. Das könne natürlich von heute auf morgen nicht geschehen. Wenn Herr Beck in Ruhe unsere Anregungen überlege, so würde er vielleicht doch zu einer positiven Einstellung" gelangen.[245]

Mit diesem Lauf der Unterredung war das Muster vorgegeben, das sich bis zum Abbruch der Kontakte im März des nächsten Jahres durch alle deutsch-polnischen Gespräche ziehen sollte: Die stets leicht abgewandelten deutschen Angebote wurden von polnischer Seite allenfalls zur Kenntnis genommen, teilweise wohlwollend kommentiert, aber in keinem Fall abgelehnt oder gar angenommen. Nichts scheute die polnische Regierung offenbar mehr als eine verbindliche Antwort. Man spielte auf Zeit.

Einstweilen hatte Beck diese Zeit, sich das deutsche Angebot „in Ruhe zu überlegen". Sein nächster Besuch in Deutschland kam erst kurz nach der Jahreswende, Anfang Januar 1939 zustande. Trotz aller Überredungskünste Hitlers, der bei dieser Gelegenheit auch noch einmal die völlig unideologische Motivation seiner außenpolitischen Grundsätze entwickelte, ließ er sich aber auch bei diesem Anlaß nichts Greifbares entlocken. Die Gespräche verliefen nach dem Muster der Begegnungen Ribbentrop / Lipski. Beck notierte Hitlers Äußerungen, nach denen er am 5. Januar 1939 in Berchtesgaden gesagt haben soll:

„seiner Meinung nach sei die Interessengemeinschaft Deutschlands und Polens in Bezug auf Rußland vollständig. Für Deutschland sei Rußland, ob zaristisch oder bolschewistisch, ebenso gefährlich. Militärisch vielleicht gefährlicher unter zaristischer Herrschaft, dafür ideologisch unter bolschewistischer. Aus diesem Grunde sei ein starkes Polen für Deutschland eine Notwendigkeit. Hier bemerkte der Reichskanzler, daß jede gegen Rußland eingesetzte polnische Division eine entsprechende deutsche Division erspare."[246]

Hitler versicherte außerdem, er werde Polen nicht vor vollendete Tatsachen stellen, auch das Memelproblem werde auf dem Verhandlungsweg gelöst.[247] Nebenbei zog er Parallelen zwischen der Situation im Korridor, in Elsaß - Lothringen und Südtirol. Auch dort habe sich eine Regelung finden lassen. (Ähnliche Parallelen hatte er bereits in „Mein Kampf" verlauten lassen. Die kaiserliche Politik sei sowohl bei den Polen als auch im Elsaß nur halbherzig

---

[245] ADAP, Serie D, Bd. 5, Dok. 101, S. 106 f. und *Lipski*, Diplomat.

[246] Zit. n. *Hofer*, Entfesselung, S. 79.

[247] *Bloch*, Das Dritte Reich, S. 250.

gewesen.²⁴⁸) Zusätzlich erläuterte er auch die Notwendigkeit wirtschaftlicher Zusammenarbeit zwischen beiden Ländern, wo nach seinen Vorstellungen wegen des Kapitalmangels die gleiche Interessenidentität bestand, wie in militärstrategischer Hinsicht. Das ländlich orientierte Polen und der Industriestaat Deutschland könnten durch Austausch von Produkten gegenseitig profitieren, was aus Devisenmangel etwa mit den USA unmöglich sei. (Womit er dann auch gleich einen Seitenhieb auf die US - amerikanischen Aktivitäten in Polen untergebracht hatte.)

Beck machte Hitler seinerseits undeutliche Avancen, indem er das europäische Sicherheitssystem seit „München" für hinfällig erklärte, schwieg sich aber darüber aus, wie ein neues System aussehen könnte. Polen werde unabhängig gegenüber Bündnisangeboten aus der UdSSR bleiben, zu deren Annahme man (?) Polen in früheren Jahren veranlassen wollte. Er wurde erneut nicht eindeutig gegenüber den deutschen Angeboten, reagierte aber auf den Vorschlag zur Expansion in Richtung Ukraine mit der etwas kryptischen Bemerkung, „Ukraine" sei ein polnisches Wort. Dies nahm Ribbentrop zum Anlaß, einen Tag später in einer Unterredung mit Beck noch weiterzugehen und unverblümt nach den polnischen Aspirationen in der Ukraine zu fragen. Das angestrebte polnisch - deutsche Abkommen könne nur das Ziel einer gemeinsamen Politik gegen die Sowjetunion haben, wobei in die Ukraine als Ziel einer polnischen Expansion von deutscher Seite anerkannt werde. Nun bestätigte Beck doch das polnische Interesse an der Ukraine und stellte außerdem einen Beitritt zum Antikomintern - Pakt in Aussicht.²⁴⁹

Richtig deutlich wurde er dann bei einem erneuten Zusammentreffen am 26. Januar. Man sei ja schon einmal in Kiew gewesen (1919), und natürlich habe Polen die Absicht, die Sowjet - Ukraine und eine Verbindung zum Schwarzen Meer zu erwerben. Auf Deutschland festlegen wollte er sich trotzdem nicht, kündigte aber weitere Überlegungen in diese Richtung an und tischte Ribbentrop zusätzlich eine erste Version jener Legende vom zwangsläufig bevorstehenden Zerfall der UdSSR auf, die in den achtziger Jahren in der Version des amerikanischen Verteidigungsministers Caspar Weinbergers („Mit einem Wimmern oder einem Knall") berühmt wurde: „Um diesem Schicksal (dem Auseinanderfallen) zu entgehen", werde die UdSSR „vorher alle Kräfte zusammenballen und zum Angriff vorgehen".²⁵⁰ Solche Vorstellungen kursierten in der polnischen Führung des öfteren und wurden gern nach außen getragen. So hatte schon im Vorjahr General Stachiewicz in Großbritannien ähnliches

---

²⁴⁸ *Hitler*, Mein Kampf, S. 268.

²⁴⁹ ADAP, Serie D, Bd. 5, Dok. 120, S. 132-134.

²⁵⁰ ADAP, Serie D, Bd. 5, Dok. 126, S. 140.

geäußert: Rußland stehe auf dem Gebiet des Verkehrswesens und der Industrieproduktion vor einer Krise, die es sehr bald - und zwar nicht nur für Monate, sondern für Jahre - aktionsunfähig machen werde; man stehe vor dem Beginn eines „Kraches" in der ganzen Struktur der Sowjetunion.[251] Waclaw Grzybowski, polnischer Botschafter in Moskau, sah schon das Traumziel der „herrschenden Clique Polens", wie er selbst sich und seinesgleichen nannte,[252] vor Augen und versicherte Szembek gegenüber im Dezember 1938, er stehe „persönlich .... im Bereich des russischen Problems auf dem Standpunkt unserer Grenze von 1772".[253] Die Phantasien der polnischen Führungsschicht waren seit zwei Jahrzehnten wirklich erstaunlich konstant geblieben.

Soweit Beck das Ziel verfolgt hatte, die Grundlinien der polnischen Politik zu verwischen, hatte er es erreicht. Bei Hitler und Ribbentrop blieb der Eindruck hängen, das gewünschte Abkommen zwischen Deutschland und Polen sei nicht unmöglich. Hitler sprach denn auch nach der Unterredung mit Beck gegenüber dem neuen ungarischen Außenminister Graf Czaky bereits von einem deutsch - polnisch - ungarischen Block.[254] Wörtlich erklärte er:

> „Man müsse eine politisch - territoriale Linie anstreben und Polen und Ungarn müßten partizipieren..... . Er sähe alles ruhig und erfolgversprechend an unter der Bedingung des absoluten Zusammenspiels allerdings. Man müsse wie eine Fußballmannschaft zusammenarbeiten, Polen, Ungarn und Deutschland, möglichst ökonomisch, ohne Krisen und blitzartig."[255]

Eine Aufzählung, in der bemerkenswerterweise Italien fehlt, was ein Indiz für den besonderen Charakter dieses „Blocks" sein könnte. Er war in Hitlers Sicht nicht nur als politisches Bündnis auf Zeit gedacht, sondern kam darüber hinaus seinen Vorstellungen von den substantiellen Voraussetzungen einer deutschen Machtposition ziemlich nah. Deutschland, Polen, Ungarn: das ergab einen respektablen kontinentalen Block. Italien dagegen mochte vielleicht ein nützlicher Bündnispartner werden, aber seine Unterstützung war ebenso eine Zugabe, wie seine Feindschaft keine existentielle Bedrohung für Deutschland darstellte. Das deutsch - italienische Bündnis war vor diesem Hintergrund etwas vorübergehendes und schloß einen späteren Krieg nicht aus, was auch Mussolini durchaus bewußt war. So ist es interessant, daß der Duce nicht ein-

---

[251] DBFP III, 1, Nr. 411, zit. n. *Herzfeld*, Zur Problematik der Appeasement - Politik, in: *Niedhart* (Hrsg.), Kriegsbeginn 1939, S. 271.

[252] *Pagel*, Polen, S. 201.

[253] Ebd., S. 201.

[254] ADAP, Serie D, Bd. V, Dok. 272 und Dok. 273, S. 302 ff.

[255] Ebd., S. 304.

VIII. Bewegung

mal ein Jahr später, nach dem Ausbruch der Kämpfe in Polen, die Errichtung von Befestigungen an den deutsch - italienischen Grenzen befahl.[256] (Möglicherweise spielte er mit dem Gedanken, auf alliierter Seite in den Krieg einzutreten. Jedenfalls wollte er wohl für alle Eventualitäten gewappnet sein, um sich auf jeden Fall „an den Tisch der Sieger" setzen zu können.)

Einstweilen war das deutsch - italienische Verhältnis noch so intakt, daß Hitler in seiner Unterredung mit Graf Csaky erklären konnte „er sei sich mit Mussolini darüber einig, daß sie jetzt einige Jahre Ruhe gebrauchen können, um vieles auf- und auszubauen."[257] Voraussetzung war allerdings der polnisch - deutsche Ausgleich. Es mag nicht zuletzt die Aussicht auf das Erreichen dieses Ziels gewesen sein, die Hitler am 27. Januar 1939, einen Tag nach Ribbentrops Unterredung mit Beck, den Z - Plan zum langfristigen Aufbau einer großen Flotte billigen ließ. Dieser Plan band für etliche Jahre, mindestens bis in die Mitte der Vierziger, sämtliche Schiffsbaukapazitäten und einen großen Teil der deutschen Stahlproduktion. Während seiner Verwirklichung konnte man vor allem eines nicht brauchen: Krieg.

In der Zwischenzeit hatte sich Anfang des Jahres die deutsche Berufsdiplomatie des Auswärtigen Amts zu Wort gemeldet und vor zu großem Optimismus hinsichtlich eines Bündnisses mit Polen gewarnt. Am 23.1.39 riet Staatssekretär von Weizsäcker gar von weiteren Verhandlungen mit Beck ab, da der Außenminister „seine Politik in Warschau zu verschleiern beliebt". Besonders warnte Weizsäcker vor „vertieften Erörterungen" mit Beck.[258] An den innenpolitischen Schwierigkeiten Becks konnte es in der Tat keinen Zweifel geben, was von unerwarteter Seite auch Anfang März durch einen Bericht des deutschen Botschafters in Rom bestätigt wurde. Graf Ciano hatte ihm einen Überblick über seine Eindrücke von einer Polenreise gegeben und dabei von einer starken Gegenströmung zu Becks Politik durch „gewisse stockkatholische Kreise und vier Millionen Juden" gesprochen.[259] Zweifellos verbarg sich hinter dieser Mitteilung auch die italienische Sorge um die eigene Rolle im östlichen Mitteleuropa und die versteckte Nachricht, das „stockkatholische" Italien mit seiner nicht allzu judenfeindlichen faschistischen Ideologie sei eigentlich der ideale Ansprechpartner für das polnische Obristenregime. Schließlich mußte Ciano um den antisemitischen Kurs der polnischen Führung wissen, die sich von einer jüdischen Opposition kaum in politische Richtungsentscheidungen hineinreden lassen würde. Dennoch hatte der italienische Außenminister einen

---

[256] *Di Nolfo* in: *Hildebrand*, 1939, S. 113.

[257] ADAP, Serie D, Bd. 5, Dok. 272, S. 304.

[258] ADAP, Serie D, Bd. 5, Dok. 125, S. 139.

[259] ADAP, Serie D, Bd. V, Dok.136, S. 148.

164   B. Ein Experiment

wichtigen Punkt angesprochen: die Stabilität der polnischen Regierung reichte kaum aus, um ein weitreichendes Abkommen mit Deutschland zu unterzeichnen, ohne gleichzeitig eine grundsätzliche innenpolitische Auseinandersetzung über Polens Zukunft zu führen, deren personelle und inhaltliche Konsequenzen kaum vorausgesehen werden konnten. Es blieb reine Spekulation, ob irgend jemand in Warschau diesen Konflikt austragen wollte oder ob es die polnische Führung vorziehen würde, ihn weiterhin auf die lange Bank zu schieben und sich statt dessen den angenehmen Träumen von der eigenen Größe hinzugeben.

IX. Frühjahr 1939 - Die Weltmächte melden sich zurück

Zur gleichen Zeit als Hitler noch mit dem Feiern seiner Vorjahreserfolge beschäftigt war braute sich im Januar 1931 die politische Konstellation zusammen die in wenigen Monaten den Träumen der europäischen Mächte (und Hitlers ganz persönlichen Träumen) von einem stabilen Arrangement in Osteuropa ein Ende machen sollte.

München hatte sich quasi in einem luftleeren Raum abgespielt der nicht zuletzt durch das Fehlen der künftigen (und eigentlich auch aktuellen) Weltmächte entstanden war. Nun begann diese Voraussetzung zu entfallen. Nach langen Jahren des Schweigens und der versteckten Andeutungen machte Franklin D. Roosevelt den Anfang und sagte als erster Vertreter der Supermächte daß er eine Neuordnung Europas nicht dulden würde.

1. Amerikas Grenze liegt am Rhein

Roosevelt empfing am Dienstag, den 31. Januar 1939 die Mitglieder des „Military Affairs Committee" des Kongresses, unter ihnen auch einige prominente Isolationisten, zu einer vertraulichen Aussprache über die außenpolitische Situation und mögliche Gefährdungen der USA. FDR malte wie üblich ein dunkles Bild der Lage, auf dem auch ein Angriff auf den amerikanischen Kontinent zu sehen war. Noch mehr staunten seine Zuhörer allerdings, als sie erfuhren, daß Roosevelt bereits seit drei Jahren die „pretty definite information" vorliege, „that there was in the making a policy of world domination between Germany, Italy and Japan". Zwei Möglichkeiten gebe es, diese Politik aufzuhalten: Zunächst sei zu hoffen, daß jemand Hitler ermorde oder Deutschland einen Umsturz erlebe („blow up from within").[260] Andererseits sei zu versuchen, die Entwicklung mit friedlichen Mitteln aufzuhalten.

IX. Die Weltmächte melden sich zurück   165

Letzteres war wohl nur ein Zuckerstückchen, mit dem die Botschaft versüßt werden sollte, die Roosevelt an diesem Tag zu verbreiten gedachte. Er nannte nämlich gleich die Grundlinien der amerikanischen Verteidigung gegen die angeblichen Weltherrschaftspläne der Anti - Kominternstaaten. Im Pazifik seien dies „a series of islands, with the hope that throuph the Navy and the Army and the airplans we can hope the Japanese - let us be quite frank - from dominating the entire Pacific Ocean and prevent us from having access to the west coast of South America".[261]

Bewegte sich Roosevelt hier noch im Rahmen einer erweiterten Monroe - Doktrin und vermied es, den Japanern ihrerseits Verhaltensnormen auf dem asiatischen Kontinent zu setzen, ging er in Europa in die Offensive. Die amerikanischen Verteidigungsinteressen in Europa, ließ er sein Auditorium wissen, hingen von der dauerhaften unabhängigen Existenz einer sehr großen Zahl von Nationen ab. Es handle sich um Finnland, Lettland, Estland, Litauen, Schweden, Norwegen, Dänemark, Holland, Belgien, Ungarn, Tschechoslowakei, Polen, Rumänien, Bulgarien, Griechenland, Jugoslawien, Türkei, Persien, Frankreich und England. Merkwürdigerweise standen weder Portugal noch Spanien oder Albanien auf der Liste, obwohl gerade die Unabhängigkeit mindestens der letztgenannten in Gefahr war. (Welchen Tribut Spaniens künftiger starker Mann Franco seinen Gläubigern aus Italien und Deutschland schuldig sein würde, ließ sich noch nicht absehen, und Albanien stand bereits unter starkem italienischem Druck.) Möglicherweise klammerte Roosevelt beide Fälle gerade wegen ihrer Aktualität aus, um seine Zuhörer nicht zu sehr mit der Aussicht vielleicht unmittelbar bevorstehender Konsequenzen in Aufregung zu versetzen. Die Botschaft war auch so brisant genug.

Für den Fall, daß diese Verteidigungslinie überschritten werden sollte, offerierte Roosevelt seinen Zuhörern eine spektakuläre Variante der Dominotheorie. Hitler und Mussolini seien in der Luftstreitmacht so überlegen (wofür wieder einmal Charles Lindberghs Zahlen herhalten mußten), daß sie Großbritannien und Frankreich besiegen könnten. Sei dies erreicht, würde Afrika automatisch in ihre Hände fallen, danach selbstverständlich auch Süd- und Mittelamerika. Also beginne die allmähliche Einkreisung der Vereinigten Staaten bereits bei einer Verletzung dieser ersten Verteidigungslinie. Roosevelt legte den

---

[260] Zit. n. *Cole*, Isolationists, S. 305. Für die folgenden Zitate siehe die Mitschrift „Conference with the Senate Military Affairs Committee, Executive Offices of the White House, January 31, 1939, Presidents Personal File 1-P).

[261] Ebd., S. 305.

„Chip" (s.o. Margret Mead) nicht auf seine Schulter, er verteilte Chips auf der halben Welt - irgendwo würden die europäischen Diktatoren schon drauftreten.

Überhaupt scheint dieses Verfahren wirklich ein gewisses Muster in der amerikanischen Politik zu bilden. Vergleichbare Fälle gingen einigen US - amerikanischen Kriegen voraus, wo einem langsamen Spannungsaufbau der „befreiende" Zwischenfall und dann eine ungebremste amerikanische Kriegführung gegen einen wesentlich schwächeren Gegner folgte: So ließ im Januar 1846 der damalige Präsident Polk mexikanisches Gebiet bis zum Fluß Rio Grande besetzen, und als sich die Mexikaner erdreisteten, die US - Truppen einige Monate später von dort zu vertreiben, erklärte ihnen der Kongreß im Mai 1846 den Krieg. 1898 mußte der (niemals geklärte) Untergang des amerikanischen Schlachtschiffs „Maine" im damals spanischen Hoheitsgebiet von Havanna (Kuba) als Anlaß für den Krieg gegen Spanien herhalten, 1917 diente die Versenkung der (britischen) „Lusitania" durch ein deutsches U - Boot zwei Jahre zuvor als Motiv und 1964 schließlich mußte die manipulierte Darstellung des Tonking - Zwischenfalls der Flächenbombardierung Nordvietnams vorangehen - womit diese Methode dann allerdings endgültig an ihre Grenzen stieß.

Schon der Untergang der „Lusitania" war zu offensichtlich nur benutzt worden, und es hatte die isolationistische Stimmung in der amerikanischen Öffentlichkeit sehr gestärkt als sich herausstellte, daß der Passagierdampfer auch Munition transportiert und damit als Waffentransporter einer kriegführenden Macht seine Passagiere quasi als lebendes Schild benutzt und ungefragt in Gefahr gebracht hatte. 1964 trugen die Unwahrheiten im Zusammenhang mit dem angeblichen nordvietnamesischen Angriff auf den amerikanischen Zerstörer „Maddox" im Golf von Tonking mit entscheidend dazu bei, die Glaubwürdigkeit der amerikanischen Regierung zu ruinieren und die Weiterführung des Krieges unmöglich zu machen.

1939-1941 stellte sich ein vergleichbarer deutsch - amerikanischer Zwischenfall nicht ein, obwohl Roosevelt manches tat um ihn herbeizuführen, so z.B. amerikanische Marineeinheiten an der Sicherung britischer Konvois und dem Aufspüren deutscher U - Boote beteiligte und schon vor Kriegsausbruch im September 1941 auch die Jagd freigab: Jedes deutsche U - Boot in einer bis nach Island reichenden Zone internationaler Gewässer sei sofort zu versenken. Diese Maßnahmen intensivierten nur die peinlich genauen Anordnungen auf deutscher Seite, jeder Konfrontation aus dem Weg zu gehen und den Vereinigten Staaten keinen Grund zur weiteren Eskalation zu liefern.

Aber zurück ins Jahr 1939: „Get the uniform ready for the boys". Mit diesem Satz schloß jedenfalls Senator Nye eine elfseitige Zusammenfassung seines Eindrucks von Roosevelts Besprechung im Januar 1939. Es sei schockierend, wenn Roosevelt schon vor Ausbruch eines Krieges „unsere Verteidi-

IX. Die Weltmächte melden sich zurück 167

gungslinie in Frankreich sieht". Nye drohte mit seinem Rückzug aus dem Senatskomitee, wenn das weiterhin geheimgehalten werden sollte.

Es blieb nicht geheim. Die Zeitungen des nächsten Tages machten mit den Schlagzeilen auf: „Amerikas Grenze liegt am Rhein". Es konnte nicht geklärt werden, wer für diese Indiskretion verantwortlich war, denn offensichtlich faßte diese Titelzeile den Eindruck der meisten anwesenden Senatoren treffend zusammen. Auch hatte die Besprechung schon im voraus die Aufmerksamkeit der Presse auf sich gezogen, und die Senatoren wurden beim Verlassen des Weißen Hauses gleich von einer hungrigen Pressemeute begrüßt. Letzten Endes zog Roosevelt den größten Nutzen aus der Indiskretion, so daß die Meldung durchaus aus seinem Umfeld lanciert gewesen sein könnte. FDR sah sich zwar zu einem Dementi gezwungen, das er in einer Pressekonferenz am 3. Februar verkündete. Es handle sich um eine „bewußte Lüge", er habe nichts dergleichen zu den Senatoren gesagt. Tatsächlich hatte er ja sogar wesentlich östlichere Länder als Verteidigungslinie genannt, scheute sich aber aus verständlichen Gründen, dies vor der Presse zu wiederholen. Die Öffentlichkeit durfte den Eindruck behalten, einer isolationistischen Intrige zur Diskreditierung des Präsidenten aufgesessen zu sein, Roosevelt bezeichnete sie ganz offen als Lügner und konnte die Öffentlichkeit doch gleichzeitig an das Wort von der Rheingrenze gewöhnen, ohne es selbst in die Welt gesetzt zu haben. Eine weitere kleine Etappe auf dem langen Weg, Amerikas Bürger von den eigenen Interessen in Europa zu überzeugen, war absolviert.

Über der Affäre zerbrach denn auch Roosevelts Verhältnis zu den Isolationisten. Er lud Nye zwar zu einer Aussprache ins Weiße Haus, dieser lehnte jedoch ab und wurde künftig nicht mehr über solche strategischen Überlegungen informiert, ebensowenig wie die anderen führenden Isolationisten. Ausschlaggebend dafür war neben politischen Überlegungen FDR's wachsender persönlicher Widerwille gegen jeden, der Amerika aus dem Krieg heraushalten wollte. Gelegentlich setzte er die Isolationisten gar mit den Nationalsozialisten gleich.[262] An seiner offensiven Haltung gegenüber jeder Veränderung europäischer Machtverhältnisse änderte er jedoch nichts, sah sich vielmehr nur zwei Monate später gezwungen, seine Länderliste in eine weitreichende Initiative einzubauen.

Am 3. März 1939 stellte der Londoner Botschafter der USA Joseph Kennedy seinem Präsidenten die möglichen Folgen eines Krieges zwischen den Antikomintern - Staaten Deutschland - Japan - Italien einerseits und den mit der UdSSR verbundenen Westmächten Frankreich - Großbritannien andererseits in einer strategischen Analyse dar. Kennedy ging davon aus, daß eine Nichtteil-

---

[262] *Cole*, Isolationists, S. 315/316.

nahme der USA den sicheren Sieg der Antikominternmächte bedeuten würde und malte Roosevelt die wirtschaftlichen Folgen aus.[263] Er sah ein deutsches Handelsimperium „vom Rhein bis zum Djnepr" voraus, also exakt bis zu der Grenze, die Hitler dem polnischen Außenminister Beck für Polen schmackhaft machen wollte. Beck hatte Kennedys Kollegen Bullitt bekanntlich über den Verlauf des Gesprächs informiert. Der Markt in diesem Gebiet drohe den USA ebenso dauerhaft verschlossen zu bleiben, nicht anders als in Japans „Ostasiatischer Wohlstandssphäre". Als Ergebnis sei eine Reduktion der amerikanischen Außenhandels um bis zu 70 (?) Prozent zu erwarten und außerdem eine Gefährdung des amerikanischen Auslandsbesitzes.

Roosevelt reagierte prompt. Solche Zahlen aus den Händen eines Isolationisten wie Kennedy zu erhalten, bedeutete für ihn einen unschätzbaren Gewinn an Glaubwürdigkeit für seine eigenen Bedrohungsszenarien. Seine Handlungen in den nächsten Wochen sind daher wohl nicht weniger von diesen Zahlen bestimmt worden als von den Ereignissen in Europa. Er leitete das Memorandum zehn Tage später an den „Chief of Naval Operations" weiter und machte es damit auch gleich zur Basis der militärstrategischen Analyse. Anfang April) deutete er den Inhalt auf einer Pressekonferenz an,[264] und am 14. April ließ er den bekannten Brief an Hitler und Mussolini folgen. Die darin enthaltene kuriose Länderliste, die von den Achsenmächten Nichtangriffsgarantien für die halbe Welt verlangte, zeigt ganz deutlich den Einfluß des Memorandums und seiner geostrategischen Perspektive.

Roosevelt hatte seine Länderliste vom Januar in diesem Brief noch erweitert und nun auch die Schweiz, Liechtenstein (!), Luxemburg, Irland, Spanien, Portugal und selbst Rußland aufgenommen. Dazu weitere außereuropäische Territorien wie den Irak, Saudi-Arabien, Syrien, Palästina und den Iran.

Der Brief war in dem Tonfall maßvollen Zorns eines strengen und überlegenen Oberlehrers gehalten. Die USA seien selbst „not involved in the immediate controversies which have arisen in Europe". Eine ziemlich dreiste Behauptung, die sowohl durch den Brief selbst als auch durch dessen Gedankengang widerlegt wurde. Immerhin war Roosevelt genug in die europäischen Angelegenheiten verwickelt, um sich gelegentlich die Ermordung des Adressaten zu wünschen, und er hatte nun die Absicht, mit diesem Brief präzise Forderungen zur weiteren Gestaltung Europas zu stellen. Dennoch behauptete er, man spreche nicht aus eigenem Interesse und auch nicht aus Schwäche:

---

[263] *Junker*, Weltmarkt, S. 210 f.

[264] Genau am 8.4.39. *Junker*, Weltmarkt, S. 213.

„In making this statement we as Americans speak not through selfishness or fear or weakness. If we speak now it is with the voice of strength and with friendship for mankind."[265]

Die bösen Buben der Staatengemeinschaft sollten also vor der ganzen Klasse erklären, daß sie es nicht wieder tun würden. Genauer gesagt, sollten sie sich Roosevelt gegenüber schriftlich verpflichten, der die entsprechenden Papiere dann weiterleiten wollte.

Mussolini antwortete überhaupt nicht während Hitler sich die Gelegenheit zu einer Bloßstellung Roosevelts nicht entgehen lassen wollte und vor dem Reichstag eine lange und genüßliche Rede hielt die von manchen Beobachtern (so von L. Shirer als seine beste überhaupt eingestuft wurde. Amüsiert zitierte er Roosevelts Länderliste auf der neben souveränen Ländern auch britische und französische Kolonialgebiete auftauchten (die doch wohl kaum von Deutschland in ihrer Unabhängigkeit bedroht werden konnten). Irlands Präsident de Valera (der während des irischen Unabhängigkeitskampfs in den zwanziger Jahren nur mit knapper Not - wegen seiner amerikanischen Staatsangehörigkeit - einem britischen Erschießungskommando entgangen war konnte sich ebenfalls nicht von Deutschland bedroht fühlen und hatte eine Anfrage Hitlers entsprechend beantwortet.

Der rhetorische Erfolg lag also bei Hitler, wie auch Henry Kissinger feststellt.[266] Jedoch, darum ging es nicht wie Kissinger ebenso richtig weiterführt:

„Roosevelt aber erreichte sein politisches Ziel. Er hatte die Note allein an Hitler und Mussolini gerichtet um sie vor den Augen der amerikanischen Öffentlichkeit - dem einzigen Publikum das in jenem Moment für ihn zählte - als Aggressoren zu brandmarken. Um die Amerikaner für die Unterstützung der europäischen Demokratien zu gewinnen mußte er auch sprachlich über den Rahmen der vertrauten Gleichgewichtssymbolik hinausgehen. Fortan ging es nicht mehr um eine Balance zwischen mehr oder weniger gleichartigen Staaten sondern um einen Kampf zur Verteidigung unschuldiger Opfer gegen einen bösartigen Aggressor."[267]

Außenpolitische Provokation zur Absicherung der innenpolitischen Stellung also (deren Stärke dann wieder zur Führung einer aggressiven Außenpolitik benutzt werden kann). Die spezifische Dialektik demokratisch - imperialistischer Politik wird nirgendwo deutlicher als am Beispiel Franklin D. Roosevelts.

---

[265] FDR, Public Papers 1939, New York 1941, S. 201.

[266] *Kissinger*, Vernunft, S. 40 f.

[267] *Kissinger*, Vernunft, S. 408.

2. Rußland macht keine Unterschiede

Nahezu zeitgleich mit Roosevelts Auftritt vor dem Kongreßausschuß Ende Januar brachte sich auch Josef Stalin nachdrücklich in Erinnerung. Der Chef der zweiten künftigen Supermacht ließ demonstrativ öffentlich durchblicken, daß die Sowjetunion nach allen Seiten offen sei, daß sie aber die Entwicklung aufmerksam beobachte.

Am 27. des Monats erschien zu diesem Zweck im Londoner „News Chronicle" ein Artikel des gewöhnlich vom sowjetischen Botschafter in London selbst informierten diplomatischen Korrespondenten der Zeitung,[268] in dem jeder wesentliche Unterschied zwischen den westlichen Demokratien und den Achsenmächten verneint wurde. Der Kernsatz lautete:

„Aus der Sicht der sowjetischen Regierung gibt es zwischen den Positionen der britischen und der französischen Regierung einerseits und der deutschen und der italienischen andererseits keinen Unterschied, der bedeutend genug wäre, um schwere Opfer zur Verteidigung der westlichen Demokratien zu rechtfertigen".[269]

Stalin hielt sich also alle Optionen offen, wollte vor allem aber klarstellen, daß er sich trotz des bestehenden Beistandspakts mit Frankreich keiner Seite verpflichtet fühlte. Um den quasi - amtlichen Eindruck des Artikels noch zu verstärken, ließ er ihn auch wörtlich in der „Prawda" nachdrucken.

Daraus mußte nicht unbedingt folgen, daß Stalin jetzt schon Deutschland die Hand zur Teilung Polens reichte.[270] Zwar hatte der stellvertretende russische Volkskommissar des Äußeren, Wladimir Potemkin, den französischen Botschafter in Moskau schon kurz nach Abschluß des Münchener Abkommens im Oktober 1938 wissen lassen, er sehe keine andere Lösung mehr als die vierte Teilung Polens,[271] aber es gibt kaum einen Anlaß daran zu zweifeln, daß Stalin sein eigentliches Ziel (das er bereits seit einem Jahrzehnt unbeirrt verfolgte) in diesem Artikel ganz offen genannt hatte: die Sowjetunion so lange wie möglich aus dem nächsten Krieg herauszuhalten. Mit wem er zu diesem Zweck paktieren mußte, war ihm reichlich gleichgültig, auch daran hatte er keinen Zweifel gelassen.

Während des XVIII. Parteitags im März wiederholte er die Aussagen des Artikels dennoch ein weiteres Mal fast wörtlich und erklärte zusätzlich, „auf

---

[268] *Kissinger*, Vernunft, S. 356.

[269] Zit. n. *Kissinger*, Vernunft, S. 356.

[270] *Kissinger*, Vernunft, S. 355.

[271] *Coulondre*, Von Moskau nach Berlin, Bonn 1950, S. 240.

IX. Die Weltmächte melden sich zurück

der Hut zu sein und es nicht zuzulassen, daß unser Land durch Kriegstreiber, die sich die Kastanien gewöhnlich ja doch nur von anderen aus dem Feuer holen lassen, in Konflikte hineingezogen wird."[272] Es waren seine eigenen Gedanken von 1931, die er hier den Westmächten unterschob und tatsächlich war unter diesen Prämissen prinzipiell ein Abkommen mit Deutschland einfach deshalb wahrscheinlicher, weil das Reich von Rußland (wenigstens vorläufig) kein militärisches Engagement gegen eine bedeutende Militärmacht verlangen würde. So eine Bedingung hätte Stalin 1939 genauso abgelehnt, wie er sie 1940 zurückweisen sollte, als Hitler die UdSSR in den Krieg mit den Westmächten hineinziehen wollte. Er suchte den risikolosen Machtgewinn in Osteuropa, möglichst ohne einen Krieg führen zu müssen. Dies wurde in letzter Zeit vor allem von Viktor Suworow energisch bestritten, der Stalin klare Angriffsabsichten schon seit den zwanziger Jahren unterstellt und dies mit dem Hinweis auf die überwältigende sowjetische Rüstung und deren ausschließlich offensiv ausgerichtete Militärdoktrin mindestens für 1941 auch recht überzeugend begründen kann.[273] Dennoch bleiben Zweifel. Sicher schwebte Stalin die Hegemonie des Zarenreichs über Europa nach 1815 als Vorbild vor Augen. Die industrielle Aufholjagd der UdSSR diente nur dem Zweck, sie zu erneuern, und noch in Potsdam raunzte er einen amerikanischen General an, als der ihm ein nettes Kompliment wegen der Eroberung Berlins machen wollte: „Zar Alexander I. kam bis nach Paris."[274]

Aber in dieser Begründung schimmern auch die Grenzen des sowjetischen Expansionskurses durch. Trotz aller Rhetorik vom gewaltsamen Export des kommunistischen Systems und der kommenden Weltrevolution dachte Stalin zweifellos in Kategorien *russischer* Machtentfaltung und ganz allgemein von staatlicher *Macht*, und es darf bezweifelt werden, ob er sich unter diesem Gesichtspunkt von einer Sowjetisierung Europas besonders viel versprochen hätte. Ganz im Gegenteil mußte er sich vor dem Selbstbewußtsein einer möglichen deutschen Sowjetregierung (der schon Lenin ganz selbstverständlich die weitere Führung der Revolution übertragen wollte) durchaus fürchten. Selbstbewußte „Genossen" ließ Stalin in der Regel erschießen, bevor sie noch zu einer Gefahr wurden und er war zweifellos zu klug, um die Konsequenzen der Etablierung einer autonomen kommunistischen Macht und die möglichen Rückwirkungen auf die UdSSR zu unterschätzen.

Nein, Stalin wollte eine Hegemonialmacht etablieren, und nicht anders als jede andere potentielle Hegemonialmacht auch mußte er zu diesem Zweck kei-

---

[272] Zit. n. *Kissinger*, Vernunft, S. 357.

[273] *Viktor Suworow*, Der Eisbrecher, Der Tag „M".

[274] Zit. n. *Kissinger*, Vernunft, S. 424.

nen Angriffskrieg führen, sondern konnte in aller Ruhe auf sein Potential verweisen und es zu politischen Erpressungen nutzen. Falls Krieg aber doch notwendig werden sollte, konnte die Sowjetunion, nicht anders als die USA, selbst bestimmen, wann der Zeitpunkt zu einem militärischen Eingreifen gekommen war. (1941 war er gekommen, aber als Folge einer militärischen Entwicklung, die 1939 nun wirklich niemand voraussehen konnte.) Sie war von keiner europäischen Macht unter Druck zu setzen, und Stalin ließ dies noch einmal durchblicken, als er in der gleichen Rede über die „himmelschreienden Lügen" der westlichen Presse zum „Verfall der russischen Luftstreitkräfte" und der angeblichen „Schwäche der russischen Armee" herzog.

Überhaupt war es höchste Zeit, die Welt auf die Fähigkeiten der unterschätzten Roten Armee hinzuweisen und deshalb ließ Stalin auch die anderen Parteitagsdelegierten militante Reden führen: „Unsere Artillerie ist eine Artillerie für Angriffsoperationen. Wie ein wütender Sturm wird die Rote Armee ins Feindesland eindringen und im mörderischen Artilleriefeuer den Gegner vom Antlitz der Erde hinwegfegen." durfte die Prawda am 18. März den Genossen T. I. Rostunow zitieren. An uns kommt niemand vorbei, lautete die Botschaft. In der Tat konnten für einen extrem mißtrauischen Menschen wie Stalin die Behauptungen von der Schwäche der Roten Armee nur gezielte politische Desinformation seitens der westlichen Regierungen sein, wußte er doch gleichzeitig die bei weitem größte Militärmacht der Welt hinter sich.

Auf die aktuellen Spannungen in Europa bezogen, zeigte Stalins Parteitagsrede im Endeffekt, daß die UdSSR *unterhalb* eines militärischen Beistandspakts zu jedem Abkommen mit jeder Seite bereit war, solange es keine Verpflichtungen enthielt. Und hier waren nun wieder die Westmächte prinzipiell im Vorteil gegenüber Deutschland, da sie von Machtverschiebungen in Osteuropa nicht direkt betroffen waren, und der sowjetischen Seite daher größere Zugeständnisse ohne Verlust an eigener Sicherheit machen konnten. Stalin signalisierte daher seine Ambivalenz zwischen Achse und Westmächten nicht nur, um die Sowjetunion aus der vorderen Reihe des kommenden Konflikts zu nehmen, (oder gar Deutschland einen Deal anzubieten) sondern in erster Linie, um seine Verhandlungsmöglichkeiten allen anzudeuten und Druck auf seine künftigen Partner auszuüben. Denn daß die UdSSR von keiner Veränderung in Osteuropa unberührt bleiben würde, daran ließ der Ton der Rede keinen Zweifel. Jede europäische Macht mußte das Land in seine Kalkulationen mit einbeziehen.

Zuerst kamen die Briten. Wenige Tage nach Stalins Rede vom 10. März hatte Hitler das künftige „Reichsprotektorat Böhmen und Mähren" besetzen lassen und in Großbritannien das dringende Gefühl ausgelöst, „etwas" tun zu müssen. Die öffentliche Aufregung war so groß, daß Premier Chamberlain seinen ersten Erklärungen, es seien dabei ja keine Verträge verletzt worden und es bestehe kein Grund zur Sorge, bald die kämpferische Rede von Birmingham folgen lassen mußte. Es begann nun offensichtlich zu werden, wie erbittert die Stimmung in Großbritannien durch den jahrelangen doppelzüngigen Kurs der eigenen Regierung war, die unter dem Deckmantel des „Selbstbestimmungsrechts der Völker" eben dieses Recht durch ihre Politik der letzten Jahre systematisch demontiert hatte. Die Farce des Nichteinmischungsausschusses im Spanischen Bürgerkrieg tat ebenso ihre Wirkung (just in diesen Tagen marschierte Franco auf Barcelona und liquidierte die Republik endgültig) wie die Opferung Äthiopiens gegenüber dem italienischen Spätimperialismus. Die Besetzung Prags erzwang nun eine öffentlichkeitswirksame politische Antwort. Chamberlain konnte seinen nüchternen Kurs gegenüber Deutschland nicht mehr durchhalten.

Das britische Kabinett wollte allerdings nichts vom Zaun brechen und einigte sich auf eine möglichst ungefährliche Demonstration britischer Entschlossenheit. Als Objekt für eine britische Garantie wählte man - Rumänien, ein Land in dem in nächster Zeit garantiert keine Konflikte mit Deutschland auftreten würden. An jenem 17. März, an dem Chamberlain seine Rede in Birmingham hielt, schickte London diplomatische Noten an Griechenland, Jugoslawien, Frankreich, die Türkei, Polen und die Sowjetunion, um deren Meinung über eine gemeinsame Haltung zur „Bedrohung" Rumäniens zu sondieren. Die Antwort war so negativ, wie sie angesichts des hanebüchenen Phantasieprodukts eines deutschen Angriffs auf Rumänien sein mußte. Es gab keinen gemeinsamen Nenner jener Staaten gegenüber einer derart fiktiven Bedrohung, was wohl auch in London schon vorausgesehen worden war. Immerhin war nun „etwas" getan und da schon dieser Vorschlag die Sowjetunion ins diplomatische Spiel gebracht hatte, ging Großbritannien noch weiter: nur drei Tage später, am 20. März, ganze zehn Tage nach Stalins Parteitagsrede, schlug London eine gemeinsame Absichtserklärung Frankreichs, Polens, Rußlands und eben Großbritanniens vor, über „eine gemeinsame Vorgehensweise" zu beraten, falls die Unabhängigkeit eines europäischen Staates bedroht werde.

Obwohl Chamberlain sich wohl bewußt war, wie sehr er mit der Hereinnahme der Sowjetunion in das Spiel den Einsatz erhöhte und den Plan in einer Notiz vom 19. März auch selbst als „pretty bold and startling" (kühn und überraschend) bezeichnete, glaubte er doch auch in diesem Fall nicht an eine starke deutsche Reaktion:

"I feel that something of the kind is needed, and though I can't predict the reactions in Berlin, I have an idea, that it won't bring us to an acute crisis, at any rate at once ...".[275]

Auch dieser Vorschlag entsprang also mehr dem Gefühl „etwas" tun zu müssen, um Eindruck auf Deutschland zu machen, als rationaler Überlegung. Tatsächlich war der Plan auch sehr informell konzipiert und hätte im Ernstfall niemanden zu irgend etwas verpflichtet, geschweige denn zu militärischen Aktionen. Immerhin konnte Stalin auf der Habenseite vorläufig das Zugeständnis der Westmächte verbuchen, sich in Osteuropa vertraglich engagieren zu wollen und zwar auf einer gemeinsamen vertraglichen Ebene mit der Sowjetunion. Der Sorge, für andere die Kastanien aus dem Feuer holen zu müssen, war er daher fürs erste ledig, allerdings unter der Voraussetzung, daß dem prinzipiellen Zugeständnis noch materieller Gehalt verliehen werden konnte. Tatsächlich waren solche Überlegungen aber innerhalb von Tagen hinfällig, da die März - Krise der europäischen Politik durch Polens endgültige Absage an Deutschland und die gleichzeitige polnische Teilmobilmachung einen neuen Schub erhielt. Chamberlain geriet unter stärkeren Druck aus der Öffentlichkeit und dem eigenen Kabinett, (am 28. März sah er sich einer Resolution von Churchill, Eden und etwa dreißig Konservativen Abgeordneten gegenüber, die ein „National Government" und eine Änderung der Außenpolitik forderten), dem er diesmal nur durch die Abgabe einer einseitigen Garantie für Polen zu begegnen können glaubte. Dem Schachzug in Rumänien war innerhalb von Tagen ein Matt in Polen gefolgt.

Damit war die Geschäftsgrundlage aller Verhandlungen in Osteuropa völlig verändert. Großbritannien saß unrettbar fest. Es hatte seinen diplomatischen Spielraum freiwillig auf ein Minimum reduziert, das es ihm im August gerade noch gestatten sollte, die Garantie für Polen weit genug einzuschränken, um das Land nicht auch noch gegen die Sowjetunion verteidigen zu müssen. Stalin hatte im Gegenzug Zeit und Spielraum gewonnen, die Verhältnisse in Osteuropa auf dem Vertragsweg zu Gunsten Rußlands zu korrigieren und dem wirtschaftlichen Wiederaufstieg der alten Hegemonialmacht auch den entsprechenden territorialen Ausdruck zu verschaffen. Es blieb allerdings noch die Frage, mit welchem Partner.

3. Deutsch - Polnische und Tschechische Affären im Frühjahr 1939

Nach der Besetzung Tschechiens durch deutsche Truppen im März wandelte sich die Einschätzung des Münchener Abkommens in Großbritannien sehr

---

[275] Zit. n. *Feiling*, Life, S. 401.

IX. Die Weltmächte melden sich zurück

schnell – und Neville Chamberlain als einer seiner Väter begann als Folge davon seine „eiserne" Kontrolle über die englische Außenpolitik langsam zu verlieren, auch wenn er selbst in dieser Entwicklung wenig Überraschendes sehen konnte. Denn das Münchener Abkommen hatte in der Tschecho - Slowakei (wie sich das Land seitdem schrieb, mit dem Bindestrich als Hinweis auf Zukünftiges) nichts endgültig geregelt. Das Land sah sich weiter Ansprüchen und Aggressionen seiner Nachbarn ausgesetzt und stand auch aus innenpolitischen Gründen vor dem Zerfall. Alles Umstände, die dem britischen Premier auch durchaus bewußt waren, wie die ersten Erklärungen Chamberlains nach der deutschen Besetzung Prags zeigten. Noch am selben Tag, dem 15. März 1939, erklärte er vor dem Unterhaus lapidar, es läge keine deutsche Aggression vor, die Tschechoslowakei sei ein Opfer von „internal disruption" und es sei auch kein internationales Abkommen verletzt worden.[276] Allerdings:

„even if this had taken place with the Czech goverments free assent (sic !), I cannot regard the manner and the method ..... as in accord with the spirit of the Munich agreement."[277]

Eben dies war das Problem. Hitler hatte die bisher mit Stillschweigen überdeckte Vereinbarung, in der Tschechoslowakei frei handeln zu können, offen sichtbar werden lassen. Die Folgen bekam Chamberlain schon während seiner ungnädig aufgenommenen Rede vor dem Parlament zu spüren. Um die Wogen der Aufregung zu glätten, mußte er unter dem Druck der Öffentlichkeit und der eigenen konservativen Parteifreunde um Eden und Churchill seine Äußerungen umgehend verschärfen, was er am 17. März in einer Rede in Birmingham auch tat.[278] Dort verurteilte er pflichtgemäß den deutschen Einmarsch, der den Verlust jeder Glaubwürdigkeit bedeute.

Wie wenig Chamberlain in Wahrheit weiterhin über die Entwicklung in Mittel- und Südosteuropa beunruhigt war, zeigt seine Reaktion auf die Besetzung Albaniens durch Italien wenige Tage später, am 7. April: Nach dem nächtlichen Eintreffen der Neuigkeit von Mussolinis Invasion eilte Richard Butler (parlamentarischer Staatssekretär im britischen Außenministerium) in die Downing Street, um sich Anweisungen zu holen. Chamberlain schien „irritiert" über die Störung. Als Butler begann, von der „allgemeinen Bedrohung

---

[276] *Bloch*, Das Dritte Reich, S. 254 und *Feiling*, Life, S. 399.

[277] Zit. n. *Feiling*, Life, S. 400.

[278] *Bloch*, Das Dritte Reich, S. 255.

der Balkanstaaten zu sprechen", bekam er zu hören: „Seien Sie nicht albern. Gehen Sie nach Hause und legen Sie sich ins Bett."[279]

Wie sehr andererseits bereits kurze Zeit später seitens britischer Politiker die Stilisierung dieser Affäre betrieben wurde, die sich innerhalb von Monaten zum Wendepunkt des deutsch - britischen Verhältnisses der dreißiger Jahre und zu Hitlers „Ursünde" mauserte, macht der im Oktober 1939 erschienene Erinnerungsbericht von Neville Henderson, 1937-39 britischer Botschafter in Berlin, deutlich. Henderson beschreibt aus seiner Sicht die drohende Gefahr, die zur Abgabe der britischen Garantie für Polen geführt hatte, mit folgenden Worten:

„Die Nazis sprachen schon von einer Wiederaufrichtung des Vorkriegs - Österreich - Ungarn (ein ziemlich kurioses Fehlurteil, das eher auf britische Ängste als auf deutsche Pläne verweist; d. Verf.) und von einer Beherrschung ganz Mitteleuropas von Berlin aus. Die Prinzipien des Nationalismus und der Selbstbestimmung, die Hitler dazu gedient hatten, Großdeutschland zu errichten, waren jetzt gänzlich außer Kurs geraten. In Prag hatte man sie zynisch über Bord geworfen und durch Weltherrschaft (sic!) ersetzt."[280]

Nun gibt es zweifellos viele Faktoren, die für eine „Weltherrschaft" nötig sind. Die Beherrschung Prags gehört ebenso zweifellos nicht dazu. Der Schock, den die Besetzung Prags in Englands politischer Klasse auslöste, läßt sich mit Hendersons Bemerkungen nicht begründen. Die Ursachen liegen tiefer. Es rächte sich jetzt Chamberlains Verletzung britischer Politikstandards in München durch eine tiefe Vertrauenskrise. Wie Chamberlain ganz richtig feststellte, war kein internationales Abkommen verletzt worden. Der „Geist von München" aber, den er am 15. März beschwor, der hatte sehr wohl gelitten. Nur sah Chamberlain persönlich diesen „Geist" nicht (oder weniger) in der nationalen Selbstbestimmung der Deutschen (oder anderer Völker) repräsentiert, als in der stillschweigenden Übereinkunft der vier Mächte, europäische Angelegenheiten gemeinsam zu regeln.

Diese Beurteilung hatte er zu wenig nach außen vermittelt. Während Roosevelt die amerikanische Öffentlichkeit bereits seit längerem mit Feindbildern versorgte, die ihn politisch handlungsfähig machten, hatte Chamberlain nie so recht dem Eindruck widersprochen, er mache nur altes Unrecht an den Deutschen wieder gut und halte Hitler im Grunde für einen „guten" Mann. Das war Hitler nicht (und Chamberlain hielt ihn auch nicht dafür), aber Chamberlain

---

[279] Zit. n. *Adamthwaite*, Großbritannien und das Herannahen des Krieges, in: *Hildebrand*, 1939, S. 211; (Orig.: The Art of the Possible: Memoirs of Lord Butler, London 1973, S. 79).

[280] *Henderson*, Fehlschlag, S. 250.

glaubte doch an die Chance, mit ihm zu tragfähigen Absprachen auf einer gleichgewichtspolitischen Ebene zu kommen. Nach der Besetzung Prags stand Hitler nun offen als der Machtmensch da, der er eigentlich war, und der britische Premier als der Idealist, der er eigentlich nicht war. Die Folge konnte nur eine nachhaltige Erschütterung seiner innenpolitischen Stellung sein - bei gleichzeitiger Überhöhung des moralischen Anteils in seiner bisherigen Politik.

Die britische Politik sah nun die Gefahr heraufziehen, dieser Idealist könne die britische Stellung zu nachhaltig schwächen und Deutschland eine ungebremste Machtentfaltung gestatten. In der Beurteilung dieser Gefahr gab es erhebliche Differenzen innerhalb der Regierung. Der Premier selbst neigte eher dazu, die Besetzung Prags im Interesse einer weitergehenden Zusammenarbeit mit Deutschland noch hinzunehmen (wie an anderer Stelle gezeigt wurde). Chamberlain stand jedoch unter dem dreifachen Druck der Öffentlichkeit, der parlamentarischen Opposition und vor allem seiner konservativen Parteifreunde.

Diese Schwäche Chamberlains war von Hitler durchaus frühzeitig erkannt worden. Trotz des großen Erfolgs in München hatte er fast unmittelbar nach dem Münchener Abkommen (am 9.10.39) in einer Rede in Saarbrücken erklärt: „Es braucht nur in England statt Chamberlain Herr Duff Cooper oder Herr Eden oder Herr Churchill zur Macht kommen, so wissen wir genau, daß es das Ziel dieser Männer wäre, sofort einen neuen Weltkrieg zu beginnen."[281]

Warum Hitler gerade Mitte März den Zeitpunkt gekommen sah, den Aufteilungsprozeß der Tschechoslowakei, der seit Oktober 1938 kein Ende gefunden hatte, nun zu einem Abschluß zu bringen, ist nicht abschließend geklärt. Als unmittelbare Folge des Münchener Abkommens hatten zunächst am 6. Oktober die Slowakei und am 8. Oktober die Karpato - Ukraine einen autonomen Status angenommen. Wenige Wochen später setzte Polen am 1. November 1938 seine Ansprüche an das Teschener Gebiet durch. Einen Tag danach besetzte Ungarn den Gebietsstreifen im Süden der Slowakei, der ihm nach dem Wiener Schiedsspruch durch Italien und Deutschland zustand.

Dies alles geschah ohne eine weitere Konsultation oder gar ein Eingreifen der Westmächte. Schon vor München hatte Hitler ja auch kein Hehl aus seiner Ansicht gemacht, auch eine unabhängige Tschechoslowakei ohne das Sudetenland stelle für Deutschland eine Bedrohung dar, die nicht lange weiter existieren würde. Das hatte er Chamberlain am 13. September ganz offen ins Gesicht gesagt: Nach langen Ausführungen über die Glaubwürdigkeit der deutschen Politik, die sich an alle gegebenen Grenzgarantien in Buchstaben und

---

[281] *Bloch*, Das Dritte Reich, S. 243. *Bloch* zitiert aus *Domarus*, „Hitler, Reden und Proklamationen", Bd. 1, S. 955, 964.

Geist gehalten habe, weigerte er sich damals hartnäckig, eine solche Garantie für die Tschechoslowakei (und für Polen) abzugeben, gleichgültig welche Grenzen das Land habe.

Auf Chamberlains Frage, ob „die Schwierigkeiten mit der Tschechoslowakei denn mit der Rückkehr von drei Millionen Sudetendeutschen ins Reich beigelegt seien",[282] oder ob Deutschland nicht darüber hinaus auf die Zerstückelung der Tschechoslowakei abziele, antwortete er dann ziemlich deutlich mit ja:

„Der Führer erwiderte, daß außer der sudetendeutschen Forderung natürlich ähnliche Forderungen von den in der Tschechoslowakei lebenden Polen, Ungarn und Ukrainern erhoben würden, die man auf Dauer unmöglicherweise ignorieren könne."[283]

Er werde nicht dulden, daß die Tschechoslowakei weiter eine Bedrohung für Deutschlands Flanke darstelle, und dies sei „solange der Fall, wie der tschechoslowakische Staat Bündnisse mit anderen Staaten hätte".[284] Als Chamberlain daraufhin vorschlug, daß die Tschechoslowakei ihr Bündnis mit Rußland lockern sollte, wurde Hitler dann noch deutlicher. Dies sei nicht nötig, da „die Tschechoslowakei sowieso nach einiger Zeit nicht mehr bestehen würde, da ja außer den vorerwähnten Nationalitäten auch die Slowaken mit aller Energie von diesem Lande loszukommen versuchten."[285]

Als unmittelbare Reaktion gab Chamberlain jede Rücksichtnahme auf die Tschechoslowakei auf und wies „darauf hin, daß Großbritannien ..... an der sudetendeutschen Frage nicht interessiert sei. Sie sei eine Angelegenheit zwischen Deutschen und Tschechen. Großbritannien sei nur an der Aufrechterhaltung des Friedens interessiert."[286]

Zumindest Chamberlain konnte also von dem Ende der Tschechoslowakei kaum überrascht sein, das Hitlers Szenario von Berchtesgaden genau entsprach. Er reagierte (wie oben gezeigt), ja auch recht zurückhaltend, konnte sich aber innerhalb der Regierung nicht durchsetzen.

Hitler seinerseits sah trotz der Äußerungen über Chamberlains innenpolitische Ausnahmestellung offenbar nicht voraus, daß die Westmächte in dieser Angelegenheit so heftig reagieren würden. Tatsächlich war die feinsinnige Lo-

---

[282] ADAP, Serie D, Bd. II, Dok. 487, S. 627 f.
[283] Ebd., S. 630.
[284] Ebd., S. 632.
[285] Ebd., S. 632.
[286] Ebd., S. 632.

gik hierin von außen nicht leicht zu erkennen, denn in den Vorgängen um die Zerschlagung der Tschechoslowakei stellte der 15. März eigentlich unter keinem Gesichtspunkt ein außergewöhnliches Ereignis dar. Natürlich handelte es sich um einen erpresserischen Akt. Immerhin konnte er aber durch die Unterschrift des Tschechischen Präsidenten wenigstens so etwas wie eine Scheinlegalität beanspruchen, die dem Münchener Abkommen völlig abging, wo die Tschechische Regierung weder vorher noch nachher überhaupt gefragt worden war.

Nicht einmal ein halbes Jahr vorher hatten sich England und Frankreich an diesem völkerrechtswidrigen Akt beteiligt (das Münchener Abkommen gilt heute völkerrechtlich als von Anfang an nichtig), der ihren damaligen Verbündeten Tschechoslowakei de facto auflöste. Und bereits damals hatten sie neben den Sudetendeutschen auch der Eingliederung von fast einer Million Tschechen in das Deutsche Reich ausdrücklich zugestimmt. Auch keine der nachfolgenden territorialen Plünderungsaktionen Polens oder Ungarns hatte irgendein Zeichen ihrer Mißbilligung hervorgerufen.

In dieser Reihe stellte der deutsche Einmarsch in „Böhmen und Mähren" lediglich einen Schritt in einem laufenden Prozeß dar. Zwei Tage vorher hatte sich die Slowakei für unabhängig erklärt, mit Rückendeckung und auf ausdrücklichen Wunsch Deutschlands zwar, aber wohl kaum lediglich als Ergebnis einer deutschen Manipulation, wie die aktuelle europäische Landkarte anschaulich nachweist. Eine Woche später zog wiederum Ungarn nach und gliederte die Karpato - Ukraine in sein Staatsgebiet ein - was die polnische Regierung ihrerseits bereits seit Monaten gefordert hatte, um endlich das lang ersehnte Ziel einer gemeinsamen polnisch - ungarischen Grenze zu erreichen.

4. Der größte Tag

„Kaum hatte Hacha den Raum verlassen, verlor Hitler alle gewohnte Haltung. Erregt stürzte er ins Zimmer seiner Sekretärinnen und forderte sie auf, ihn zu küssen: „Kinder", rief er, „Hacha hat unterschrieben. Das ist der größte Tag meines Lebens. Ich werde als der größte Deutsche in die Geschichte eingehen."[287]

Nach dem Einmarsch in Prag waren die Vorgaben des Hoßbach - Protokolls vollständig erfüllt. Hitler hatte ohne Krieg alles erreicht, was er vor eineinhalb Jahren als sein politisches Vermächtnis proklamiert hatte. Fast alles - es fehlte noch das angepeilte Arrangement mit Polen. Fünf Tage nach der Unterschrift Hachas wiederholte Ribbentrop also gegenüber dem polnischen Botschafter

---

[287] Zit. n. *Fest*, Hitler, S. 783.

Lipski die deutschen Vorschläge vom Oktober vergangenen Jahres in vollem Umfang und bot noch einmal einen grundsätzlichen Ausgleich mit Deutschland an.

Es war ein vergeblicher Versuch. An Polens Haltung hatte sich seit dem vergangenen Jahr nichts geändert, nach dem Ende der Tschechoslowakei und der endlich erreichten polnisch - ungarischen Grenze schon gar nicht. (Auch war die Ablehnung der vorliegenden deutschen Angebote schon am 8.Januar des Jahres Gegenstand eines Kabinettsbeschlusses gewesen.) Das hatte Beck den britischen Botschafter bereits am 17. März wissen lassen.[288] Er sehe keine Gefahr von deutscher Seite, Polen werde aber kämpfen, wenn Deutschland Danzig besetzen sollte.

Am 26. März brachte Lipski denn auch die endgültige Absage mit nach Berlin, und damit in Deutschland kein Zweifel über die Bedeutung dieses Schritts bleibe, folgte gleichzeitig eine Teilmobilmachung der polnischen Armee.

Polen hatte sich im März für den einzigen Bündnispartner entschieden, der die Möglichkeit einer unabhängigen polnischen Politik gegenüber Deutschland und der UdSSR zu bieten schien. Nachdem Beck im gleichen Monat das Terrain in London sondiert hatte, brachte die polnische Regierung am 23. März ein bilaterales Abkommen zwischen England und Polen ins Gespräch.[289] Beck konnte mit einer wohlwollenden Aufnahme dieser Idee rechnen, da bereits einen Tag vor Becks Initiative, am 22. März, auf einer britisch - französischen Ministerkonferenz formell beschlossen worden war, Polen im Fall eines deutschen Angriffs auf Rumänien (!?) die nötige Hilfe zum Eingreifen zu geben.[290] Es fehlte nur noch ein kleiner Schritt, um aus dieser Absichtserklärung ein sowohl verbindliches als auch nützliches Abkommen für Polen zu machen, und die Briten gingen diesen Weg um so leichter, als sie Polens eigene Absichten völlig mißverstanden. Hier suchte kein verschrecktes und hilfloses Land nach dem großen Bruder, wie man in London mit Blick auf die Tschechoslowakei wohl dachte, hier machte ein von großem Selbstbewußtsein getragenes Regime einen machtpolitischen Schachzug. Man ging mit dem Meistbietenden, und das war nun einmal der Westen.

Doch was aus polnischer Sicht nur eine konsequente Fortsetzung der polnischen Politik während der Zwischenkriegsjahre sein sollte, die wenige Tage später mit der britischen Garantie (für deren Annahme Beck nach eigener Aus-

---

[288] *Hofer*, Entfesselung, S. 46.

[289] Polnisches Weißbuch, Nr. 66, zit. n. *Hofer*, Entfesselung, S. 48.

[290] DBFP IV, Nr. 484.

IX. Die Weltmächte melden sich zurück

sage „nicht länger brauchte, als ein Stück Asche von einer Zigarette zu schnippen") endlich an ihr Ziel gekommen war, hatte unter den veränderten Bedingungen von 1939 unerwartete Rückwirkungen. Polen war nun zwar endlich gleichberechtigter Partner des Westens (Beck bestand darauf, daß die britische Garantie innerhalb von Tagen in ein Versprechen auf gegenseitigen Beistand geändert wurde.) und konnte gemeinsam mit den Westmächten innerhalb Europas ein militärisches Gleichgewicht gegenüber Deutschland halten. Aber was vor Jahren noch die Grundlage eines stabilen multilateralen Vertragssystems hätte bilden können, war mit dem neu erwachten Interesse der UdSSR und der USA an Europa von Beginn an hinfällig.

Großbritannien Frankreich und Polen konnten Deutschland (und gleichzeitig Italien) allenfalls dann in Schach halten, wenn keine der außereuropäischen Randmächte USA und UdSSR auf Seiten des Reichs eingreifen sollte (oder wenn beide sich für unterschiedliche Seiten entscheiden sollten). Die Vereinigten Staaten hatten nun ihre Präferenzen schon erklärt, standen aber für ein formales Bündnis nicht zur Verfügung. Blieb also Rußland.

Die Sowjetunion mußte künftig entweder „draußen" bleiben (wie die Jahre zuvor), oder auf die Seite der Dreierkoalition gezogen werden, so legte es die Großmachtarithmetik nahe. Es wäre das Mächtesystem bei einem Bündnisabschluß Polens mit Deutschland - Ungarn - Italien zweifellos länger stabil geblieben, da eine solche Konstellation einen Abschluß zwischen Frankreich - Großbritannien und der UdSSR nahegelegt hätte. So wäre vorläufig die Situation der Vorkriegszeit vor 1914 zurückgekehrt, mit einer etwas stärkeren Mitte und einer größeren Aussicht auf längeren Frieden, da die andauernden tiefgreifenden ideologischen Unterschiede allen Bündnissen nicht viel Stabilität ließen und die jeweiligen Partner schwer berechenbar gemacht hätten.[291]

Andererseits mußten sowohl ein Abschluß der UdSSR mit der Dreierkoalition als auch ein (einstweilen undenkbarer) Vertragsabschluß mit Deutschland jeweils deutlich einseitige Machtverhältnisse herbeiführen und damit die Stabilität des Friedens untergraben (siehe wiederum Kissinger). Da Stalin sein Interesse an *irgendeinem* Abschluß längst erklärt hatte, sah es für Europas Friedensaussichten nach dem März 1939 nicht gut aus.

Nach dem 31. März begann geradezu ein Rennen nach Moskau. Die Westmächte waren sich (mehr als Beck) bewußt, daß direkte militärische Hilfe für Polen wegen der geographischen Bedingungen schwer zu leisten war, und daß sie einen entlastenden Angriff auf Deutschland nicht unternehmen wollten. Britisch - französische Stabsgespräche endeten schon am 4.April mit dem Er-

---

[291] Vgl. die in der Einleitung entwickelten Kriterien für ein stabiles Gleichgewicht, S. 18.

gebnis, im Fall eines Krieges nichts für Polen zu tun (und tun zu können). Um der Garantie also mehr militärische Glaubwürdigkeit einzuhauchen, schien eine sowjetische Beistandsverpflichtung gegenüber Polen eine ideale Ergänzung zu sein. Jahrelange Bedenken wegen einer möglichen kommunistischen Infiltration Europas wurden nun gegenüber dem Versuch zurückgestellt, mit Moskau ins Gespräch zu kommen. Rußland, seit fast zwanzig Jahren isoliert, kehrte erst im Frühjahr 1939 so richtig auf die diplomatische Bühne Europas zurück. Ein Ereignis, das dem labilen Mächtesystem den letzten Rest von Stabilität nahm.

Als willkommener Nebeneffekt aus Sicht der Westmächte hätte ein Bündnisabkommen mit der UdSSR auch Polen an die Kette gelegt. Die bloße Aussicht auf den „Beistand" russischer Truppen im Konfliktfall mußte die polnische Kompromißbereitschaft deutlich fördern. Beck reagierte denn auch heftig auf das Vorhaben der Westmächte, sowjetischen Truppen ein Durchmarschrecht durch Polen einzuräumen. Die Einbeziehung der Sowjetunion in das europäische Mächtesystem war nun gerade das, was er seit Jahren unter allen Umständen vermeiden wollte und wofür er auch keine Notwendigkeit sah, da ein deutsch - sowjetisches Offensivbündnis zu diesem Zeitpunkt ausgeschlossen zu sein schien. „Wir haben kein Militärabkommen mit der UdSSR; wir wollen keins haben."[292] Gegen Deutschland allein hatte er bereits genug Verbündete und damit war in seiner Sicht die Situation stabil. Erst in den letzten Augusttagen, unter dem Druck des unmittelbar bevorstehenden deutsch - russischen Vertragsabschlusses, gestand Beck wenigstens prinzipiell die Möglichkeit zu, russische Truppen unter gewissen Umständen auf polnischem Gebiet zu dulden.

Einstweilen fühlte man sich in Warschau allemal stark genug, im Verbund mit den Westmächten gegen Deutschland anzutreten. Marschall Rydz - Smigly ließ sich im Sommer schon mal in Siegerpose porträtieren, hoch zu Roß auf dem Ritt durch das Brandenburger Tor.[293] Auch Beck wählte am 5. Mai in seiner Rede vor dem Sejm starke Worte:

„Der Friede hat einen hohen, wenn auch bestimmbaren Preis. Für uns Polen gibt es den Begriff des Friedens um jeden Preis nicht. Es gibt im Leben der Menschen, der Völker und der Staaten nur ein Ding, das nicht bezahlt werden kann: die Ehre."[294]

Damit die Abgeordneten auch nicht lange über die Frage nachdachten, ob die polnische Ehre wirklich die Kontrolle über eine deutsche Stadt erforderte,

---

[292] Zit n. *Fest*, Hitler, S. 808.

[293] *Schickel*, Deutsche und Polen, S. 224.

[294] Zit. n. *Schickel*, Deutsche und Polen, S. 222.

selektierte er zuvor allerdings etwas die Tatsachen. Hatte er schon Szembek vor einem Jahr seine Initiative zur Verlängerung des deutsch - polnischen Nichtangriffspakts verschwiegen, so behauptete er jetzt dreist, diese Verlängerung sei „nie in irgendeiner Form Gesprächsgegenstand gewesen".[295] Über das deutsche Bündnisangebot schwieg er sich ebenso aus, wie er über die gemeinsamen Verhandlungen bezüglich der Slowakei im Vorjahr jetzt nichts mehr wissen wollte. Als Ergebnis dieser Verdrehungen durfte Beck im Sommer 1939 die ungewohnte Unterstützung sämtlicher Richtungen der polnischen Politik genießen.

Hinter den Kulissen äußerte er sich deutlich machiavellistischer. Gegenüber dem amerikanischen Botschafter Biddle sprach er Mitte Mai davon, Hitler sei durch die polnischen Aktivitäten „in die Defensive gedrängt" und damit „ratlos, da es deutsche wie österreichische Mentalität sei, in der Offensive stark, in der Defensive dagegen verstört zu sein."[296] Beck zählte zu der Reihe der Niederlagen Hitlers den Brief Roosevelts, den englisch - türkischen Pakt vom 12. Mai und sogar seine eigenen Gespräche mit dem stellvertretenden russischen Außenminister Potemkin. Nach Darstellung Biddles schloß er einen Krieg in den nächsten Tagen nicht aus.[297]

Drei Tage nach Chamberlains Garantieerklärung im Unterhaus ließ Hitler die militärischen Planungen gegenüber Polen um eine Angriffsvariante erweitern, den „Fall Weiß". Begründung:

„Die gegenwärtige Haltung Polens erfordert es, ... die militärischen Vorbereitungen zu treffen, um nötigenfalls jede Bedrohung von dieser Seite für alle Zukunft auszuschließen."[298]

Dennoch:

„Das deutsche Verhältnis zu Polen bleibt weiterhin von dem Grundsatz bestimmt, Störungen zu vermeiden. Sollte Polen seine bisher auf dem gleichen Grundsatz beruhende Politik gegenüber Deutschland umstellen und eine das Reich bedrohende Haltung einnehmen, so kann ungeachtet des geltenden Vertrags eine endgültige Abrechnung erforderlich werden."[299]

---

[295] Blaubuch der Britischen Regierung, Basel 1939, S. 38.

[296] *Schickel*, Deutsche und Polen, S. 223.

[297] Ebd., S. 223.

[298] Der Prozeß gegen die Hauptkriegsverbrecher vor dem Internationalen Militärgerichtshof, Nürnberg 1947, IMT, Bd. XXXIV, S. 380 ff.

[299] Ebd., S. 381.

X. Sommer 1939: Rußland und das Ende des europäischen Gleichgewichtes

Nach der Unterzeichnung des Beistandsvertrags zwischen Frankreich, Großbritannien und Polen ergab sich, wie gesagt, im Frühsommer 1939 zunächst ein Mächtegleichgewicht im europäischen Rahmen, das wegen der bevorstehenden Einbeziehung Moskaus unmittelbar von der Sprengung bedroht war.

Im Rennen nach Moskau hatten zunächst die Westmächte die besseren Aussichten. Am 17. April übermittelte Stalin an Frankreich und Großbritannien ein umfangreiches Angebot zu einem dreiseitigen Bündnis, einem ergänzenden Militärabkommen und einer Garantie für alle Länder zwischen Ostsee und Schwarzem Meer. Allerdings machte der neue Außenminister Molotow (da die Zeit der moderaten Töne zu Ende ging, hatte Stalin für Litwinow keine Verwendung mehr und ersetzte ihn im Mai durch Wjatscheslaw Molotow, einen seiner engsten Mitarbeiter) klar, daß eine sowjetische Garantie der westlichen Nachbarn nicht ohne Einbußen an deren Unabhängigkeit zu haben sei.

Eine Vertragsklausel sah für den Fall einer deutschen Aggression gegen diese Länder (die auch ohne deutsche Gewaltanwendung, und daher praktisch nach russischem Belieben, gegeben sein konnte) nicht näher definierte „Zugeständnisse" an Rußland vor. De facto und de jure hätte die Rote Armee künftig jederzeit in jedes Land Osteuropas einmarschieren können, wenn sie dies für erforderlich hielt. Wahrscheinlich aber verbarg sich hinter den „Zugeständnissen" nichts anderes als der Plan einer allmählichen Sowjetisierung Osteuropas, den Stalin dann unter besseren Bedingungen nach 1945 ungehindert durchführen ließ. Als Hitler daher in seiner Rede vor der Wehrmachtsführung vom 22. Mai Furcht vor dem sowjetischen Einfluß in diesem Bereich äußerte, hatte diese Aussicht schon begonnen, konkrete Gestalt anzunehmen.

Immerhin bot ein Vertrag dieser Art den Westmächten den Vorteil einer schnellen und endgültigen Einkreisung Deutschlands durch eine zahlenmäßig vielfach überlegene Militärmacht und damit die Chance, den status quo einstweilen zu erhalten. Nachdem daher auf polnische Intervention einige Klauseln soweit geändert worden waren, daß der Zugriff der Roten Armee auf Polen von dortiger Zustimmung abhängig wurde, war man in Paris und London nicht abgeneigt, einen solchen Vertrag zu unterzeichnen. Dies war der Stand der Dinge Ende Juli, genau am 23. Juli.

Damit waren die diplomatischen Möglichkeiten im Osten Europas keineswegs ausgeschöpft. Stalin hatte nicht ausgiebig Verhandlungsbereitschaft nach allen Seiten signalisiert, um ausgerechnet Deutschland auf Dauer aus den Verhandlungen auszuschalten. Einige Bemerkungen von Karl Schnurre, dem Lei-

X. Sommer 1939

ter der deutschen Delegation bei den Verhandlungen über ein neues Handelsabkommen zwischen Deutschland und der Sowjetunion (die allein schon ein gewisses politisches Signal darstellten) zu politischen Themen nahm der sowjetische Parteichef zum Anlaß, über seinen Außenminister nachzufragen, was Deutschland konkret anbieten wolle.

Mitte August legte Molotow dem deutschen Botschafter direkte Fragen zur deutschen Haltung im Baltikum, gegenüber Polen, im japanisch - sowjetischen Konflikt und zum deutsch - sowjetischen Verhältnis vor. Auch das Wort vom Nichtangriffspakt stand bereits im Raum.

Stalin hatte die Genugtuung, daß die deutsche Seite die Verhandlungen in wenigen Tagen bereits auf die höchste politische Ebene hob, wo die Westmächte in Monaten nicht einmal einen Minister nach Moskau geschickt hatten. Am zwanzigsten August schrieb Hitler persönlich an „Herrn Stalin, Moskau", bot die Entsendung eines „verantwortlichen deutschen Staatsmanns" an und versprach „in kürzester Zeit" die „substantielle Klärung des von der Regierung der Sowjetunion gewünschten Zusatzprotokolls" über die exakte Definition der beiderseitigen Einflußzonen.[300]

Kaum einen Tag später telegraphierte Stalin nun an Hitler persönlich und verkündete in aller Bescheidenheit: „Die Sowjetregierung hat mich beauftragt, Ihnen mitzuteilen, daß sie ganz einverstanden ist mit dem Eintreffen des Herrn von Ribbentrop in Moskau am 23. August."[301] Am Abend dieses 23. August waren der deutsch - sowjetische Nichtangriffspakt und das geheime Zusatzprotokoll unter Dach und Fach. (Das nicht einen Tag „geheim" blieb. Der amerikanische Außenminister hielt schon Stunden später ein Telegramm seiner Moskauer Botschaft in der Hand, in dem die Abgrenzung der Einflußsphären präzise beschrieben wurde.)[302]

Es hat immer Probleme bereitet, dieses Abkommen einzuordnen. „Ein einzigartiger Teilungs- und Vernichtungspakt" (Ernst Nolte), eine „vierte polnische Teilung" (wie sie der sowjetische Volkskommissar Potemkin ja schon im Vorjahr angekündigt hatte), ein taktischer Winkelzug Stalins, um den Krieg einige hundert Kilometer weiter westlich beginnen zu lassen, ein taktischer Winkelzug Hitlers, um die Gefahr eines Zweifrontenkriegs für den Augenblick zu bannen; dies alles sind Erklärungen, die angeboten werden. Sie haben eines gemeinsam: Sie begreifen den Vertrag als direktes Vorspiel zum Krieg, ja eigentlich schon als Teil des Krieges.

---

[300] ADAP, D, Bd. VI, Dok. 142.

[301] ADAP, D, Bd. VI, Dok. 159.

[302] Abgedruckt in: *Schickel*, Spiegel, S. 85.

Trotz der vorhin angestellten Überlegungen zur europäischen Machtbalance greift diese Sicht zu kurz. Die Einbeziehung der UdSSR in das europäische Mächtesystem machte den Krieg wahrscheinlich, aber nicht notwendig. Beginnen wir mit der letztgenannten (und wohl beliebtesten) Deutung, die sich auch auf Hitlers angebliche Äußerung im August gegenüber dem Vertreter des Völkerbunds in Danzig Carl J. Burckhardt (kurz vor Unterzeichnung des Abkommens) stützt, er sei gezwungen, sich mit den Russen zu verständigen, den Westen zu zerschlagen und dann gegen die UdSSR zu kämpfen. Sollte er dies so gesagt haben, woran gelegentlich (so z.B. von Walter Hofer) Zweifel geäußert wurden, dann reichte das deutsch - russische Abkommen für diesen Zweck nicht aus. Es ist einfach nicht wahr, daß der Nichtangriffspakt mit Stalin die Gefahr des Zweifrontenkrieges beseitigt hätte, den Hitler wortreich zu vermeiden suchte, er verminderte vorläufig nur dessen wahrscheinliches Ausmaß.

Deutschland blieb weiterhin zwischen den wechselseitigen Garantiemächten Frankreich, Großbritannien und Polen eingekreist und mußte davon ausgehen, im Konfliktfall sowohl im Westen als auch im Osten kämpfen zu müssen. Die neue Vertragskoalition änderte daran „nichts", wie Außenminister Beck noch am Abend des 23. August ganz richtig feststellte.[303] Daß dies später so nicht stattfand, lag ausschließlich an der Untätigkeit der Westmächte, die sich nicht an ihr im Sommer gegebenes Beistandsversprechen gegenüber Polen hielten, sich in keinem Fall daran halten wollten. Deutschland seinerseits mußte auch weiterhin im Kriegsfall va banque spielen und entweder einen längeren Zweifrontenkrieg von vornherein in Kauf nehmen oder praktisch alle Streitkräfte im Osten versammeln und auf einen schnellen Erfolg hoffen.

Eine französische Offensive wäre im September 1939 denn auch kaum auf deutschen Widerstand gestoßen und hätte mit fast absoluter Sicherheit zum Ende des Kriegs noch 1939 geführt. Hitlers Schock am Abend der britischen und französischen Kriegserklärungen zeigt deutlich, daß ihm dies auch bewußt war.

Interessanter ist da schon die Hypothese, Stalin habe seine eigene strategische Position durch eine Westverschiebung der Roten Armee verbessern wollen. Allerdings ist sie zugleich so selbstverständlich, daß sie dem Abkommen viel von seinem spektakulären Charakter nimmt. Das ganze Jahr 1939 suchte Stalin nach Wegen, seinen Einfluß in Osteuropa auszudehnen, insbesondere mehr Druck auf die Staaten des cordon sanitaire auszuüben. Dies war Teil seiner weit gesteckten Ziele, in dieser Region den Einfluß der UdSSR stückweise auszubauen und paßte als solches zu einem großen Konzept, das nicht von einem unmittelbar bevorstehenden Konflikt abhängig war.

---

[303] *Pagel*, Polen, S. 271.

Was Stalin daher Hitler abhandelte, war praktisch identisch mit dem, was er zuvor im Sommer von den Westmächten verlangt hatte, was Molotow 1940 bei seinem Besuch in Berlin etwas erweiterte, derselbe Molotow Anfang 1942 in Washington seinen neuen Verbündeten präsentierte und von Stalin letztlich in Jalta erreicht wurde: das Baltikum, Finnland, die Curzon - Linie als Grenze zu Polen, die Rückgabe Besserabiens von Rumänien an Rußland, all dies waren immer wiederkehrende Punkte in Stalins Forderungskatalog, der natürlich je nach militärischer Lage und Stärke des Verhandlungspartners mehr oder weniger umfangreich war. Vom geheimen Zusatzprotokoll des Nichtangriffspakts von 1939 führt eine ziemlich direkte Linie nach Jalta.

Womit auch das wesentliche zur „Einzigartigkeit" dieses Vertrags eigentlich schon gesagt wäre. Er klärte die Verhältnisse in Osteuropa auf der Basis eines machiavellistischen Interessenausgleichs zwischen den beiden Vormächten in diesem Raum. Dabei wurde auf das Selbstbestimmungsrecht der kleineren Nationen keine Rücksicht genommen, wohl aber auf die Verminderung der Spannungen zwischen Rußland und Deutschland geachtet und damit stand dieser Vertrag durchaus in einer diplomatischen Tradition. Die vorbeugende Abgrenzung von Einflußsphären zwischen Großmächten und die Liquidation von Kleinstaaten, die sich ihrer Zuordnung widersetzten, gehörte zum gewöhnlichen Geschäft des imperialistischen Zeitalters und war nichts weniger als einzigartig. Solche Praktiken waren auch in den Entscheidungszentren Westeuropas weiterhin akzeptiert (man denke nur an Churchills Versuch vom Oktober 1944, während eines Moskaubesuchs den Balkan zwischen Großbritannien und der UdSSR aufzuteilen, gemessen in Prozentzahlen pro Land), das Problem bestand in ihrer Vermittlung an die Öffentlichkeit.

In Wahrheit war der deutsch-sowjetische Pakt daher kaum etwas anderes als ein zweites „München" unter veränderten Vorzeichen. Wo vor einem Jahr noch die Sowjetunion vor verschlossenen Türen gesessen hatte, während die Westmächte und Italien sich noch einmal in der Tradition von Versailles als Herren über die Grenzen Zentraleuropas aufführten, deren genaue Festlegung sie großzügig Deutschland überließen, blieben nun diese Mächte vor der Tür, während in Moskau die Machtverhältnisse in Osteuropa definiert wurden. Ganz im „Münchener" Stil beschloß das Abkommen auch keineswegs die Vernichtung Polens (oder irgendeines anderen Landes). Es hielt statt dessen ausdrücklich fest, „die Frage, ob die beiderseitigen Interessen die Erhaltung eines unabhängigen polnischen Staates erwünscht sein lassen und wie dieser Staat abzugrenzen wäre, ..., erst im Laufe der weiteren politischen Entwicklung" zu klären. Überhaupt wurden Grenzfragen ausgeklammert. Wohl legte der Text fest, wo sich „im Fall einer territorialpolitischen Umgestaltung" in Osteuropa die Grenze der Interessensphären beider Staaten befinden würde. Über die Art der Machtausübung in diesen Sphären schwieg sich das Papier aber aus.

Das weitere würde sich ergeben und hätte sich auch ohne kriegerische Auseinandersetzung eingestellt. Der Druck auf Polen mußte aus deutscher Sicht schließlich ausreichen, um das Land endlich zur Einwilligung der Eingliederung Danzigs und des Korridors zu zwingen. Der Effekt wäre zweifellos der gleiche gewesen, wie ein Jahr zuvor auf die Tschechoslowakei: Nach einer solchen politischen Niederlage der Polen hätte deren Vielvölkerstaat genausowenig wie der Tschechische länger zusammenhalten können. Auch hier hätten sich die interessierten Gläubiger in Kürze versammelt. Die Rolle Polens und Ungarns gegenüber der CSR ließ sich in diesem Fall problemlos von Litauen und Rußland übernehmen, ergänzt durch die Slowakei. Das deutsch kontrollierte Litauen hätte zweifellos Ansprüche auf seine polnisch besetzte Hauptstadt geltend gemacht und Rußland hätte über kurz oder lang unter Berufung auf die ethnischen Gegebenheiten die weißrussischen und ukrainischen Gebiete des polnischen Staates eintreiben können, ein Anspruch, der ja gerade auf den Vorschlag Lord Curzons zurückging und von Großbritannien schlecht zurückgewiesen werden konnte, wo er schon zwanzig Jahre zuvor anerkannt worden war. Übrig bleiben würde nach diesem Auflösungsprozeß von zunächst unbestimmter Dauer ein Polen in seinen ethnischen Grenzen, eine Art „Kongreßpolen" unter deutschem Einfluß. Mithin wäre, in einer etwas zugunsten Deutschlands modifizierten Form, die Vorkriegsordnung von 1914 wiedererstanden.

Auf der anderen Seite bestand für Stalin die Möglichkeit, die angestrebte und auch gegenüber den Westmächten später immer wieder skizzierte Kontrolle über das Baltikum und Osteuropa zu erreichen. Wie er sie ausgestalten würde, ob durch direkte Annexion, ein ausgedehntes Stützpunktsystem, Durchmarschrechte oder innenpolitische Sowjetisierung, das wußte er wahrscheinlich selbst noch nicht. Er bot zu verschiedenen Zeiten all diese Modelle seinen unterschiedlichen Gesprächspartnern an. Die Möglichkeiten einer weiteren Konferenz über Osteuropa unter Beteiligung der Westmächte blieben jedenfalls auch nach Abschluß des Nichtangriffspakts weiterhin erhalten. Die folgenden Tage lassen sich von hier aus gut interpretieren: Sie sind ausgefüllt von taktischen Zügen um die beste Ausgangsposition für diese Konferenz.

1. Konferenz oder Krieg

Tatsächlich hatte Chamberlain bereits in einem Schreiben an Hitler vom 22. August ein Treffen der Mächte nicht ausgeschlossen,[304] allerdings mit zwei wesentlichen Änderungen gegenüber München: Die Konferenz sollte direkte Verhandlungen zwischen Polen und Deutschland bringen, in denen andere Mächte

---

[304] Blaubuch, Dok. 56.

nur als Vermittler fungierten, und es müßte „jedes Abkommen bei seinem Abschluß von anderen Mächten garantiert werden."³⁰⁵ Also keine zweideutigen Bestimmungen über den Kopf anderer hinweg, wie es noch in München der Fall gewesen war (und guter imperialer britischer Tradition entsprach), sondern präzise Abmachungen zwischen den Beteiligten, wie es in solchen Fragen auf dem europäischen Kontinent üblich geworden war. Chamberlain wußte wohl auch, daß die Schwäche seiner eigenen Stellung in Großbritannien ein zweites „München" im Alleingang nicht mehr zuließ.

Einen Tag später hatte Hitler geantwortet und nach einem langen Lamento über die deutsche Verhandlungsbereitschaft, die englische Sturheit und die polnische Grausamkeit seine Verhandlungsbereitschaft unter diesen Bedingungen zu erkennen gegeben. Allerdings solle Chamberlain gefälligst selbst sehen, wie er Polen an den Verhandlungstisch bringe, denn „die Frage der Behandlung der europäischen Probleme im friedlichen Sinn kann nicht von Deutschland entschieden werden, sondern in erster Linie von jenen, die sich seit dem Verbrechen des Versailler Diktats jeder friedlichen Revision beharrlich und konsequent widersetzt haben."³⁰⁶

Hier sah auch Chamberlain ein Problem, denn es gab auf britischer Seite kein Mittel, Polen zur Teilnahme an einer solchen Konferenz zu bewegen. Der englischen Politik waren sowohl durch die förmliche Garantie Polens als auch durch die Entschlossenheit der öffentlichen Meinung die Hände gebunden. „Sie konnten den Polen keine Konzessionen diktieren, sie konnten nicht gestatten, daß Hitler sie diktierte. Es würden jedoch keine Konzessionen gemacht werden, wenn nicht irgend jemand sie diktierte."³⁰⁷ In dieser Lage verfiel Chamberlain auf den Ausweg, die USA ins Spiel zu bringen. Noch am 23. August traf sich Sir Horace Wilson auf seine Veranlassung hin mit dem amerikanischen Botschafter Joseph Kennedy. Kennedy meldete den britischen Plan unverzüglich telefonisch nach Washington: „Die Briten erwarten von uns dies und nur dies, nämlich daß wir Druck auf die Polen ausüben. Sie spüren, daß sie dank ihrer Verpflichtungen nichts derartiges tun können, aber wir könnten es."³⁰⁸

Das war nun wirklich das Gegenteil von dem, was Präsident Roosevelt zur offiziellen Politik der USA erklärt hatte, als er im Januar des Jahres die „Unab-

---

³⁰⁵ Ebd., Dok. 56.

³⁰⁶ ADAP, Serie D, Bd. VII, Dok. 201.

³⁰⁷ *Taylor*, Ursprünge, S. 312.

³⁰⁸ *Moffat* Papers 1919-43, 1956, S. 253; *Cordell Hull*, Memoirs, Bd. 1, S. 662; zit. n. *Taylor*, Ursprünge, S. 312.

hängigkeit einer großen Zahl von Staaten" in Osteuropa zum vitalen Interesse der Vereinigten Staaten zählte. Er hatte wenig Neigung dazu, Deutschland durch weitere Erfolge noch mehr aufzupäppeln und schon gar kein Verlangen danach, zu diesem Zweck auch noch den Briten die Schmutzarbeit abzunehmen. Chamberlains Plan wurde rundweg abgewiesen und wenn man Kennedys Bericht glauben kann, wußte er schon jetzt, was die Konsequenz sein würde: „Er sagt, daß es die Nutzlosigkeit aller Bemühungen wäre, die so schrecklich sei; sie können die Polen schließlich nicht retten, sie können nur einen Vergeltungskrieg durchführen, der die Zerstörung ganz Europas zur Folge haben wird."[309]

So weit war es aber noch nicht, und einstweilen ließ sich die britische Regierung solche Einsichten nicht anmerken. Einen Tag später, am 24. August, nach Abschluß des Nichtangriffspakts, hatte sich die britische Position offiziell nicht geändert, wie Chamberlain seinen Staatssekretär des Auswärtigen im Oberhaus erklären ließ:[310] Es wurden direkte deutsch - polnische Verhandlungen gefordert, eventuell unter britischer Beteiligung und nachfolgender internationaler Garantie des Ergebnisses. Diese Erklärung fand Hitler vor, als er (ebenfalls am 24. August) in Berlin eintraf. Viel Eindruck hatte der Moskauer Coup in London also anscheinend nicht gemacht. Immerhin stand ein gewisses Verhandlungsangebot im Raum, dessen Gehalt erst noch zu prüfen war.

Am Morgen des 25. August gab es daher eine lange Unterredung mit dem britischen Botschafter Henderson, dem Hitler zunächst nichts anderes als eine deutsch - britische Variante des deutsch - sowjetischen Nichtangriffspakts vorschlug. Er „wolle heute England gegenüber einen Schritt unternehmen, der genau so entscheidend sei wie der Schritt Rußland gegenüber, der zu der kürzlichen Vereinbarung geführt habe."[311] Und damit Henderson auch ja den gedanklichen Hintergrund des Angebots begriff, verwies Hitler auf die globalen Größenverhältnisse:

„Die Behauptung, daß Deutschland die Welt erobern wolle, ist lächerlich. Das Britische Imperium umfaßt 40 Millionen qkm, Rußland 19 Millionen qkm, Amerika 9 1/2 Millionen qkm., während Deutschland noch nicht 600000 qkm umfaßt. Wer also die Welt erobern will, ist klar."[312] Die Botschaft war ebenfalls klar: Deutschland ist klein und wird es längere Zeit bleiben. Das weltweite

---

[309] *Kennedy* an *Hull*, 23. August 1939 in: „Papers relating to the Foreign Relations of the United States" 1939, Bd. 1.

[310] Blaubuch, Dok. 65.

[311] ADAP, Serie D, Bd. VII, Dok. 265.

[312] Ebd., Dok. 265.

Gleichgewicht der Kräfte (und nur darauf konnte es Großbritannien aus Hitlers Sicht ankommen) wird nicht von ihm bedroht. Gleichzeitig ist Deutschland in der Lage, Großbritannien Hilfe zuzusichern „ganz gleich, wo immer eine derartige Hilfe erforderlich sein sollte."[313] Beispielsweise in Ostasien, denn Hitler brachte bei dieser Gelegenheit auch die Interdependenz zwischen Ostasien und Europa ins Spiel: „der einzige Sieger in einem neuen europäischen Krieg würde Japan sein."[314]

Henderson bemerkte jedoch weder das eine noch das andere. Sein Gesprächsbericht, den er am gleichen Tag (zusammen allerdings mit einer schriftlichen Fassung von Hitlers mündlicher Mitteilung, die Ribbentrop ihm später in die Botschaft nachgeschickt hatte - ein bemerkenswertes Verfahren, das wir im Auge behalten wollen) telegrafisch nach London schickte,[315] erwähnt jedenfalls Hitlers Vergleich des sowjetisch - deutschen Pakts mit dem möglichen britisch - deutschen Abkommen ebensowenig wie dessen „persönliche Garantie" des britischen Empire. Er hatte sich ausschließlich auf die deutsch - polnischen Probleme konzentriert und da konnte er immerhin melden, Hitler, der „mit größtem Ernst und augenscheinlicher Aufrichtigkeit" gesprochen habe, „habe nicht den Wunsch, in irgendeiner Abmachung mit Polen engherzig zu sein" und „alles was er zu einem Abkommen mit Polen brauche, sei eine Geste Großbritanniens, die zeige, daß es nicht unvernünftig sein werde".[316] Damit spielte Henderson auf Hitlers Forderung an, die britische Garantie für Polen (den „Blankoscheck", wie dieser es nannte) auf den Fall eines deutschen Angriffs auf das Land zu begrenzen.

Auch sonst versuchte Hitler den Briten zu überzeugen, daß der Impuls für eine Regelung mit Polen von England ausgehen müsse. Direkte deutsch - polnische Verhandlungen, wie Henderson sie ins Spiel brachte, lehnte er nicht ab, erklärte sie aber für sinnlos: „Er anerkannte die guten Absichten von Herrn Beck und Herrn Lipski, sagte aber, daß sie keinen Einfluß hätten auf das, was in Polen geschehe."[317]

Tatsächlich läßt sich kaum vorstellen, worüber zu diesem Zeitpunkt zwischen Deutschland und Polen hätte verhandelt werden sollen, ein Punkt, dessen Wichtigkeit man in London gerade erst zu ahnen begann. (Die heute so verbreitete Ansicht, Verhandlungen seien ein Wert an sich und dürften notfalls in

---

[313] Ebd., Dok. 265.

[314] Blaubuch, Dok. 69.

[315] Blaubuch, Dok. 69.

[316] Ebd., Dok. 69.

[317] Ebd., Dok. 69.

jahrzehntelangen „Prozessen" zelebriert werden, hatte sich noch nicht durchgesetzt. Die folgenden Tage sollten allerdings einen Beitrag zur Förderung dieser Ansicht leisten.) In Großbritannien begriff man die Danzigfrage noch immer als Handelsobjekt in einem endgültigen deutsch - polnischen Ausgleich. Polen hatte aber schon im Frühjahr auf eigenes Risiko jede Änderung des Status quo in Danzig abgelehnt und es gab für Beck keinen Grund, dies ausgerechnet jetzt, im Besitz der britisch - französischen Garantie, zu ändern. Ganz im Gegenteil hatte er längst den Braten gerochen, den die Engländer ihm schmackhaft machen wollten. In direkten Verhandlungen mit Deutschland unter britischer Aufsicht und wahrscheinlich auch noch französischer, italienischer und vielleicht gar sowjetischer Beteiligung (nach deutschen Vorstellungen sollten alle diese Länder in der Kommission sitzen, die während der Volksabstimmung im Korridor dort die Hoheitsrechte ausüben würde[318]), war Danzig keinesfalls zu halten, und selbst der Korridor geriet in Gefahr, über den Umweg einer Volksabstimmung für Polen verloren zu gehen.

Das wäre eine Niederlage, mit der das Regime der Obersten politisch begraben wäre, erledigt wie alle Träume von polnischer Großmachtstellung. Beck war daher entschlossen, von Deutschland weder Angebote noch Ultimaten noch sonst irgendwelche Papiere entgegenzunehmen und instruierte Botschafter Lipski entsprechend. Diese Linie hielt er bis zum Kriegsausbruch durch, ohne daß man in London ihre innere Logik je begriffen hätte. Noch am 1. September, kurz nach Mitternacht, telegrafierte Außenminister Halifax nach Warschau, er „sehe nicht ein, warum die polnische Regierung es schwierig finden sollte, den Polnischen Botschafter zu ermächtigen, ein Dokument von der Deutschen Regierung anzunehmen."[319]

Der Kontrast zwischen dem Selbstbewußtsein Polens und der kläglichen Abhängigkeit der Tschechoslowakei von westlichem Zuspruch war in der Tat groß, offenbar zu groß, um in Großbritannien ganz erfaßt zu werden. Man traute den Polen offenbar einfach nicht zu, die ausgeklügelten britischen Vorstellungen über einen Verhandlungsausgleich schlicht zu ignorieren und sich statt dessen auf die Garantie zu verlassen.

2. Angriff?

Henderson hatte erst eine halbe Stunde den Raum verlassen, als Hitler um 15 Uhr, genau um 15.02 Uhr, gemäß dem am 22. August vor den Generalen verkündeten Zeitplan den Angriff auf Polen für den folgenden Morgen des

---

[318] Vgl. ADAP, Serie D, Bd. VII, Dok. 458, die berühmten „16 Punkte".

[319] Blaubuch, Dok. 100.

26. August befahl. Niemand im Generalstab hatte damit für diesen Tag noch gerechnet, 15 Uhr galt als letztmöglicher Termin, und es hatte sich schon eine gewisse Entspannung eingestellt, als „Hitler, etwas bleich, aber sonst ganz ruhig",[320] den „Fall Weiß" verkündete.

Damit begann eine etwa vierstündige Episode, deren Hintergrund umstritten ist. Sicher ist: Zwischen 18 und 19 Uhr zog Hitler diesen Befehl wieder zurück, mit der Bemerkung an den Chef des OKW, Generalfeldmarschall Keitel, er brauche mehr Zeit für Verhandlungen. Sicher ist auch, daß in der Zwischenzeit zwei wichtige Nachrichten in Berlin eintrafen. Zum einen ließ Mussolini wissen, Italien sei derzeit nicht fähig, einen Krieg zu führen, zum anderen schlossen Polen und England ein förmliches Bündnis.

Damit beginnen die Unsicherheiten: Es ist sehr umstritten, welche dieser Nachrichten den bestimmenden Einfluß auf den Widerruf des Angriffsbefehls hatte und als logische Folge davon gibt es keinen Beweis dafür, daß sie überhaupt den Ausschlag gaben. Der ehemalige deutsche Botschafter in Italien, v. Hassell, legte in seinen Tagebüchern das Hauptgewicht auf die italienische Absage, der wiederum Hermann Göring im Nürnberger Prozeß jede Bedeutung absprach. Er hätte sich auf Hitler berufen können, der noch am gleichen Abend verlauten ließ: „Eine Teilnahme Italiens wäre für uns eine kaum tragbare Belastung, sie ist in jeder Weise unerwünscht ... ".[321] Staatssekretär Weizsäcker hielt die Kombination beider Nachrichten für entscheidend, Außenminister Ribbentrop wiederum das britisch - polnische Abkommen (und seinen eigenen Einfluß auf Hitler).

Wahrscheinlich sagte Hitler jedoch einfach nur die Wahrheit, als er zu Keitel von der nötigen Zeit für neue Verhandlungen sprach. Tatsächlich änderten beide Neuigkeiten nichts an längst bekannten Tatsachen und konnten kaum Grund für besondere Aufregung liefern. Hitler hatte nicht ein halbes Jahr lang (und gerade eben wieder gegenüber Henderson) die britische Garantie als Blankoscheck für Polen bezeichnet, um sich jetzt von dem Abschluß eines Bündnisses zwischen beiden Ländern schockieren zu lassen, das in keinem Fall mehr als ein neuer „Blankoscheck" sein konnte. (Tatsächlich sogar etwas weniger, da ein Geheimprotokoll *nur* Deutschland als potentiellen Feind bezeichnete und England für den Fall eines russischen Angriffs auf Polen zu nichts verpflichtet war.)

Auch Mussolinis Renitenz gegen einen Krieg war ihm längst bekannt. Außenminister Graf Ciano hatte gerade wieder zwei Tage zuvor seinem deutschen

---

[320] *Hofer*, Entfesselung, S. 274.

[321] *Hofer*, Entfesselung, S. 277.

Besucher Graf Schwerin - Krosigk „mit starker Betonung" erklärt, man werde erst „in drei Jahren" kriegsbereit sein, ein Standpunkt, den die Italiener schon zuvor bei jeder Gelegenheit durchblicken ließen.[322] Italienische Hilfe gegen Polen wurde sowieso nicht benötigt, und die Mitwirkung eines kriegführenden Italien an der angestrebten Konferenz zum Thema Polen wäre eher geringer einzuschätzen gewesen als die des Vermittlers im „Münchener" Stil. Die Ursachen für die ganze Inszenierung sind daher wohl einige Tage früher zu finden.

Man schreibt Dienstag, den 22. August 1939. Am Abend zuvor ist jenes Telegramm in Berchtesgaden eingetroffen, in dem Stalin sich mit „dem Eintreffen des Herrn v. Ribbentrop in Moskau am 23. August" einverstanden erklärt. Noch ist Ribbentrop nicht einmal abgeflogen, die Details des Geheimprotokolls sind ungeklärt und in Europas Presse waren am Morgen allenfalls Andeutungen über den wahren Umfang der deutsch-sowjetischen Kontakte zu lesen. Erst am nächsten Tag wird die Sensation genauer bekannt werden, für die sich kaum eine bessere Umschreibung finden läßt, als die oft gebrauchte Metapher vom „Sprengsatz".

Diese diplomatische Bombe muß gerechtfertigt werden. Sie stellt alles in Frage, was in den vergangenen Jahren an ideologischen Gegensätzen zwischen Rußland und Deutschland aufgebauscht wurde. Kein Zweifel, daß diese Rechtfertigung besser vor als nach dem Bekanntwerden stattfindet, kein Zweifel, daß nur Hitler selbst sie geben kann und kein Zweifel, wer allein ihr Adressat sein kann: Der einzige Machtfaktor in Deutschland, auf den das Regime nur begrenzten Einfluß hat und auf dessen vorbehaltlose Unterstützung es angewiesen ist: die Wehrmachtsführung.

Hitler hat sofort nach Eintreffen des Telegramms für diesen Dienstagmittag auf dem Obersalzberg eine Besprechung mit den Heeresgruppen- und Armeeführern der drei Wehrmachtsteile angesetzt. Es ist der Zweck des Treffens, eine politische Kehrtwende um 180 Grad psychologisch vorzubereiten und daher wird kein offizielles Protokoll angelegt (wie es etwa bei der Besprechung eines Angriffplans geschehen würde). Trotz des ausdrücklichen Mitschreibeverbots an die Generale existieren aber dennoch mehrere Protokolle, die zum Teil noch während des Vortrags, zum Teil aus dem Gedächtnis entstanden - und von denen eins von Widerstandskreisen sofort nach London weitergegeben wurde.[323] In die offizielle Dokumentenedition wurde eine lange Tagebucheintragung Generaloberst Halders aufgenommen (auf die sich die folgende Analyse bezie-

---

[322] ADAP, Serie D, Bd. VII, Dok. 227.

[323] Siehe für das Folgende vor allem *Winfried Baumgart*: Zur Ansprache Hitlers vor den Führern der Wehrmacht am 22. August 1939, in: VjZ, 16. Jg, 1968, S. 120-148.

hen wird),[324] die stichwortartig und besonders expressiv einen Eindruck von Hitlers Ansprache gibt. Deren Anlage kann kaum überraschen. Um erst gar keine kritische Stimmung aufkommen zu lassen, greift Hitler auf ein bewährtes Rezept zurück: er überfährt sein Gegenüber. Die Generäle werden „hachaisiert".

Halder notiert später aus dem Gedächtnis Einzelheiten der weitschweifigen militanten Tirade Hitlers, die in dieser Zusammenstellung noch verwirrender wirkt als die Ansprache vom 23. Mai. Stichpunktartige Zusammenfassungen wechseln mit scheinbar wörtlichen Zitaten in direkter Rede, der Text ist grob in drei Teile sehr unterschiedlichen Umfangs gegliedert, wobei offen bleibt, ob es sich um Hitlers oder Halders Einteilung handelt:

1. Darstellung der Lage und Entschluß
2. Forderungen des Führers an die militärischen Führer
3. Einzelheiten

Der erste Teil ist bei weitem der umfangreichste. Nach einleitenden Bemerkungen zur „Lösung der Ostfrage", worunter hier ausdrücklich nur Polens politische Haltung verstanden wird und dem Bedauern darüber, daß es „an sich erwünscht (sei), zunächst den Westen zu bereinigen" es „aber immer klarer wurde, daß in jeder schwierigen Lage Polen uns in den Rücken fallen würde", findet sich zu beinahe jedem Staat Europas irgendeine Bemerkung völlig willkürlichen Inhalts. So werden bei England die strategischen Probleme im Mittelmeer und Ostasien erwähnt, während sich bei Frankreich nur das Stichwort „Geburtenrückgang" findet. Das Bündnis mit Italien taucht im Abschnitt „politische Vorteile" überhaupt nicht auf, dafür aber solche Urteile wie: „Jugoslawien gebunden, Rumänien verwundbar" und „Türkei hat keine Führung". Gelegentlich widerspricht sich der Text auch. So geht Hitler einerseits davon aus, daß die Westmächte nichts unternehmen: „Militärisches Eingreifen (der Westmächte) aussichtslos" und „langer Krieg (Blockade) reizt nicht", behauptet aber gleichzeitig: „Gegenzüge Englands - Frankreichs werden kommen." Auch das Hauptmotiv der Rede wird nebenbei in Frage gestellt. Wo Hitler auf die Dringlichkeit der „Lösung der Ostfrage" verweist, redet er gleichzeitig davon, „England wünscht kriegerische Verwicklungen erst in drei bis vier Jahren" um dann zu behaupten „eine militärische Auseinandersetzung, die man nicht mit Sicherheit auf vier bis fünf Jahre verschieben kann, findet besser jetzt statt." Wo sollte aber das Problem liegen, die Auseinandersetzung zu verschieben, wenn der skizzierte Hauptfeind sie nicht will?

---

[324] ADAP, Serie D, Bd. VII, S. 467 ff.

Vielleicht waren die deutschen Militärs derartiges schon gewöhnt und sahen darüber hinweg, vielleicht grübelten sie auch noch über den Hintergrund dieser Sätze nach, als ihr Chef die Katze aus dem Sack ließ und gegen Ende des ersten Teils der Rede zum entscheidenden Punkt kam: Rußland.

Bis dahin hatte Hitler die Sowjetunion mit keinem Wort erwähnt. Nicht im Zusammenhang mit der „Ostfrage", nicht unter den „persönlichen Bedingungen", die Deutschlands Situation gerade jetzt angeblich so günstig machen sollten und auch nicht in der Abwägung der politischen Lage in Europa. Jetzt rückte er damit heraus: „Besprechung über Nichtangriffspakt auf Anregung Rußlands, ..., Russen haben mitgeteilt, daß sie bereit sind, Pakt abzuschließen. Persönliche Verbindung Stalin - Führer." (!) Dann ein wörtliches Zitat in Halders Text: „Damit habe ich den Herrschaften ihre Waffen aus der Hand geschlagen. Polen ist in die Lage hineinmanövriert worden, die wir zum militärischen Erfolg brauchen."

Mit diesem Satz entlarvte Hitler seine vorherigen Ausführungen als das was sie waren: Gerede. Alle vorgebrachten „Argumente" waren ziemlich belanglos, solange die Ansichten der bedeutendsten konkurrierenden Macht des Kontinents nicht berücksichtigt wurden. Das dürfte sein Auditorium gespürt haben und genau hier lag denn auch der Sinn des ganzen Vortrags. Hitler mußte diesen spektakulären Schwenk der deutschen Politik begründen, wenn er sich nicht völlig unmöglich machen wollte und er begründete ihn zugleich defensiv und offensiv. Defensiv, da er die Initiative für den Pakt ausschließlich den Russen zuschob. Zur ideologischen Todsünde eines Pakts mit dem Bolschewismus wollte er wenigstens nicht die Idee beigesteuert haben. Was allein schon eine gewisse Entschuldigung darstellte, verstärkte sich durch die vorherige Darstellung der außenpolitischen Lage. Zu den europäischen Mächten war ihm nicht mehr eingefallen als Spekulationen über Entscheidungsfaktoren, die für die Politik dieser Länder möglicherweise ausschlaggebend waren - oder auch nicht.

Im Fall Italiens hatte er gar (absichtlich oder nicht) den seidenen Faden sichtbar werden lassen, an dem der „Stahlpakt" hing. Das Eingeständnis, Mussolini sei „alleiniger Träger der imperialen Idee", verbunden mit dem beredten Schweigen zur Zukunft des deutsch - italienischen Bündnisses, ließ hier nichts Gutes vermuten.

Er hatte also anscheinend nur das Notwendige auf fremde Initiative hin getan und damit bei den Generalen wirklich keine Zweifel über den Sinn aufkommen konnten, (Hitler war mit keinem Wort auf die ideologische Problematik des Pakts eingegangen, und die Frage nach der Kompetenz eines Führers, der aus reinem, wenn auch vielleicht nachvollziehbarem Opportunismus langjährige Prinzipien über Bord warf, ließ sich durchaus noch stellen) ließ er

X. Sommer 1939

ihnen auch keine Zeit zum Nachdenken. Er ging in die Offensive, wies auf die ungeahnten neuen Möglichkeiten hin:

„Auswirkung noch nicht zu übersehen: Neuer Kurs ! Stalin schreibt, daß er sich für beide Teile viel verspricht. Ungeheure Umwälzung der ganzen europäischen Politik".

Das war eine neue Klippe, die Hitler elegant umschiffte, indem er einen Nachteil für einen Vorteil ausgab. „Auswirkung noch nicht zu übersehen" hieß nämlich nichts anderes, als - kein greifbares Ergebnis. Die Existenz des Geheimprotokolls ließ sich von außen allenfalls vermuten und daher würde Ribbentrop aus Moskau nichts heimbringen, was man der Öffentlichkeit, selbst einer eingeschränkten Öffentlichkeit wie der Wehrmachtsführung, als handfesten Vorteil präsentieren könnte. Also ging Hitler unverzüglich weiter, setzte seine militärische Führung nun persönlich unter Druck und proklamierte die „Forderungen des Führers an die militärischen Führer", die man wohl die Essenz dieser ganzen Veranstaltung nennen darf:

„Es muß durchgehalten werden. .... Eiserne unerschütterliche Haltung aller Verantwortlichen .... Mittel gleichgültig .... Hart und rücksichtslos. Gegen alle Erwägungen des Mitleids hart machen ! Schnell: Glaube an den deutschen Soldaten, auch wenn Hemmungen auftreten .... Neuen Lagen schnell anpassen. Für neue Lagen rasch neue Mittel anwenden."

Mit anderen Worten: tut was euch gesagt wird und denkt nicht weiter über Alternativen nach. Schließlich gab er ihnen den Auftrag, den Angriff auf Polen noch in dieser Woche vorzubereiten, dessen Details bezeichnenderweise kaum zehn Prozent von Halders Mitschrift einnehmen. Ihre Besprechung war ja nicht der Zweck der Versammlung:

„Auslösung voraussichtlich: Samstag Morgen"

Das war der 26. August, der damit als Angriffstermin im Raum stand und jeden Anwesenden unter Zeitdruck setzen sollte. Doch war der emotionale Effekt der Rede sehr unterschiedlich. Admiral Canaris (der wohl ebenfalls ein Protokoll erstellt hatte, nach einigen Aussagen sogar direkt mitstenographierte) soll noch am Tag darauf „voller Entsetzen" gewesen sein, „seine Stimme zitterte. Er fühlte, Zeuge von etwas Ungeheuerlichem gewesen zu sein."[325] Halder andererseits nahm Hitlers Auftritte längst nicht mehr ganz ernst. Er „hatte den Eindruck, daß solche „Vorbesprechungen" Hitler Gelegenheit geben sollten, seine „politischen Tiraden vorzuüben und auf das jeweilige Publikum abzu-

---

[325] Zit. n. *Baumgart*, S. 126.

stellen."[326] Andere (z.B. die Generale Salmuth und Rundstedt) brauchten vom Sinn eines deutsch - russischen Zusammengehens sowieso nicht erst überzeugt zu werden und nahmen das Ganze als Anlaß, sich zu entspannen: „Dieses Abkommen hat uns Soldaten aus der alten Seeckt - Schule in hohem Grade befriedigt, ich möchte fast sagen, beglückt",[327] sagte Rundstedt später aus. „Dieser Pakt mit Rußland war nach unserer Ansicht für die Polen eine starke Bedrohung, so daß wir glaubten, es würde niemals wagen, nunmehr einen Krieg zu führen. Wir verließen den Berghof mit dem Gefühl, es werde ein Blumenkrieg."[328]

Das war eine nüchterne Analyse der politischen Folgen des Pakts, der das europäische Gleichgewicht vorläufig zugunsten Deutschlands veränderte. Aber gerade in ihrer Nüchternheit enthielt sie pures Wunschdenken. „Eigentlich" (in den Kategorien von Großmachtarithmetik gedacht) hätte die Dreierkoalition nun ihre politische Niederlage einräumen und Zugeständnisse dort machen können, wo noch nachvollziehbare (und in gewissem Ausmaß international anerkannte) deutsche Forderungen bestanden. Dadurch würde das Gleichgewicht nicht weiter beschädigt werden. Im Gegenteil fände der Vorgang wohl wieder im Rahmen einer Konferenz statt, deren Ergebnis die Grenzen der gemeinsamen russisch - deutschen Interessen aufzeigen und deren Bindung eher wieder lockern würde. Aus den vier Mächten von München und Locarno mußten fünf werden, um Europa endlich als Einheit betrachten zu können und in einen stabilen Zustand zu überführen.

Es war klar, wer bei einem solchen Agreement der Großmächte der Verlierer sein würde: der polnische Großmachtanspruch. Polen konnte aus einer solchen Konferenz nur geschwächt hervorgehen und der Verlust von Exklusivrechten in Danzig oder Grenzkorrekturen gegenüber der UdSSR wären dabei eben nicht das Schlimmste. Es wäre darüber hinaus das Selbstverständnis der polnischen Staates erschüttert worden, der sich seit zwanzig Jahren mit allen Mitteln gegen seine Begrenzung auf das ethnische Polen wehrte. Dazu würde es niemand in der polnischen Führungsschicht kommen lassen (auch wenn es sich letztlich gar nicht vermeiden ließ und nach 1945 doch eintrat).

Insgesamt spricht wenig gegen die Möglichkeit, daß Hitler seinen Angriffsbefehl vom 25. August lediglich als Teil einer Inszenierung verstanden hat, die ihm in erster Linie die politische Initiative sowohl nach außen wie nach innen sichern sollte. Er mußte den politischen Opportunismus des deutsch - russi-

---

[326] Ebd., S. 142.

[327] Zit. n. *Baumgart*, S. 145, vgl. auch S. 141.

[328] Ebd., S. 145.

schen Pakts begründen, und er tat das typischerweise offensiv, indem er demonstrativ seine Bereitschaft zeigte, zum äußersten zu gehen. Eine Bereitschaft allerdings, der er dann (und das war die Kehrseite) auch Taten folgen lassen mußte. Der 25. August konnte nicht einfach ereignislos verstreichen, ohne daß Hitler zum Papiertiger wurde. So wartete er bis „zwei Minuten nach zwölf", bevor er sich regte, wohl in der Hoffnung, bis zu diesem Zeitpunkt etwas Greifbares vorweisen zu können, was den Befehl überflüssig machen würde. Aber genau hier lag der große Mangel der britisch - deutschen Kontakte der letzten Tage. Man hatte sich der gegenseitigen Friedensliebe versichert, beide Seiten hatten ihr Interesse an einer Verhandlungslösung der Danzig - und Korridorfrage erklärt, aber weder hatte Hitler gesagt, was er konkret von Polen wollte, noch hatten die Briten zugesagt, Polen überhaupt zu Verhandlungen bringen zu können.

Es war also alles in der Schwebe am Nachmittag des 25. August und Hitler schmorte auf seiner prophezeiten „Auslösung voraussichtlich: Samstag Morgen".[329] Mit dieser Ankündigung hatte er sich selbst unter Druck gesetzt, seinen Handlungsspielraum eingeschränkt und es war nicht absehbar, welche Folgen ein Rückzieher haben mochte. „Eiserne unerschütterliche Haltung aller Verantwortlichen" hatte er gefordert und zugleich selbst den wild Entschlossenen gespielt.[330] Er kannte seine Generale gut genug um zu wissen, daß die geringste Niederlage seine Position irreparabel schwächen konnte. Tatsächlich tauchten auch sofort nach dem 25. August noch einmal Pläne für eine Absetzung Hitlers im Stil des September 1938 auf. Nicht weil er den Angriff auf Polen befohlen hatte - weil er ihn abgebrochen hatte. „Hitler litt schwer unter der politischen Niederlage und war nicht gewillt, sie als endgültig hinzunehmen. Er fühlte sein Prestige bedroht", erklärte General v. Vormann, der den 25. August in der Reichskanzlei miterlebte.[331]

Diese politische Niederlage war am 25. August schon komplett, als Henderson die Reichskanzlei verließ. So wie die Dinge lagen, konnte Hitler weder den Angriff befehlen, da er außenpolitisch nicht ausreichend vorbereitet worden war (ohne daß Polen deutsche Forderungen zurückgewiesen hatte, konnte es keinen Krieg geben), noch den Angriffstermin verstreichen lassen. Also wählte er die mittlere Lösung, den Angriff demonstrativ zu befehlen und sich dann durch aktuelle Entwicklungen (die es in der einen oder andern Richtung zweifellos geben würde) und das Drängen seiner Mitarbeiter (innerdeutsche Gründe für einen Abbruch gab es auch, vor allem militärischer Art, da die deutsche

---

[329] ADAP, Serie D, Bd. VI, Dok. 433.

[330] Ebd., Dok. 433.

[331] *Hofer*, Entfesselung, S. 276.

Mobilmachung noch längst nicht abgeschlossen war) wieder davon abbringen zu lassen.

Eine Demonstration, zugleich von Entschlossenheit und „Verantwortungsbewußtsein", die sich sowohl nach innen wie nach außen richtete, denn daß etwas davon nach London durchsickern würde, dessen konnte er sich sicher sein (sehr sicher sogar, denn für alle Fälle versorgte Göring persönlich seinen Sondergesandten Birger Dahlerus in London mit der Nachricht vom unmittelbar bevorstehenden Kriegsausbruch, und zwar *nach* Widerruf des Angriffsbefehls, wo der sie am Abend des 25. August an Halifax weitergab). Die für Hitler typische Mischung aus kühl kalkulierter Schauspielerei und emotionalem Vorpreschen, die ihn erst in diese Situation geführt hatte, brachte ihn für dieses Mal auch wieder hinaus.

3. Noch einmal : Konferenz oder Krieg

Aber nicht für lange. Natürlich stellte der Angriffsbefehl eine weitere Etappe auf dem Eskalationsweg dar, auf dem sich Europa (und besonders Deutschland) seit Monaten befand. Nun war Hitler endgültig nicht mehr in der Lage, eine Lösung des Konflikts mit Polen weiter zu verschieben. Es mußten in den nächsten Tagen Ergebnisse her, entweder ein Erfolg in Danzig oder eine klare polnische Ablehnung international als vernünftig anerkannter deutscher Vorschläge, die sich als Kriegsgrund verwenden ließ und Polen isolieren würde. Andernfalls drohte Gesichtsverlust mit unabsehbaren Folgen, was außerhalb Deutschlands wohl nur Beck richtig einschätzte. Die politischen Manöver des Reichskanzlers zeigten nur „wie verzweifelt die Situation Hitlers", ließ er verlauten.[332]

Der ging zunächst daran, den Hauptmangel der deutsch - britischen Gespräche zu beseitigen, das Fehlen von konkreten Vorschlägen. Da Henderson am Morgen des 26. August nach London geflogen war, um an einer britischen Antwort auf Hitlers mündliche Mitteilung vom Vortag mitzuarbeiten, schaltete man den eben von dort zurückgekehrten Dahlerus ein, dem schon am Abend des gleichen Tages von Hitler persönlich sechs konkrete Vorschläge für einen kombinierten deutsch - englischen und deutsch - polnischen Ausgleich vorgestellt wurden.

Punkt eins wiederholte noch einmal das Angebot Deutschlands zu einem umfassenden Bündnis, Punkt zwei forderte Danzig und den Korridor für Deutschland, während Gdingen polnisch bleiben sollte, seinerseits einen Korridor erhalten würde und in Danzig ein polnischer Freihafen einzurichten sei,

---

[332] Zit. n. *Fest*, Hitler, S. 808.

Punkt drei bot die Garantie der neuen polnischen Grenzen an, Punkt vier wiederholte die gegenüber Henderson am Vortag angedeuteten Kolonialforderungen, Punkt fünf forderte Garantien für die in Polen verbleibenden deutschen Minderheiten, Punkt sechs schließlich wiederholte die Erklärung, Deutschland verpflichte sich, das Empire mit der Wehrmacht zu schützen.[333]

Schon am Mittag des 27. August legte Dahlerus diese Vorschläge in London vor. Chamberlain, Halifax und der Staatssekretär im Auswärtigen Amt, Sir Alexander Cadogan empfingen ihn und waren über den Inhalt seiner Botschaft einigermaßen irritiert, bezweifelten anfangs sogar die Echtheit des Textes. Man hatte sich in der britischen Regierung auf die Beantwortung der wachsweichen und unpräzisen Avancen eingestellt, die Hitler gegenüber Henderson gemacht hatte. Nun wurde eine Reaktion ganz anderer Art benötigt. Nachdem Dahlerus die Briten von dem Gehalt seiner Nachricht überzeugt hatte, entschloß man sich, zunächst ihn mit einer Stellungnahme nach Berlin zu schicken, um die Stimmung zu testen. Erst später sollte Botschafter Henderson die offizielle Antwort nachliefern.

Was Dahlerus nun (am Abend des 27. August) aus London mitbrachte, schien die Krise zu entspannen. Die britische Regierung akzeptierte den Wunsch nach einem allgemeinen Abkommen mit Deutschland (Punkt 1) und wies lediglich die deutsche Garantie für das Empire (Punkt 6) höflich, aber bestimmt zurück (nicht mit dem Ansehen und dem Interesse des britischen Reiches vereinbar). Ein deutscher Anspruch auf Kolonien sei nicht gegeben, aber man könne darüber verhandeln, wenn sich die Lage entspannt habe (Punkt 4). Eine deutsche Garantie der neuen (sic!) polnischen Grenzen sei nicht ausreichend und durch eine internationale Garantie (Großbritannien, Frankreich, Italien, Sowjetunion, Deutschland) zu ersetzen (Punkt 3). Die genauen Regelungen über die Danzig/Korridor Frage und die Minderheiten (Punkte 2 und 5) seien zwischen Polen und Deutschland auszuhandeln.

Hitler nahm sofort an, nicht „überraschenderweise",[334] sondern unter diesen Umständen völlig logisch. Er brauchte einen Erfolg. Also kam er sogar dem dringendsten britischen Wunsch entgegen und erklärte sich zu direkten polnisch - deutschen Verhandlungen bereit. In den nächsten Tagen mußte sich zeigen, an wem eine Verhandlungslösung scheitern würde, an ihm jedenfalls nicht. Vorläufig übermittelte Dahlerus die deutsche Zustimmung nach London und gab damit grünes Licht für Henderson, eine gleichlautende offizielle Antwort der britischen Regierung zu überbringen.

---

[333] *Dahlerus*, Der letzte Versuch, S. 69 ff.

[334] *Hofer*, Entfesselung, S. 313.

Damit lag der Schwarze Peter in London, wo man bisher von der stillschweigenden Voraussetzung ausgegangen war, Polen an den Verhandlungstisch bringen zu können. Zwar hatten die Engländer immer wieder (zu recht) betont, Polen habe die Verhandlungen mit Deutschland schon im März, also vor der britischen Garantie, abgebrochen, und Großbritannien sei daher an der unnachgiebigen polnischen Haltung nicht schuld. Um den naheliegenden Schluß aber, daß man von London aus deshalb auch wenig Druck auf Polen ausüben könnte (etwa durch angedrohte Rücknahme der Garantie) hatte man sich herumgedrückt. Nun war es also soweit. Polen mußte seine Verhandlungsbereitschaft erklären, denn Henderson konnte in der offiziellen Antwort an die deutsche Regierung schlecht eine Bedingung stellen, die weder Deutschland noch Großbritannien erfüllen konnten.

Am 28. August, um 14.00 Uhr, forderte Halifax den britischen Botschafter in Warschau Sir Howard Kennard daher auf, eine entsprechende Erklärung Polens beizubringen. Er sollte der polnischen Regierung gleichzeitig zusichern, „daß jede Regelung der deutsch - polnischen Differenzen Polens wesentliche Interessen schützen und durch eine internationale Garantie gesichert werden muß."[335] Die Briten betonten aber gleichzeitig den „klaren Unterschied zwischen der Methode, wie ein Abkommen ..... erreicht werden kann, und der Natur der zu erstrebenden Lösung."[336]

Für Beck ohne Frage ein reichlich bedenklicher Satz, etwa vor dem Hintergrund des Münchener Abkommens, wo die „Methode" des Verhandelns eine Lösung sehr vernichtender „Natur" herbeigeführt hatte. Unter diesen Bedingungen stimmte der Außenminister zwar zu, „daß die Reichsregierung benachrichtigt werde, Polen sei zu Verhandlungen bereit",[337] behielt sich aber sicherheitshalber vor Beginn solcher Verhandlungen die Klärung der Frage vor, was denn unter dem Ausdruck „internationale Garantie" zu verstehen sei. So behielt er zumindest einen Hebel in der Hand, der im Zweifelsfall diese Verhandlungen kippen konnte und ein Ergebnis ähnlicher „Natur" wie in der Tschechoslowakei verhinderte.

Henderson konnte also am Abend des 28. August die offizielle Antwort Englands und die polnische Verhandlungsbereitschaft übermitteln. Hitler und Ribbentrop empfingen ihn um 22 Uhr 30. An dieser Antwort war manches merkwürdig. Der Text begann schon mit einem leichten Affront, indem er Hitlers konkrete Forderungen ignorierte, die Dahlerus am Tag zuvor in London

---

[335] Blaubuch, Dok. 73.

[336] Ebd., Dok. 73.

[337] Weißbuch der Polnischen Regierung, Dok. 96.

vorgetragen hatte. Statt dessen betitelte er sich selbst als: „Antwort der Regierung Seiner Majestät vom 28. August auf die Mitteilungen des Deutschen Kanzlers vom 23. und 25. August 1939".[338]

Das ließ sich vielleicht mit dem informellen Charakter von Dahlerus Mission erklären und mit dem Bemühen der Briten, das Ergebnis deutsch - polnischer Verhandlungen nicht zu präjudizieren. Aber auch sonst bog die Mitteilung sorgfältig um jeden greifbaren Inhalt herum. Es müsse „im voraus" feststehen, daß „ein erzieltes Abkommen von anderen Mächten garantiert werden würde." Kein Wort darüber, wer solche Mächte sein könnten (außer daß England seine Teilnahme zusicherte), oder wie die Garantie aussehen sollte (ein Punkt, der schon Beck beunruhigt hatte). Die Sicherstellung der „unentbehrlichen Interessen Polens" sei eine weitere Grundlage der Verhandlungen (kein Wort über den Umfang dieser Interessen). Und so ging es weiter: kein Wort zu Hitlers Forderungen nach Kolonien, kein Wort zu seiner „Garantie" des Empire, nur eine vage Zusage zu deutsch - britischen Gesprächen (so bald wie möglich) und deren möglichen Inhalt (erfordert eine genauere Umschreibung).

Das war dürftig, und Henderson mußte dies selbst bemerkt haben, denn er schob eilig „gewisse Bemerkungen" nach, wie er es selbst in seinem Bericht nach London nannte, oder „erläuterte die einzelnen Punkte noch einmal mündlich, ohne dem Inhalt wesentlich Neues hinzuzufügen", wie es der deutsche Gesprächsbericht vermerkt.[339] Jedenfalls versickerte der Dialog in freundlichen Disputen über die Rolle Blüchers bei Waterloo, die „Treue" Englands, die politische Stärke Chamberlains, Hendersons Privatmeinung über die Ursache der seit 1919 entstandenen polnischen Bevölkerungsmehrheit im Korridor (die als Tatsache von deutscher Seite nicht bestritten wurde) und weiteres mehr. Der über diesen Auftritt anscheinend völlig verblüffte Hitler betonte wohl deshalb „that he was not bluffing", wie Henderson nach London meldete, dem als Antwort seinerseits auch nichts anderes einfiel als die Versicherung, „daß wir auch keine Komödie spielten."[340] Nachdem Hitler gegen Ende noch einmal den Versuch machte, konkret zu werden und Henderson direkt auf ein deutsch - britisches Bündnis ansprach, ohne Neues zu erfahren („nicht ausgeschlossen"[341]) und mit dem gleichen Ergebnis die Kolonialfrage ins Spiel brachte („Konzessionen lassen sich in einer guten Atmosphäre leichter machen als in

---

[338] Blaubuch, Dok. 64.

[339] ADAP, Serie D, Bd. VII, Dok. 384.

[340] Blaubuch, Dok. 76.

[341] Blaubuch, Dok. 75.

einer schlechten"³⁴²), wich er weiteren Fragen Hendersons aus und versprach seinerseits eine formelle Antwort, u.a. auf die Frage nach deutsch - polnischen Verhandlungen für den nächsten Tag.

In den 72 Stunden seit Rücknahme des Angriffsbefehls war Hitler also keinen Schritt weitergekommen, als Henderson spät in der Nacht die Reichskanzlei verließ. Noch immer wurde in wolkigen Allgemeinplätzen verhandelt, die weder den Erfolg noch das Scheitern der Gespräche näher brachten. Drei Tage waren also vertan worden und da der selbstgewählte Termin 1. September nun vor der Tür stand, drohte ein zweiter 25. August, ein neuer Schlag für Hitlers Ansehen, wenn er bis dahin nichts erreicht haben sollte, den Angriff erneut ohne greifbaren Grund befehlen mußte oder unter irgendeinem Vorwand wieder verschieben würde. Direkte Verhandlungen mit Polen unter Einschluß der Engländer boten den einzigen und logischen Ausweg. Zwar war auch darin eine gewisse diplomatische Niederlage enthalten, denn zu offensichtlich hatte sich die deutsche Seite in den letzten Wochen bemüht, ein Verhandlungsergebnis *über* Polen zu erreichen, nicht *mit* Polen, aber andererseits war in Berlin nie offen bestritten worden, daß Polens legitime Interessen geschützt werden sollten. Und mit einem Nachbarn konnte man über dessen legitime Interessen allemal verhandeln. Die Tür war also nicht ganz zugeschlagen worden.

Man verbrachte also in Berlin die Nacht damit, eine förmliche Antwort an die Briten zu formulieren, die zwei wesentliche Komponenten enthalten mußte: Erstens konkrete Forderungen Deutschlands auf Danzig und den Korridor, deren Wortlaut den doppelten Zweck erfüllen mußte, von den Briten nicht länger ignoriert werden zu können (da sie in einem offiziellen Dokument auftauchten) und maßvoll und angemessen zu erscheinen. Zweitens sollten endlich auch die Briten begreifen, daß die Zeit drängte. Dies war der schwierigere Teil, denn der Text mußte dazu eine gewisse Frist enthalten (und zwar eine kurze) ohne doch ein Ultimatum zu sein, denn ein Ultimatum würden weder die Polen noch die Engländer zur Kenntnis nehmen. Es würde statt dessen zurückgewiesen werden, wieder würden einige Tage ins Land gehen und Deutschland stünde obendrein als derjenige da, der die Situation verschärft hatte. Die Erfüllung beider Bedingungen erforderte ein diplomatisches Kunststück, das eigentlich nicht gelingen konnte, jedenfalls nicht ohne gegenseitiges Vertrauen. Im Grunde benötigte man einen informellen Wink Ribbentrops und/oder Hitlers gegenüber Henderson, dem die Dringlichkeit der Lage deutlich werden mußte, ohne durch den Text formal unter Zeitdruck gesetzt zu werden.

Teil eins war kein Problem. Nach einem einzigen, allgemein gehaltenen Satz zum deutsch - englischen Verhältnis (Hitler hatte offenbar eingesehen,

---

³⁴² Ebd., Dok. 76.

daß hier momentan nichts Verbindliches zu erreichen war und mußte die weitere Komplizierung der Gespräche ohnehin vermeiden) folgte ein kurzer Überblick über die deutschen Verhandlungsbemühungen mit Polen seit dem Herbst 1938, begleitet von einem allgemein gehaltenen Lamento über die „unerträglichen Zustände" an der deutsch - polnischen Grenze und die Ungerechtigkeit von Versailles.

Dann kam man zum Punkt:

„Die Forderung der Deutschen Reichsregierung entspricht der von Anfang an als notwendig anerkannten Revision des Versailler Vertrages in diesem Gebiet; Rückkehr von Danzig und dem Korridor zu Deutschland, Sicherung des Lebens der deutschen Volksgruppen in den restlich Polen verbleibenden Gebieten."[343]

Nichts neues im Osten also, sollte dies heißen. Es war zwar etwas gewagt, in diesem Zusammenhang von der „von Anfang an als notwendig anerkannten Revision des Versailler Vertrags in diesem Gebiet" zu sprechen, aber es war auch nicht ganz unberechtigt und sollte die Briten jedenfalls daran erinnern, daß es hier um den ursprünglich am wenigsten umstrittenen Revisionsanspruch Deutschlands ging. Er war auch in England parteiübergreifend respektiert worden, und so wurde vordergründig nichts Außergewöhnliches verlangt, nichts, was die britische Regierung gegenüber der innerbritischen Opposition notfalls nicht durchsetzen konnte. Hitler akzeptierte gleichzeitig die britische Forderung nach einer internationalen Garantie der polnischen Grenze, brachte aber nachdrücklich die Sowjetunion ins Spiel, da die Reichsregierung „im Falle einer Neugestaltung der territorialen Verhältnisse in Polen nicht mehr in der Lage wäre, ohne Hinzuziehung der Sowjetunion sich zu Garantien zu verpflichten oder an Garantien teilzunehmen."[344] Nun wußte er sehr wohl, an welche Grenzen Stalin dabei denken würde und so liest sich dieser Hinweis als erneuter Versuch, nach dem absehbaren Scheitern der polnisch - deutschen Verhandlungen am polnischen Widerstand eine internationale Konferenz über Polen zustande zu bringen, deren Ergebnisse durch das Geheimprotokoll des sowjetisch-deutschen Nichtangriffspakts schon präjudiziert waren.

Dann versuchte das Papier der zweiten Forderung gerecht zu werden, den deutschen Zeitdruck sichtbar zu machen, ohne ein Ultimatum zu sein. Zuerst warb man um Verständnis: Die Reichsregierung „glaubt weiter annehmen zu dürfen, daß sich auch die Königlich Britische Regierung keinem Zweifel darüber hingibt, daß es sich hier nicht mehr um Zustände handelt, zu deren Besei-

---

[343] ADAP, Serie D, Bd. VII, Dok. 421.

[344] Ebd., Dok. 421.

tigung Tage oder gar Wochen, sondern vielleicht nur Stunden zur Verfügung stehen."[345]

Dann erinnerte man an eigene britische Einsichten: „Die Königlich Britische Regierung sieht ... als wichtig an, ... daß durch direkte Verhandlungen schnellstens die vorhandene Gefahr einer drohenden Entladung beseitigt wird",[346] und schließlich erklärte sich „die Deutsche Reichsregierung unter diesen Umständen daher damit einverstanden, die vorgeschlagene Vermittlung der Königlich Britischen Regierung zur Entsendung einer mit allen Vollmachten versehenen polnischen Persönlichkeit nach Berlin anzunehmen. Sie rechnet mit dem Eintreffen dieser Persönlichkeit für Mittwoch, den 30. August 1939."[347] Das war allervorsichtigst formuliert und als Henderson trotzdem auf die Idee kam, „daß dieser Satz nach einem Ultimatum aussehe",[348] „versicherten mir nach einigen hitzigen Bemerkungen Herr Hitler und Herr von Ribbentrop beide, daß damit bloß bezweckt sei, die Dringlichkeit des Augenblicks zu betonen."[349]

Nun hatten die Briten also erreicht, was sie angestrebt hatten: Direkte deutsch - polnische Verhandlungen waren von deutscher Seite verbindlich (inklusive Termin, Ort und Verhandlungsgegenstand) zugesagt und mußten nach englischer Einschätzung die ersehnte Entspannung der Lage bringen. Überraschend schnell sollte sich allerdings zeigen, daß Henderson mit Zitronen gehandelt hatte: da die polnische Regierung sie nicht wollte, würde es diese Verhandlungen nicht geben.

In der Tat stellte Polen schon vor dem deutschen Einlenken die Zeichen auf eine weitere Verschärfung. Beck hatte die britisch - deutschen Gespräche stets mit einem Mißtrauen verfolgt, das durch die fehlende britische Antwort auf die nur allzu berechtigte Frage nach dem Umfang der „internationalen Garantie für Polen" nicht gerade kleiner geworden war. Am Nachmittag des 29. August, genau um 16.00 Uhr, während Henderson noch auf die deutsche Antwort wartete, rief daher die polnische Regierung demonstrativ die Generalmobilmachung aus, mit der offiziellen Begründung, auch den letzten Rest ihrer bereits fast vollständig mobilisierten Streitkräfte zur Verfügung haben zu wollen. Aber es gab nur noch so wenig zu mobilisieren, daß Beck sich von den westlichen Botschaftern, bei denen das Vorhaben wegen der politischen Signalwirkung ein stärkeres Erdbeben ausgelöst hatte, noch einmal die Rücknahme die-

---

[345] Ebd., Dok. 421.

[346] Ebd., Dok. 421.

[347] Ebd., Dok. 421.

[348] Blaubuch, Dok. 79.

[349] Ebd., Dok. 79.

ser Anordnung abhandeln ließ. Polens Kampfbereitschaft war ja ausreichend sichtbar geworden. Gegen Abend verschob der polnische Generalstab die Generalmobilmachung um 24 Stunden, auf den 30. August 1939, 16.00 Uhr.

Unabhängig davon meldete Henderson am Abend des 29. August das deutsche Angebot nicht nur nach London, sondern auch seinem polnischen Kollegen Lipski, den er geradezu angefleht haben soll,[350] Polen solle schnellstens einen Bevollmächtigten ernennen und dem gegenüber er keinen Hehl daraus machte, daß seiner Meinung nach die deutschen Bedingungen angenommen werden sollten (eine Meinung, die von dem französischen Außenminister Bonnet geteilt wurde, der in diesem Sinn zur Botschaft nach Warschau telegrafierte). Die Westmächte bereiteten sich also zum Absprung vor.

Beck seinerseits war keineswegs gesinnt, dies zuzulassen. Da war es nur gut, daß die polnische Regierung offiziell von der deutschen Verhandlungsbereitschaft noch nichts wissen mußte, denn natürlich war dazu eine offizielle Mitteilung aus London erforderlich, kein Privatgespräch zwischen Botschaftern. Da diese Mitteilung ausblieb, hatte man in Warschau Zeit. Wenn aus London Verbindliches vorlag, konnte man immer noch reagieren.

Und aus London kam nichts. Es wurden einige Telegramme zwischen der Regierung und den britischen Botschaften in Warschau und Berlin gewechselt, aber von der deutschen Antwort und deren Inhalt, der so dringlich war, daß man ihn in London später zum verkappten Ultimatum hochstilisierte, erfuhr die polnische Regierung erst am 31. August, „um es deutlich zu sagen, 25 Minuten, nachdem das deutsche Ultimatum, wenn es eines war, abgelaufen war."[351]

Wie es dazu kommen konnte, ist im Grunde nicht schwer nachzuvollziehen. Joseph Kennedys Bericht aus London traf die dortige Stimmung am 30. August exakt: „Offen gesagt, macht er (Chamberlain, d. Verf.) sich mehr Sorgen darüber, wie er die Polen zur Vernunft bringt als die Deutschen", telegrafierte er an diesem Tag zu Cordell Hull. Das war in der Tat der Knackpunkt der ganzen Angelegenheit. Chamberlain glaubte offensichtlich, die deutsche Antwort nicht einfach nach Polen weitergeben zu können, ohne sie noch einmal mit einer präzisen Beschreibung der britischen Position zu versehen. Wo die deutsche Antwort vom 29. August das Kunststück fertigbringen mußte, Zeitdruck zu schaffen, ohne ein Ultimatum zu stellen, standen die Briten nun vor der heiklen Aufgabe, ihre Garantie zurückzunehmen (um Polen zu Verhandlungen zu zwingen) und dabei gleichzeitig zu bekräftigen (um einen Wortbruch zu

---

[350] *Hofer*, Entfesselung, S. 335; DBFP, VII, Nr. 510, 537; *Henderson*, Fehlschlag, S. 267.

[351] *Taylor*, Ursprünge, S. 313.

vermeiden). Für den Fall des Scheiterns der Verhandlungen an deutscher oder polnischer Sturheit mußte die britische Position geklärt und öffentlich vertretbar sein.

Also füllte sich der Morgen des 30. August mit klärenden Absprachen zwischen Warschau, Berlin und London. Es begann um zwei Uhr früh mit einem Telegramm aus London nach Berlin, das Henderson mitteilte, es sei „natürlich unvernünftig, von uns zu erwarten, daß wir heute in Berlin einen Vertreter Polens zur Stelle schaffen, (eine Entscheidung, die man Polen offenbar nicht selbst überlassen wollte) und die Deutsche Regierung darf das nicht erwarten. .... Wir hoffen, daß Sie unsere Antwort heute nachmittag erhalten."[352] Henderson gab dies an das Auswärtige Amt weiter, und um vier Uhr morgens war man dort im Bilde, daß die „Britische Regierung nicht sicher sei, ob es ihr gelinge, die Polnische Regierung dazu zu bringen, daß sie einen Bevollmächtigten noch heute hierher entsende", wie es Staatssekretär v. Weizsäcker notierte. Weizsäcker versuchte noch einmal Druck zu machen:

„Ich habe mich darauf beschränkt, dem Botschafter die Situation als überaus gespannt und dringlich zu bezeichnen."[353]

Um zehn Uhr vormittags traf in London ein Telegramm des Botschafters in Warschau, Sir Kennard, ein, der die deutsche Antwort inzwischen gelesen hatte und der weiteren Entwicklung äußerst pessimistisch entgegen sah. Weder dem Inhalt der deutschen Forderungen noch dem gesteckten Zeitrahmen gab er die geringste Chance auf Verwirklichung:

„Ich bin sicher, daß es unmöglich wäre, die Polnische Regierung zu veranlassen, Herrn Beck oder irgendeinen anderen Vertreter sofort nach Berlin zu schicken. .... Angesichts der Tatsache, daß die polnische Regierung die Märzbedingungen ablehnte, zu einer Zeit, da sie allein stand ....., wäre es ihr jetzt bestimmt unmöglich, Vorschlägen zuzustimmen, die über die Märzbedingungen hinausgehen, jetzt wo man Großbritannien zum Verbündeten hat, wo Frankreich seine Unterstützung bekräftigt und die öffentliche Meinung der Welt deutlich direkte Verhandlungen auf Grundlage der Gleichberechtigung begünstigt."[354]

Was in dieser Lage noch zu tun wäre, wußte Kennard auch nicht genauer, als „daß die Grundlage zu irgendwelchen Verhandlungen (die keinesfalls in Deutschland stattfinden dürften) irgendein Kompromiß sein sollte zwischen den klar definierten Grenzen der Märzvorschläge auf deutscher Seite und dem

---

[352] Blaubuch, Dok. 81.

[353] ADAP, Serie, D, Bd. VII, Dok. 445.

[354] Blaubuch, Dok. 84.

status quo auf polnischer Seite."³⁵⁵ Diese persönliche Meinung werde er allerdings für sich behalten, und dann mahnte auch er zur Eile:

„Ich gebe natürlich der Polnischen Regierung keinen Ansichten Ausdruck, noch teile ich ihr Herrn Hitlers Antwort mit, ehe ich (wie ich hoffe, ohne Verzug) Weisungen erhalte."

Chamberlain und Halifax hatten diese Mitteilung gerade gelesen, als um 10.30 Uhr wieder einmal Birger Dahlerus vor der Tür stand. Göring hatte ihn unmittelbar nach Hendersons Gespräch mit Hitler über die Einzelheiten der deutschen Forderungen unterrichtet (Danzig zu Deutschland, Gdingen zu Polen, Abstimmung im Korridor und „Korridor im Korridor" für den Unterlegenen) und ihm sogar eine (allerdings spontan und eigenhändig gezeichnete) Karte mit dem geplanten Abstimmungsgebiet in die Hand gedrückt. So ausgerüstet, flog Dahlerus nach London und traf eben eine halbe Stunde nach dem Eintreffen von Kennards Mitteilung mit Chamberlain, Halifax und Horace Wilson zusammen.

Die Briten waren entsprechend mißmutig, was die Aussicht weiterer Verhandlungen betraf. Direkte deutsch-polnische Verhandlungen in Berlin lehnten sie ganz ab.³⁵⁶

Noch vor dem Mittagessen war man in London also orientiert: die Situation war tatsächlich so ausweglos wie befürchtet. Man konnte sich den Tag über mit der Abfassung der begleitenden Note zur deutschen Antwort beschäftigen und tatsächlich telegrafierte Halifax schon um 17.30 Uhr nach Warschau und Berlin, aber er hatte nicht mehr vorzuschlagen als Maßnahmen, mit denen „die Atmosphäre vielleicht gebessert werden kann."³⁵⁷ Und selbst diese Vorschläge gingen auf eine Anregung von Dahlerus zurück.³⁵⁸ Sie liefen auf bessere Behandlung der Minderheiten hinaus. Man solle in Polen aufhören, auf deutsche Flüchtlinge zu schießen, und im Gegenzug sollten die Deutschen keine Sabotageakte mehr begehen.

Am späten Abend war die britische Antwort fertig, und Henderson wurde ausgeschickt, den Deutschen die schlechte Nachricht zu verkaufen, daß heute kein polnischer Bevollmächtigter mehr kommen würde. Schlimmer noch, als er genau um Mitternacht mit Ribbentrop zusammentraf, wußte die polnische Regierung offiziell noch immer nichts von diesem Angebot.

---

³⁵⁵ Ebd., Dok. 84.

³⁵⁶ DBFP, VII, Nr. 514.

³⁵⁷ Blaubuch, Dok. 87.

³⁵⁸ *Dahlerus*, Versuch, S. 101.

B. Ein Experiment

Die Stimmung war entsprechend geladen. Das Ausbleiben einer zügigen Reaktion auf die deutsche Note vom Vortag hatte in dem erklärten Britenfeind Ribbentrop schon alle Vorurteile wach werden lassen und als Henderson nun begann, die schwammigen Formulierungen der englischen Antwort zu verlesen, ging es mit ihm durch. Henderson hatte Mühe, seinen Text herunterzulesen, der tatsächlich nichts Neues enthielt. (wenn man von der Bestätigung absieht, daß Großbritannien eine Beteiligung der UdSSR an der internationalen Garantie „stets vorausgesetzt hat").

Die nun schon mehrfach durch Hitler und Dahlerus vorgetragenen konkreten deutschen Forderungen wollte man dagegen nicht gehört haben: Die Britische Regierung

„glaubt zu verstehen, daß die Deutsche Regierung zur Zeit Vorschläge für eine Lösung ausarbeitet. Zweifelsohne werden diese Vorschläge während des Meinungsaustausches sorgfältigst geprüft werden. Es kann dann entschieden werden, wie weit sie mit den wesentlichen Bedingungen vereinbar sind, die die Regierung Seiner Majestät bekanntgegeben hat und die im Prinzip anzunehmen die Deutsche Regierung ihre Bereitwilligkeit zum Ausdruck gebracht hat."[359]

Dann zog sich Großbritannien aus seiner Vermittlerrolle ein Stück zurück und mahnte den direkten deutsch - polnischen Kontakt an:

„Die Art der Fühlungnahme und die Vorbereitungen für einen Meinungsaustausch müssen offensichtlich in aller Eile zwischen der Deutschen und der Britischen Regierung vereinbart werden."

Die heiklen und entscheidenden Fragen nach Zeit, Ort und Inhalt solcher Verhandlungen, über denen man in London den ganzen Tag gebrütet hatte, waren damit unbeantwortet geblieben, aber man schob wenigstens eine halbherzige Bemerkung dazu nach, warum dieser Tag ereignislos verstrichen war:

„ Die Regierung Seiner Majestät ist jedoch der Ansicht, daß es untunlich wäre, diese Fühlungnahme schon heute (gemeint ist wohl der 30. August, d. Verf.) herzustellen."[360]

Damit wenigstens etwas Konkretes angedeutet war, schlug das Papier zum Schluß „um Zwischenfälle zu vermeiden" die vorläufige Schaffung eines „modus vivendi für Danzig" vor. Dieser Punkt ist es wert, kurz anzuhalten und ihn genauer zu betrachten. Welcher Art sollte dieser Modus sein? Zwischen wem war er zu verhandeln? Wo war er zu verhandeln? Die Antwort auf diese Fragen enthielt im Keim eine Lösungsmöglichkeit für den ganzen Konflikt, den ent-

---

[359] Blaubuch, Dok. 89.

[360] Ebd., Dok. 89.

scheidenden Hebel, an dem die britische Politik hätte ansetzen können. Noch immer stand Danzig unter der Hoheit des Völkerbundes, d.h. der „alliierten und assoziierten Hauptmächte" des Versailler Vertrags, von denen nur noch Frankreich und England ihre Rechte ausübten.

Spätestens jetzt hätte man sich daran erinnern müssen, daß Danzigs Status weder deutsch noch polnisch war und es zwischen beiden Staaten gar keine völkerrechtlich verbindlichen Verhandlungen über diesen Punkt geben konnte. Dem Völkerbund kam so noch einmal unerwartet eine entscheidende Rolle zu: Er mußte die Änderung des Status quo in Danzig absegnen. Falls die Verhandlungen an der polnischen Seite zu scheitern drohten, konnte er das Druckmittel sein, das über diesen Punkt hinweg führte und Danzig unter Wahrung der vertraglich genau definierten polnischen Rechte völkerrechtlich zu Deutschland bringen konnte. Ein Angebot, das Hitler kaum hätte ablehnen können.

Die britische Antwort war mit Blick auf Polen formuliert worden, und fast zeitgleich mit Hendersons Besuch bei Ribbentrop leitete Kennard in Warschau daher einen identischen Text an die polnische Regierung weiter, dem außerdem die deutsche Note vom 29. August beigelegt wurde. Am 31. August, um 0.25 Uhr morgens, wußte man in Warschau nun offiziell, daß man gestern einen Bevollmächtigten nach Berlin hätte schicken sollen. Die Britische Regierung bat nicht um Verständnis für die Verzögerung und verwies als Erklärung lediglich auf den „Vorbehalt" gegen die Forderung nach sofortigen direkten Verhandlungen, den man in Berlin bekannt gemacht habe. Beck dürfte dies recht gleichgültig gewesen sein, er wußte ja schon, daß es keine Verhandlungen geben durfte und letztlich hatte er durch das britische Zögern nur Zeit gewonnen. Seine Antwort erwähnte diesen Punkt später auch nicht. Interessanter mußte für ihn sein, wie die Briten das heikle Problem gelöst hatten, Polen Verhandlungen nahezulegen, ohne die Garantie einzuschränken.

Falls er erwartet haben sollte, von England unter Druck gesetzt zu werden, konnte er sich beruhigen. London begnügte sich mit vagen Appellen und lieferte sogar die Begründung für polnische Ausweichmanöver gleich selbst mit. Zuerst erinnerte die Note an das polnische Versprechen vom 28. August:

> „Angesichts der Tatsache, daß die Polnische Regierung Seiner Majestät Regierung ermächtigt hat zu erklären, daß sie gewillt sei, in direkte Besprechungen mit der Deutschen Regierung einzutreten, hofft Seiner Majestät Regierung (vorausgesetzt, daß die Methode und die allgemeinen Anstalten für die Besprechungen zufriedenstellend vereinbart werden), daß die Polnische Regierung unverzüglich dazu bereit sei."

England „hoffte" also nur, es „erwartete" von Polen nichts, und selbst diese Hoffnung war an Polens Zufriedenheit mit undefinierten „Methoden und allgemeinen Anstalten" geknüpft, blieb also völlig im Unverbindlichen. Dann folgte das einzige Argument für solche Verhandlungen, das die ganze Note schon als taktisches Manöver im Vorfeld des kommenden Krieges erscheinen läßt:

> „Vom Standpunkt der inneren Lage in Deutschland sowie der öffentlichen Weltmeinung scheint es uns äußerst wichtig, daß, solange sich die Deutsche Regierung zu Verhandlungen bereit erklärt, ihr keine Gelegenheit geboten werde, die Verantwortung wegen eines Konfliktes auf Polen zu schieben."

Hier geht es schon ganz offen um die Schuld am bewaffneten Konflikt, nicht mehr um seine Vermeidung. Immerhin enthielt die Wendung eine leichte Mahnung an Polen, gegebenenfalls selbst als der Schuldige dastehen zu können. Den Schluß bildete eine erneute Bekräftigung der britischen Garantie, wobei ausdrücklich an deren Wirkung appelliert wurde: „Die Stellung der Polnischen Regierung ist von derjenigen, die sie im vergangenen März innehatte, sehr verschieden, da sie jetzt von der direkten Garantie unterstützt wird, sowie von dem Versprechen der britischen Beteiligung an Garantien für jede Abmachung, die auf den von uns angegebenen Grundlagen beruht."

Günstigstenfalls würde dies in Polen als Signal gedeutet werden, daß das Land jetzt aus einer Position der Stärke verhandeln könne, die es im März noch nicht hatte. Gespräche würden also kein Risiko bedeuten. Angesichts der Tatsache, daß die Warschauer Regierung und Beck persönlich schon jedes Nachgeben (selbst in Danzig) öffentlich ausgeschlossen hatten, war es aber nicht mehr als eine Wiedergabe der internen polnischen Überlegungen, die Kennard am Tag zuvor treffend beschrieben hatte: Warschau hat nicht nachgegeben, als es allein stand, es wird erst recht nicht nachgeben, wenn es Verbündete hat.

4. Von der plötzlichen Hörschwäche unter Diplomaten oder: Die letzten Scheindialoge vor dem Kriegsausbruch

Wir haben das Treffen Henderson / Ribbentrop verlassen, nachdem der britische Botschafter die Note seiner Regierung verlesen hatte. Damit war die Begegnung aber noch keineswegs zu Ende. Henderson fragte nach, ob die deutschen Vorschläge für eine Lösung inzwischen fertig seien, worauf Ribbentrop „ein längeres Dokument hervorzog, das er in deutscher Sprache laut mit höchster Geschwindigkeit vorlas."[361]

---

[361] Blaubuch, Dok. 92.

Es handelte sich um eine Variante der deutschen Vorschläge, die Dahlerus vor kaum 14 Stunden in London vorgetragen hatte. Sie waren jetzt in 16 Punkte gegliedert und enthielten in Bezug auf den Korridor lediglich genauere Einzelheiten zu den Modalitäten der geforderten Abstimmung. Der Grundgedanke (Danzig zu Deutschland, Gdingen zu Polen und „Korridor durch den Korridor für den Unterlegenen") hatte sich nicht verändert. Allerdings hatte Hitler dafür gesorgt, daß sich die Vorschläge nur auf den Korridor selbst bezogen und Görings abenteuerliche Forderung nach den Grenzen von 1918 (und mehr) gestrichen.

Ribbentrops Vortrag leitete, kaum mehr als 24 Stunden vor dem Beginn der Kämpfe, die letzte Phase der politischen Manöver vor dem Kriegsausbruch ein. Die Bereitschaft zu Verhandlungen war erklärt, die deutschen Wünsche lagen nun wirklich präzise formuliert auf dem Tisch, und damit fehlte im Prinzip nur noch der polnische Bevollmächtigte, der sie zunächst entgegennahm. Ribbentrop erklärte sich bereit, dem polnischen Botschafter das Papier zu übergeben, wenn er vorsprechen sollte, weigerte sich aber, es an Henderson weiterzureichen. Das sei zunächst seine eigene Entscheidung, er werde sie aber „Herrn Hitler zur Kenntnis bringen".[362]

Henderson hatte den Inhalt auch so ganz gut erfaßt, jedenfalls gut genug, um nach seiner Rückkehr in die britische Botschaft (gegen 2 Uhr früh) den polnischen Botschafter Lipski anzurufen, ihm das Gespräch kurz zu beschreiben und darum zu bitten, Ribbentrop aufzusuchen. Lipski ging allerdings lieber wieder ins Bett. Kurz nach 2 Uhr klingelte nun in der britischen Botschaft das Telefon.[363] Am Apparat war Dahlerus, der sich kurz nach Mitternacht mit Göring in dessen Privatzug verabredet und dort einen „vergnügten und befriedigten" Reichsmarschall angetroffen hatte. Göring las ihm die 16 Punkte vor und hielt die ganze Krise schon im wesentlichen für gelöst. Hitlers Angebot an Polen sei „demokratisch, gerecht und praktisch durchführbar" und müsse sowohl von Polen als auch von England akzeptiert werden. Gerade jetzt werde das Angebot an Henderson übergeben. Dahlerus schlug vor, sich in der britischen Botschaft nach dem Stand der Dinge zu erkundigen, und genau dies wollte er nun telefonisch tun.

Er sprach mit Botschaftsrat Forbes, der Dahlerus vom „unglücklichen Verlauf" der Besprechung erzählte, von Ribbentrops Aggressivität und davon, Henderson hätte ihm erzählt, er „habe nur drei Worte verstanden".[364] (Eine

---

[362] Blaubuch, Dok. 92.

[363] Nach *Dahlerus*, Versuch, S. 115.

[364] Ebd, S. 114.

Sprachregelung, auf die man sich in der britischen Botschaft wohl nach Lipskis abweisender Reaktion geeinigt hatte). Das war ein Problem, das Dahlerus sofort lösen konnte. Nach kurzem Zögern stimmte Göring zu, die 16 Punkte nun per Telefon noch einmal zu den Briten zu übermitteln und nun war plötzlich Forbes an der Reihe, an seinen Deutschkenntnissen zu zweifeln: „Zwar beherrschte Forbes deutsch gut, er bat mich aber doch, langsamer zu lesen", wunderte sich Dahlerus, der auch noch den nervösen Göring im Rücken hatte, der sich bei seiner eigenmächtigen Aktion nicht ganz wohl fühlte und Dahlerus gleichzeitig drängte, schneller zu lesen.

Danach brauchte selbst Dahlerus, der seit Tagen ohne Pause zwischen London und Berlin hin und her flog, etwas Schlaf. Er traf Göring gegen 8 Uhr morgens wieder, „der offenbar die ganze Zeit über die Folgen des Zwischenfalls zwischen Henderson und Ribbentrop am vorhergehenden Abend nachgedacht hatte."[365] Göring verfügte inzwischen wohl auch über Rückendeckung durch Hitler, denn er forderte Dahlerus sofort auf, in die britische Botschaft zu fahren, um sich zu überzeugen, daß die 16 Punkte dort auch richtig angekommen waren. Damit auch nichts schiefgehen konnte, gab er sie ihm noch einmal schriftlich mit.

Um 10 Uhr traf Dahlerus mit Henderson zusammen, der ihm noch einmal erzählte, „daß er nur drei Worte verstanden habe" und dann das von Dahlerus mitgebrachte Papier mit den Notizen von Forbes aus der letzten Nacht verglich. Sie stimmten einigermaßen überein und tatsächlich hatte Henderson auch schon um 9.30 Uhr eine ziemlich exakte Zusammenfassung nach London geschickt (und zwar eine, die ausdrücklich seine Erinnerung an Ribbentrops Rede wiedergab und auf Dahlerus Anruf keinen Bezug nahm).

Nun traf Dahlerus ihn in trüber Stimmung an, und auch die Ankunft der angeblich so sehnlich erwarteten schriftlichen Version der 16 Punkte konnte seine Stimmung nicht bessern (kaum überraschend, er kannte Lipskis abwehrende Reaktion ja schon aus dem Telefongespräch vom frühen Morgen). Henderson wußte längst um die Vergeblichkeit der weiteren Bemühungen, und daher lehnte er Dahlerus Vorschlag ab, das Papier mit den 16 Punkten gemeinsam zur polnischen Botschaft zu bringen. Dahlerus solle allein fahren, meinte er und war auch nicht umzustimmen, als der Schwede ihn darauf hinwies, noch nie mit Lipski zusammengetroffen und daher denkbar ungeeignet zu sein, derart vertrauliche und dringende Verhandlungen mit Polen zu führen. Henderson telefonierte lediglich mit der polnischen Botschaft, kündigte Dahlerus an und gab ihm zur Verstärkung noch Forbes mit.

---

[365] Ebd., S. 116.

Um 11 Uhr trafen die beiden dort ein und fanden die Botschaft bereits in Auflösung. Selbst in Lipskis Konferenzraum, wo der Botschafter sie erwartete, fehlte schon ein Teil der Möbel. Dahlerus fing an, die deutsche Note an Polen zu verlesen, (langsam und deutlich, wie man annehmen darf) aber nun war es an Lipski, plötzlich kein Deutsch mehr zu verstehen. Er „erklärte bald, daß er den Inhalt nicht verstehen könne."[366] Forbes versuchte es anders, „notierte hierauf eigenhändig die Hauptpunkte und übergab die Aufzeichnungen Lipski, der das Papier mit zitternden Händen nahm und eine Weile betrachtete, dann aber erklärte, daß er nicht deuten könne, was dort stehe."[367] So ging es also auch nicht. Wohl um die Farce zu einem Ende zu bringen, schlug Dahlerus vor, „die Note sofort seiner (Lipskis, d. Verf.) Sekretärin zu diktieren". Er ging mit ihr in ein angrenzendes Zimmer und diktierte dort direkt in die Maschine. „Mit der Niederschrift kehrte ich zurück und übergab sie Lipski, worauf Forbes und ich nach dem Wechsel einiger höflicher Redensarten Abschied nahmen."[368]

Während des Diktats hatte Forbes mit Lipski geredet und mehr über den Hintergrund von dessen plötzlichen Sprachschwierigkeiten erfahren. Lipski habe gesagt, so Forbes, „daß er in keiner Weise Anlaß habe, sich für Noten oder Angebote von deutscher Seite zu interessieren. Er kenne die Lage in Deutschland nach seiner fünfeinhalbjährigen Tätigkeit als Botschafter gut und habe intime Verbindung mit Göring und anderen aus den maßgebenden Kreisen; er erklärte, davon überzeugt zu sein, daß im Fall eines Krieges Unruhen in diesem Land ausbrechen und die polnischen Truppen erfolgreich gegen Berlin marschieren würden."[369] Polen wollte es also auf einen militärischen Schlagabtausch ankommen lassen.

Forbes und Dahlerus kehrten in die britische Botschaft zurück und berichteten Henderson über den Besuch, der vom negativen Verlauf kaum überrascht sein konnte. Jedenfalls dachte er offenbar keineswegs daran, die Entwicklung zügig nach London zu übermitteln, ließ sich aber von Dahlerus überreden, daß dieser dort „mündlich berichten dürfe". Dahlerus „bekam binnen kurzem Verbindung mit Sir Horace Wilson und teilte ihm mit, was geschehen war".[370] So weit war es nun also, daß Dahlerus nicht nur der aktivste, sondern fast der einzige war, der die Kommunikation auf Seiten der Alliierten vorantrieb. Kurz

---

[366] *Dahlerus*, Versuch, 1948, S. 110.

[367] Ebd., S. 110.

[368] Ebd., S. 110.

[369] Ebd., S. 110.

[370] Ebd., S. 111.

nach dem Telefongespräch mit Wilson verließ er schon wieder die britische Botschaft und kam kurz vor 1 Uhr in Görings Berliner Residenz an, gerade rechtzeitig, um Görings empörte Reaktion auf ein abgefangenes polnisches Chiffretelegramm an Lipski zu erleben, dessen Übersetzung gerade eingetroffen war.

In der Tat ist selbst die offizielle Version des Telegramms, die sich im Weißbuch der polnischen Regierung findet, nicht ohne Brisanz. Lipski wird dort angewiesen, dem deutschen Minister (oder Staatssekretär) des Auswärtigen mitzuteilen, daß die Polnische Regierung:

„diese Nacht .... durch die Britische Regierung über ihren Meinungsaustausch mit der Reichsregierung bezüglich der Möglichkeit direkter Besprechungen zwischen der Reichsregierung und der Polnischen Regierung benachrichtigt" wurde.[371] Die Polnische Regierung „prüft in günstigem Sinne die Anregungen der Britischen Regierung", auf die eine Antwort „in einigen Stunden erteilt werden" wird.

Es war also keine polnische Zusage mit der Britischen Bedingung verbunden gewesen, Deutschland müsse zu direkten Gesprächen bereit sein. In Polen „prüfte" man erst einmal, zu den näheren Umständen, wie Zeit und Ort, wollte man sich gegenüber der deutschen Regierung nicht äußern und die deutsche Note vom 29. August wurde gar ausdrücklich von einer Antwort ausgeschlossen. Nicht davon wurde Göring allerdings so in Rage versetzt, sondern von einem Schlußabsatz des Textes, der in der offiziellen polnischen Version fehlt:

„Lassen Sie sich unter keinen Umständen in sachliche Diskussionen ein; wenn die Reichsregierung schriftliche Vorschläge macht, müssen Sie erklären, daß Sie keinerlei Vollmacht haben, solche Vorschläge entgegenzunehmen oder zu diskutieren, und daß Sie ausschließlich obige Mitteilung Ihrer Regierung zu übermitteln und erst weitere Instruktionen einzuholen haben."[372]

Im Grunde war das ja nichts anderes, als Lipski schon Forbes unter vier Augen erklärt hatte, und außerdem die logische Erklärung für die auffallende Passivität der polnischen Regierung in den Vorgängen der letzten Monate und Tage, die doch gerade ihr Land existentiell betreffen mußten. Zwischen Polen und Deutschland gab es nichts zu verhandeln, da die beiderseitigen Standpunkte sich ausschlossen (und die heute übliche Methode, in diesem Fall eine Eskalation durch einen inhaltsleeren „Verhandlungsprozeß" zu vermeiden, noch nicht erfunden war). Polens Ziel war nichts anderes als die Erhaltung des Status quo, und Außenminister Beck hatte nicht unter Aufbietung seiner gan-

---

[371] Weißbuch, Dok. 110.

[372] *Dahlerus*, Versuch, S. 113.

X. Sommer 1939

zen Kunst Garantiemächte für diesen Status besorgt, die Garantie durch ein verbindliches Militärabkommen zusätzlich unterstützt, um ihn sich jetzt abhandeln zu lassen.

Dennoch belastete die offene Absage an Verhandlungen die polnische Politik mit dem Odium der Verweigerung und gab ihr Mitschuld an der Ausweglosigkeit der Situation und so wäre diese Passage nach dem Krieg möglicherweise verschollen geblieben, wenn nicht Göring persönlich den Text abgeschrieben und augenblicklich Dahlerus in die Hand gedrückt hätte. Er solle ihn Henderson zeigen, damit auch die Engländer endlich merkten, wer hier die Verhandlungen sabotiere.

Dahlerus tat noch mehr. Er versuchte eine allerletzte Initiative, die seiner Meinung nach nur in direkten Gesprächen zwischen Göring (der ihm der moderateste auf deutscher Seite zu sein schien) und Henderson bestehen konnte. Während Göring unterwegs war, um sich Rückendeckung bei Hitler zu holen, fuhr Dahlerus zur britischen Botschaft, um Henderson zu informieren.

Hitler stimmte dem Vorschlag zu, und nach einigem hin und her über die Zahl der Teilnehmer (Henderson wollte mit Göring allein sprechen, während Hitler zusätzlich auf der Anwesenheit von Forbes und Dahlerus bestand. Ohne Zeugen war das Treffen für die deutsche Seite wertlos und Hitler drohte damit, es für diesen Fall abzusagen) einigte man sich auf ein Treffen bei Göring um 16.50 Uhr an diesem 31. August. Jetzt, nach der Einladung, reichte Dahlerus auch das polnische Telegramm an Henderson weiter, der aber nur „aufmerksam zuhörte" und das Papier mit keinem Wort kommentierte. Dahlerus deutete das als Mißtrauen und spekulierte darüber, ob Henderson das Telegramm für eine deutsche Fälschung hielt. Tatsächlich bestritt Henderson die Echtheit des Telegramms aber mit keinem Wort, weder jetzt noch später. Zu sehr paßte es wohl in das Bild, das sich die Engländer von der polnischen Haltung gemacht hatten.

Es läßt sich auch bei einiger Phantasie kaum etwas ausdenken, was nun bei dem Treffen um 16.50 Uhr einen Durchbruch hätte bringen können, so daß Dahlerus Initiative allenfalls eine bessere Stimmung für spätere Verhandlungen schaffen konnte. Polen hatte inzwischen auch gegenüber den Briten durchblicken lassen, daß man an schnellen Verhandlungen kein Interesse hatte.

Nahezu zeitgleich mit der Nachricht an Lipski übergab Beck in Warschau dem englischen Botschafter Kennard eine Antwort auf dessen Note von Mitternacht, die kaum mehr als eine Spiegelung der wolkigen Allgemeinplätze enthielt, mit denen die Briten ihrerseits seit Tagen bei den Polen gute Stimmung zu machen versuchten. Ja, natürlich sei man grundsätzlich zu direkten Gesprächen mit Deutschland bereit, „selbstverständlich auf der Basis der durch die Britische Regierung vorgeschlagenen Grundsätze." Natürlich sei man bereit, „auf der Grundlage der Gegenseitigkeit die förmliche Garantie abzugeben, daß die polnischen Truppen im Fall der Einleitung von Verhandlungen die Grenzen des Deutschen Reichs nicht verletzen werden." Natürlich sei ein vorläufiger modus vivendi in Danzig „unerläßlich".

Aber: Da die Polnische Regierung auf die „grundsätzliche Frage" nach dem genauen Inhalt der „internationalen Garantien in den Beziehungen zwischen Polen und dem Reich .... keine Antwort erhalten hat, sieht sich die Polnische Regierung gezwungen, sich ihren Standpunkt in dieser Frage bis zum Augenblick vorzubehalten, wo ihr völlige Aufklärung gegeben wird."[373] Im übrigen wolle man in jedem Fall „auch weiterhin die guten Dienste der Regierung Seiner Majestät in Anspruch nehmen."[374]

Wer eigene polnische Vorschläge, vielleicht zu einer Entspannung der Lage durch beiderseitige Demobilisierung, zu einem Verhandlungsort (wenn schon nicht Berlin), zum nötigen Mindestumfang der internationalen Garantie, zu Details einer für Polen akzeptablen Neuregelung der Verhältnisse in Danzig oder zu sonst irgendeinem Punkt erwartet hatte, mußte enttäuscht werden.

So saßen sich am späten Nachmittag Henderson, Forbes, Göring und Dahlerus gegenüber und konnten nichts weiter tun, als sich die gegenseitige Friedensliebe zu versichern. Mehr als eine halbe Stunde verging mit dem Austausch von Höflichkeiten, bis Göring den toten Punkt mit dem Vorschlag zu überspringen versuchte, die Briten sollten in künftigen Verhandlungen für Polen sprechen. Henderson wies das nicht ganz zurück, „wollte sich aber nicht darüber äußern, ob dieser Weg gangbar sei."[375] Man diskutierte dann noch kurz über den Inhalt des abgefangenen polnischen Telegramms, das Göring jetzt selbst mit der Bemerkung vorlegte, man werde die Bestätigung für dessen Echtheit sehen, wenn sich Lipski um 18.30 Uhr mit Ribbentrop treffe. Dann ging die Runde kurz vor 19.00 Uhr auseinander. Es war der letzte Versuch gewesen, wie jeder der Anwesenden fühlte, und man dachte bereits besorgt an das Urteil der Nachwelt. Forbes hielt Dahlerus noch eine gute Stunde auf, weil „das Botschaftspersonal die meisten Dokumente verbrannt habe, und er wünschte deshalb, die Daten unserer Zusammenkünfte in den letzten Tagen in einem kleinen Notizbuch zu vermerken."[376]

---

[373] Weißbuch, Dok. 108.

[374] Ebd., Dok. 108.

[375] *Dahlerus*, Versuch 1948, S. 120.

[376] Ebd., S. 121.

X. Sommer 1939

Inzwischen war Lipski tatsächlich bei Ribbentrop gewesen, hatte seine „erhaltenen Anweisungen ausgeführt",[377] d.h. eine Antwort auf die britische Note von gestern Nacht in Aussicht gestellt (die in Wahrheit zu diesem Zeitpunkt bereits seit sechs Stunden gegeben worden war), jede direkte Kenntnis von Deutschlands Verhandlungsbereitschaft, d.h. der Note vom 29. August abgestritten und betont, selbst keine Verhandlungsvollmacht zu haben. Ribbentrop nahm das zur Kenntnis, wie Lipski vier Stunden später nach Warschau berichtete, und damit endete das Treffen. So verlief der erste deutsch - polnische Kontakt in diesen entscheidenden Wochen, und zugleich der letzte vor Beginn der Kampfhandlungen im Sand.

Denn Hitler glaubte offensichtlich, genügend politische Vorbereitung geleistet zu haben, um die erste Ernte aus dem deutsch - russischen Pakt jetzt gefahrlos einfahren zu können. Immerhin konnte er darauf verweisen, daß er der einzige war, der in den letzten Tagen greifbare Vorschläge zur Konfliktlösung präsentiert hatte. (Um es im Ton seiner angeblichen Äußerung vom 22. August zu sagen: Er war selbst der „Schweinehund", der einen Vermittlungsplan vorgelegt hatte.) Genau diesen Eindruck hatte auch Chamberlain, wie er eine Woche später in sein Tagebuch schrieb. Natürlich gäbe es keine letzte Sicherheit über Hitlers wirkliche Absichten:

„With such an extraordinary creature one can only speculate."[378]

Aber:

„I believe he did seriously contemplate an agreement with us, and that he worked seriously at proposals (subsequently broadcast) which to his one-track mind seemed almost fabously generous."[379]

Diese Vorschläge waren einseitig auf das deutsche Interesse abgestimmt (natürlich waren sie das), stellten aber prinzipiell einen Konsens mit den am 28. August erklärten Grundsätzen der britischen Politik her, „nämlich die Sicherstellung der unentbehrlichen Interessen Polens und die Sicherung des Abkommens durch eine internationale Garantie."[380]

Wenn darunter irgend etwas Konkretes verstanden werden sollte, mußte beiden Punkten mit dem garantierten polnischen Besitz Gdingens, dem garantierten Korridor dorthin, dem möglichen Erwerb des restlichen Korridors durch die Volksabstimmung und der multinationalen Garantie des ganzen Komplexes

---

[377] Weißbuch, Dok. 112.

[378] Zit. n. *Hyde*, Chamberlain, S. 145.

[379] Ebd., S. 145.

[380] Blaubuch, Dok. 74.

genüge getan sein. Hitler glaubte daher, die Schuld für das Ausbleiben einer entsprechenden Lösung offensichtlich genug auf Polen abgeladen zu haben. Just als Beck daher am Mittag dem britischen Botschafter seine hinhaltende Antwort übergeben und Lipski gleichzeitig instruiert hatte, weiter auf Zeitgewinn zu spielen, gab der Deutsche um 12.40 Uhr den Angriffsbefehl für den nächsten Tag. Er war der (falschen) Meinung, Polen innerhalb der Dreierkoalition politisch genug isoliert zu haben, um das Bündnis jetzt gefahrlos sprengen zu können.

So ganz unrecht hatte er auch nicht. Weder in Großbritannien noch in Frankreich bestand allzu viel Neigung, die Bündnisverpflichtungen gegenüber Polen zu erfüllen, obwohl es von Warschau dringend angemahnt wurde. Von einer wirklichen Unterstützung durch Luftangriffe oder gar einer (vertraglich ausdrücklich zugesagten) „Offensive mit der Masse der französischen Truppen innerhalb weniger Tage", hatte man in beiden Ländern schon lange vor Ausbruch der Kampfhandlungen stillschweigend Abstand genommen (genau gesagt, bereits im April, während Beck noch in London war, um den wechselseitigen britisch - polnischen Beistandsvertrag zu formulieren) ohne es der polnischen Regierung mitzuteilen. Die „Garantie" der Westmächte, die seit einem halben Jahr den diplomatischen Betrieb Europas in Aufregung hielt und so viel zur Eskalation beigetragen hatte, war militärisch völlig wertlos.

So weit hatte Hitler richtig kalkuliert, die Dreierkoalition war militärisch gesprengt. Dafür hatte er in (typischem) völligem Unverständnis demokratischer Entscheidungsprozesse die innenpolitischen Zwänge in Großbritannien und Frankreich unterschätzt. Einen Krieg mit dem Ziel der Unterstützung Polens mußte man dort nicht wirklich führen („Wir haben alle Kraft genug, die Leiden anderer zu ertragen", wie La Rochefoucauld so treffend bemerkt hat), aber er mußte wenigstens erklärt werden. Als Chamberlain daher am 2. September vor dem Unterhaus lediglich sagte, Deutschland sei vor den Folgen eines weiteren Vormarschs „gewarnt" worden, wurde das Auditorium laut wie selten. „Speak for England", forderte ein Zwischenruf von Arthur Greenwood, der in Abwesenheit von Attlee die Labouropposition zu führen hatte und aus der Situation eine große Szene zu machen verstand: „I wonder how long we are prepared to vacillate at a time when Britain and all Britain stands for, and human civilization, are in peril."[381]

Für Polen wollte man also nichts tun, aber das eigene Selbstwertgefühl Britanniens stand nun ernsthaft in Frage. Unter diesen Vorzeichen fand noch während der Sitzung in einem Nebenraum ein Treffen mehrerer Minister (Simon, Hore-Belisha, Anderson, de la Warr und Elliot) statt, und es wurde ein Kon-

---

[381] Zit. n. *Hyde*, Chamberlain, S. 146.

sens gefunden, dem Chamberlain sich während einer offiziellen Kabinettsrunde am Abend beugen mußte. Botschafter Henderson hatte ein Ultimatum zu übergeben, und als sich die deutschen Truppen nicht wie gefordert zurückzogen, erfolgten am 3.September die Kriegserklärungen Frankreichs und Großbritanniens. Der Zweite Weltkrieg war ausgebrochen.

C. Epilog

„The general opinion here is that Hitler has been put into a cage from which he won't be able to escape."

Lord Lothian[1]

„Ich denke an Hitler seit dem vergangenen September als an einen Toten."

Georges Bernanos[2]

„Europas Problem mit der Globalisierung der Politik" begann sich nach dem 3. September 1939 erst richtig zu zeigen. Der drohende Eintritt der außereuropäischen Kraft Rußland in das Mächtespiel der Europäer hatte die Eskalation in Richtung Krieg seit dem Frühjahr wesentlich vorangetrieben und ihr formeller Vertragsabschluß mit Deutschland die Kräfteverhältnisse entscheidend verschoben: Ohne diesen Vertrag wäre der folgende Krieg nicht denkbar.

Aber dies blieb nicht das Ende der Geschichte. Rußland war nun untrennbar mit der weiteren Entwicklung in Europa verbunden, und Stalin demonstrierte dies zu jedem Zeitpunkt bis zum Januar 1945, als er in Jalta den Kontinent in einem Agreement mit den Vereinigten Staaten förmlich teilte - der einzigen Macht, die dem russischen Einfluß in Europa überhaupt Grenzen ziehen konnte. So kam erst in Jalta der im Frühjahr 1939 begonnene Expansionsprozeß der beiden außereuropäischen Supermächte nach Europa hinein zum Stillstand, als sie aufeinander trafen. In der Zwischenzeit versuchte Deutschland, diesen Prozeß an irgendeiner Stelle zum Stehen zu bringen - vergeblich. Zügig entwickelte sich der Krieg zum Weltkrieg - und er besaß eine Eigendynamik, die jede „Entfesselung" durch Hitler überflüssig machte. Der deutsche Diktator hatte die Initiative bereits am 3. September unwiderruflich verloren. Hitler war seit diesem Tag politisch tot, und was sich nun anbahnte, war nichts anderes als eine entschlossene Aktion der Westmächte, diesem politischen Tod den physischen folgen zu lassen.

---

[1] Der britische Botschafter in Washington in einem Stimmungsbericht aus der amerikanischen Hauptstadt vom 9. November 1939, zit. n. *Rock*, Chamberlain and Roosevelt, S. 230.

[2] Zit. n. *Fest*, Hitler, S. 853.

C. Epilog

Den Anfang bildete jene merkwürdige westalliierte „Kriegserklärung ohne Krieg", mit der ein jahrzehntelanger rechtlicher Schwebezustand des ganzen Kontinents einsetzte, der erst 1990 in einem verbindlichen Vertragsabschluß beendet werden konnte. Soweit war es im September 1939 noch nicht. Es ist aber interessant, den Ereignissen in den Wochen nach der Kriegserklärung zu folgen, da sie im Kleinen bereits den Gang der Entwicklung andeuten: Es war nun also Krieg - und zwar ganz formell, was im zwanzigsten Jahrhundert nicht selbstverständlich ist, sondern im Gegenteil so ungewöhnlich, daß wir es kurz näher betrachten wollen.

Deutschland hatte Polen ohne Kriegserklärung angegriffen, die UdSSR Mitte August ohne Kriegserklärung eine japanische Armee vernichtet. Japan seinerseits verheerte nun schon seit zwei Jahren mit aller Macht China - ohne Kriegserklärung. Noch im September wird die UdSSR ihrerseits in Polen einmarschieren, im Winter Finnland angreifen, im Sommer 1940 die baltischen Staaten besetzen - ohne Kriegserklärung. 1925 hatte Italien das griechische Korfu beschossen - ohne Kriegserklärung und 1935 war man in Äthiopien einmarschiert - ohne Kriegserklärung. Die Vereinigten Staaten werden später auf Vietnam mehr Bomben als auf Deutschland werfen - ohne .... sie ahnen es sicher schon.

Die Liste ließe sich fast endlos fortsetzen (Zypern, Bosnien, Kuwait usw.). Der Grund dafür dürfte, neben der verbreiteten Krankheit dieses Jahrhunderts, die Dinge lieber hinter einem euphemistischen Neusprech Orwellschen Zuschnitts zu verstecken als sie beim Namen zu nennen (Hitler wollte in Polen nur „zurückschießen", die Sowjetunion führte in Finnland einen „Gegenschlag", Japan hatte in China einen „Zwischenfall" und die USA bombardierten Vietnam zur Abwehr einer „Aggression"), vor allem in den mit einer formellen Kriegserklärung verbundenen Problemen liegen, die man in der stärkeren Eigendynamik eines „Krieges" gegenüber einer irgendwie anders bemäntelten Kampfhandlung zu suchen hat. Ein Friedensschluß war schon immer eine juristisch und politisch so komplizierte Sache, daß sich scheinbar kleine Auseinandersetzungen unerwartet über Jahrzehnte hinziehen konnten und außerdem eine starke Neigung zur Eskalation in sich hatten. Wofür es spektakuläre Beispiele gibt: Niemand hätte 1337 vermutet, daß sich der gerade begonnene britisch - französische Krieg über vier Generationen hinschleppen würde, als der „Hundertjährige" in die Geschichte eingehen und trotz aller Vermittlungs- und Friedensvorschläge schließlich überhaupt nicht beendet werden konnte. Er schlief 1453 auch ohne Friedensschluß einfach ein. Ähnliche Überraschungen bot der dreißigjährige Krieg auf deutschem Boden, an dem sich schließlich halb Europa beteiligte, und dem unterwegs jeder Bezug zu seinem Anlaß verloren ging.

Nun stand Deutschland also im „Krieg", einem Krieg vorläufig unbekannten Ausmaßes. In Berlin war man fassungslos. Mehr als die Frage: „Was nun?" fiel Hitler als unmittelbare Reaktion nicht ein, und auch die anderen NS-Größen hielten sich still und bedeckt. Doch Hitler fand seine Fassung wieder und entwickelte schnell ein simples Konzept zur Beendigung des Krieges: Tatsachen schaffen. Er hatte die Sowjetunion über den deutsch - sowjetischen Nichtangriffspakt nach Europa hineingelassen, um die französisch - britisch - polnische Koalition auszuhebeln. Nun mußte der Pakt seine Wirkung beweisen und die UdSSR ihre Funktion in diesem Plan erfüllen - die UdSSR sollte weit genug nach Europa ausgreifen, um die Vorkriegsordnung sichtbar endgültig zu kippen, aber nur so weit, wie Deutschland selbst nicht gefährdet war. Es sollte sich allerdings bald zeigen, daß (um ein oft gebrauchtes Bild leicht abzuwandeln) Deutschlands Löffel nicht lang genug war, um mit der Sowjetunion zu soupieren.

Zunächst begann man von Berlin aus, die zögernden Sowjets heftig zu drängen ihr Versprechen einzulösen und sofort in Polen einzumarschieren. Das sollte nicht nur jeden militärischen polnischen Widerstand beenden, sondern Rußland nun auch offiziell an die Seite Deutschlands stellen. Weitere Forderungen der Westmächte nach Wiederherstellung Polens in den Grenzen vom 1. September konnten dann nicht mehr nur nach Berlin gerichtet sein, mußten daher bald obsolet werden und endgültig den Weg zur im August angepeilten Konferenzlösung unter Einbeziehung der UdSSR freimachen. Man konnte von Deutschland schließlich nichts fordern, was Deutschland gar nicht geben konnte.

So logisch diese Überlegungen Hitlers auch waren, sie liefen dennoch ins Leere. Stalin mußte zwar nicht allzusehr gedrängt werden und ließ die Rote Armee am 17. September von der Kette, aber es blieb nicht nur eine ernsthafte Reaktion seitens der Westmächte aus, sondern Hitler mußte kurz darauf zusätzlich erkennen, wie sehr sich die Tonlage zwischen Deutschland und Rußland seit dem 23. August verändert hatte. Es waren eben die Deutschen, die nun einen Krieg am Hals hatten, in dem sie sich von Anfang an in einer strategisch katastrophalen Lage befanden. Das hochindustrialisierte Land war wie schon 1914-1918 erneut von jeder außereuropäischen Rohstoffzufuhr abgeschnitten und damit auf sowjetische Lieferungen angewiesen, eine Abhängigkeit, die bei längerer Kriegsdauer zunehmen würde. Erste Überlegungen in Berlin zielten folgerichtig sofort nach Kriegsausbruch darauf ab, das Volumen des am 19. August in Moskau geschlossenen Kredit- und Wirtschaftsvertrages „um ein Vielfaches zu erweitern".[3] Außerdem mußte auch der gesamte Handel

---

[3] ADAP, D, Bd. VIII, Dok. 82, 17.9.1939.

mit Vorderasien (Iran und Afghanistan) und Japan künftig über russisches Gebiet abgewickelt werden.

Wohlverhalten gegenüber russischen Wünschen war also angesagt, zumal die Nachrichten aus der westlichen Hemisphäre nicht gut waren: „Präsident Roosevelt und die Amerikanische Regierung gehen vollkommen planmäßig auf ihr Ziel, die Unterstützung Englands und Frankreichs, vor." wußte der deutsche Botschafter in Washington just am gleichen 17. September 1939 zu berichten, als man in Berlin über Lösungen für die knappe Rohstofflage brütete.[4] Auch wenn dem Umfang von Roosevelts Hilfe noch durch die Neutralitätsgesetzgebung Grenzen gesetzt waren, garantierte allein ihre Gewißheit schon jetzt die entscheidende US-Präsenz in Europa: Die USA würden eine Niederlage der Westmächte nicht zulassen und damit war jeder Gedanke an einen deutschen Sieg von vornherein hinfällig.

Und noch mehr aus Panama: Präsident Roosevelt habe sämtliche amerikanischen Regierungen am 23. September in Panama zu einer panamerikanischen Konferenz zusammengerufen, die nach Meinung des dortigen deutschen Geschäftsträgers „auf eine Gleichschaltung der ibero - amerikanischen Staaten gegenüber dem europäischen mit den nordamerikanischen" ziele.[5] Dies laufe darauf hinaus, „die Neutralität der ibero - amerikanischen Staaten in eine Art Vorkriegszustand zu verfälschen".[6] Auch wenn die Lateinamerikaner den Kurs der US-Regierung in diese Richtung vorläufig blockieren wollten, konnte man sich in Berlin ohne Schwierigkeiten ausrechnen, daß der in Lateinamerika seit Jahren andauernde deutsch - amerikanische Handelsstreit unter den jetzigen Bedingungen bald einen eindeutigen Sieger finden würde - mit vollständiger Unterbrechung der ohnehin kaum noch möglichen Rohstofflieferungen und dem üblichen Totalverlust an deutschen Unternehmungen. Fürs erste blieb es aber (auf persönliche Anregung des neuen Ersten Seelords Winston Churchill) bei einer Ausdehnung der panamerikanischen „Neutralitätszone" auf eintausend Meilen, in denen jede Kampfhandlung untersagt wurde. Ein Vorteil für Großbritannien, das für diesen Teil der Strecke seinen Schiffen keinen Geleitschutz mehr geben mußte.[7]

Auf einer gewandelten Geschäftsgrundlage kommt man leicht zu veränderten Preisen. Um die neuen deutsch - russischen Verhältnisse gleich deutlich zu machen, wurde Hitlers Anliegen, die Neuregelungen in Polen in Berlin mit

---

[4] ADAP, D, Bd. VIII, Dok. 85.

[5] ADAP, Serie D., Bd. VIII, Dok. 86, 17.9.39.

[6] Ebd., Dok. 86.

[7] Dazu *Rock*, Chamberlain and Roosevelt, S. 242 f.

Molotow oder gar Stalin selbst besprechen zu können, ohne besondere Begründung abgelehnt.[8] Rußland hatte Zeit, Deutschland nicht, und so reiste Ribbentrop am 27. September erneut nach Moskau.

Bereits im Vorfeld dieses Besuchs waren die deutschen Wünsche nach der Gründung eines geschrumpften „Rumpfpolen" in der ungefähren Größe des nach 1814 errichteten „Kongreßpolen" von der russischen Seite zunehmend energischer abgelehnt worden. War man im Geheimprotokoll vom 23. August noch stillschweigend von der Existenz eines polnischen Staates ausgegangen, hieß es am 20. September bereits, die „Sowjetunion habe die ursprünglich vorhandene Neigung verloren, ein restliches Polen bestehen zu lassen",[9] und als man deutscherseits immer noch keine Ruhe gab, teilten Stalin und Molotow am 25. September mit, „die Belassung eines selbständigen Restpolen sei abwegig".[10]

Der Hintergrund dieser Stimmungsänderung ist leicht zu klären: „Ein polnischer Staat würde das Entstehen einer gemeinsamen Grenze mit der Sowjetunion verhindern und stark genug sein, um als Pufferstaat zu dienen".[11] Mit diesen Worten empfahl der ehemalige deutsche Botschafter in Warschau die Gründung eines solchen Staats und mit diesen Worten ist auch der Grund exakt beschrieben, warum die Sowjetunion einen solchen Staat zur Zeit nicht brauchen konnte. Deutschland war jetzt in der strategischen Defensive, Stalin wollte dies nutzen, um Druck nach Westen auszuüben und da waren Pufferstaaten nur im Weg. Deswegen hatte er bereits damit begonnen, diese Staaten auszulöschen, und er hatte den Zweck dieser Aktion zu Beginn der Kampagne im März 1939 (es war wirklich erst ein halbes Jahr her) öffentlich verkündet:

„Die Geschichte sagt, wenn ein Staat gegen einen anderen Staat kriegführen will, dann wird er, selbst wenn dieser andere Staat nicht sein Nachbar wäre, nach Grenzen suchen, über die hinweg er an die Grenzen jenes Staates gelangen kann, den er angreifen will."[12]

So stand es in der „Prawda" am 5. März 1939 zu lesen, ein Wort des Genossen Stalin persönlich.

Nun, es ist Stalin, der jetzt für gemeinsame Grenzen mit Deutschland und deutschen Interessengebieten sorgt und dies in den nächsten zwei Jahren sy-

---

[8] ADAP, Serie D, Bd. VIII, Dok. 104, 20.9.1939.

[9] ADAP, Serie D, Bd. VIII, Dok. 104.

[10] ADAP, Serie D, Bd. VIII, Dok. 131.

[11] ADAP, D, Bd. VIII, Dok. 137, 26.9.39.

[12] Zit. n. *Suworow*, Eisbrecher, S. 48.

C. Epilog

stematisch fortsetzt. Die baltischen Länder und das heutige Moldawien werden 1940 sowjetisch besetzt, Finnland muß einige Gebiete und Stützpunkte abtreten und gleichzeitig läßt man Berlin wissen, wofür sich Moskau noch so alles interessiert: den Rückzug Deutschlands aus Finnland, die Neutralität Schwedens, die dänischen Ostseeausgänge, Ungarn, Rumänien, ein Beistandspakt mit - und Stützpunkte in - Bulgarien, Stützpunkte an den türkischen Meerengen, Jugoslawien, Griechenland und bei seinem berühmten Besuch Mitte November 1940 klärt Molotow den deutschen Außenminister dann gar darüber auf, die „Sowjetregierung wolle erfahren, ... was Deutschland in bezug auf Polen beabsichtige."[13] Ein deutscher „Hinterhof" in Osteuropa war beim besten Willen nicht in Sicht

Die deutschen Kriegserfolge der nächsten Jahre konnten die wahren Kräfteverhältnisse nicht verdecken: die Sowjetunion forderte unbewegt ihren Anteil. Was Molotow in Berlin freundlich, aber unnachgiebig verlangte, war nicht weniger als eine strategische Kapitulation. Für alle diese Zugeständnisse wollten die Sowjets nicht mehr geben als die Unterzeichnung eines Viermächtepakts mit Deutschland, Italien und Japan (vom Kriegseintritt war nicht die Rede) und eine Absichtserklärung „das Zentrum (ihrer) Expansionsbestrebungen in das Gebiet südlich von Baku und Batum in Richtung auf den persischen Golf zu verlegen."[14] Das war so gut wie nichts - und beim nächstenmal würde die Rechnung höher sein.

Ob Hitler solche Aussichten im September 1939 schon deutlich vor Augen standen oder nicht (Alan Bullock unterstellt ihm zum Beispiel die naive „Ansicht, daß es nach der Niederlage und Teilung Polens keinerlei Anlaß mehr zu einem Krieg zwischen Deutschland und den Westmächten gebe"[15]), eins war allemal eindeutig: Ohne Wiederherstellung eines polnischen Staates bestand nicht einmal die theoretische Chance auf Frieden mit den Westmächten. So blieb ihm kaum etwas anderes übrig, als den Rat seines Warschauer Botschafters aufzunehmen, Stalin den gewünschten Einfluß auf Litauen zuzugestehen und als Gegenleistung den sowjetischen Rückzug aus ethnisch polnischen Gebieten östlich von Warschau entgegenzunehmen. Das setzte ihn in die Lage, unabhängig von russischen Wünschen den Westmächten die Gründung eines solchen Staates anzubieten, dessen Westgrenze zu verhandeln war, der aber im Osten die von den Briten 1919 selbst vorgeschlagene Curzon - Linie als Grenze vorweisen würde (die das heutige Polen tatsächlich auch vorweist). Es war die Basis seiner „Friedensrede" vom 6. Oktober, die neben diesem Angebot er-

---

[13] Zit. n. *Bullock*, Hitler, S. 606.

[14] Zit. n. *Bullock*, Hitler, S. 607.

[15] *Bullock*, Hitler, S. 538.

neut eine Konferenz der großen europäischen Mächte forderte und damit ein im August vielgenanntes Motiv aufgriff.

Wenn es aber nach dem 1. September einen Zeitpunkt gegeben haben sollte, an dem die Westmächte zu einem Kompromiß mit dem nationalsozialistischen Deutschland bereit und politisch fähig gewesen waren (was nicht allzu wahrscheinlich ist), so war dieser Zeitpunkt Ende September schon verstrichen. Längst hatte man sich in London und Paris von der Forderung nach Wiederherstellung Polens verabschiedet, eigentlich bereits am 3. September, als Premier Chamberlain den Sturz der NS-Regierung zum Kriegsziel erklärte.

Damit war Polen nicht geholfen (wie sich 1945 zeigen sollte). Und noch mehr - trotz der berechtigten moralischen Differenzierung zwischen der totalitären deutschen Regierung und dem deutschen Volk verbaute diese Position von vornherein jeden zwischenstaatlichen Kompromiß und erforderte in der Konsequenz die vollständige Niederlage von beiden. Hitler mochte vielleicht zu Recht zum Paria der internationalen Gemeinschaft ausgerufen werden (es gab 1939 andere, die diesen Titel kaum weniger verdienten), den Frieden an seinen Sturz zu knüpfen, konkrete britische Kriegsziele auf zwischenstaatlicher Ebene aber zu verschweigen, führte zwangsläufig in die Situation von 1944/45: Ohne die Vernichtung Deutschlands war dieser Sturz nicht (oder allenfalls zufällig infolge eines Attentats) zu haben.

Als Hitler daher am 6. Oktober seine Angebote formulierte, gingen sie im Grunde ins Leere. Wohl deckte sich seine Erklärung, „daß der polnische Staat in der bisherigen Form nie wieder erstehen" würde, mit der Meinung der britischen Regierung, die dem neuen polnischen Außenminister in London am 11. Oktober zur Kenntnis gegeben wurde: Großbritannien werde die neuen Grenzen Polens zur UdSSR nicht in Frage stellen[16] - die im übrigen dem englischen Vorschlag von 1919 entsprächen, wie Lord Halifax am 26. Oktober dann auch im Oberhaus erklärte.[17] Wenn Hitler nicht seinen eigenen Abgang anbieten konnte, war dies alles gleichgültig, denn in Westeuropa vertraute man der Sprache der Machtpolitik schon seit Jahren nicht mehr, und selbst wenn in den britischen oder französischen Entscheidungseliten die Einsicht in die Nutzlosigkeit und Kuriosität dieses Krieges sich vereinzelt zur Kompromißbereitschaft verdichtet haben sollte - es hatte niemand bei den Westmächten die politische Stärke, Kompromisse der Art zu unterschreiben, wie Hitler sie vorschlug (und diese Tatsache wurde unweigerlich durch ein Gefühl der eigenen Sicherheit befördert. Daß Deutschland in der Lage sein könnte, den Krieg nach Frankreich oder gar Großbritannien zu tragen, galt seit den britisch - französi-

---

[16] *Pagel*, Polen, S. 305.

[17] Ebd., S. 305.

C. Epilog

schen Generalstabsgesprächen vom März/April 1939 als so gut wie ausgeschlossen - und selbst wenn ....).

So war die Bühne bereitet für eine Aufführung, deren „blutige Langeweile" (Heinrich Böll) und deren Ausgang allgemein vorhergesehen wurden. Es wurde eine Momentaufnahme („ein besonderes Ereignis" um auf das Eingangszitat von Karl Popper zurückzukommen) in der globalen Entwicklung, in der wieder einmal ein Knäuel aus nationalen Interessenkonflikten, ideologischen Gegensätzen, wirtschaftlichen Potentialverschiebungen und persönlichem politischem Ehrgeiz nicht friedlich entwirrt werden konnte. In Europa hatten die führenden Mächte zu diesem Zweck ein weiteres (letztes ?) Mal auf das Mittel der territorialen Neuordnung gesetzt und den Umfang der frei werdenden innereuropäischen Instabilität ebenso unterschätzt wie den Einfluß der beiden industriellen Supermächte USA und UdSSR. Beide hatten ganz eigene Vorstellungen über die politische Zukunft des Kontinents und sie konnten sie in dieser industriellen Ära über fünfzig Jahre hinweg durchsetzen, bis die Sowjetunion ideologisch, wirtschaftlich und technisch den Zerfall der klassischen Industriegesellschaft nicht verkraften konnte. Die „Sowjetmacht" löste sich auf und gab Europa auf diese Art neue Gestaltungsfreiheiten, deren Grenzen noch unbestimmt sind, von denen aber soviel gesagt werden kann: Europa wird sie nicht allein bestimmen.

D. Literatur

I. Zeitgenössische Schriften, Dokumenteneditionen und Memoirenliteratur

Akten zur Deutschen Auswärtigen Politik (zit. „ADAP")

Blaubuch der Britischen Regierung, Basel 1939

Burckhardt, Carl J.: Meine Danziger Mission, München 1962

Cannistraro, P.V./*Wynot* E.D./*Kovaleff* T.P.(Hrsg.): Poland And The Coming Of The Second World War, The Diplomatic Papers of A.J. Drexel Biddle Jr., United States Ambassador to Poland 1937-39, Ohio State University 1976 (zit. „Biddle")

Chamberlain, Neville: Struggle for Peace, London 1939 (zit. „Struggle")

Dahlerus, Birger: Der letzte Versuch, München 1948/1973 (zit. „Versuch")

Dilks, David (Hrsg.): The Diaries of Sir Alexander Cadogan, 1938-1945, London 1971

Documents of British Foreign Policy („DBFP")

Domarus, Max (Hrsg.): Hitler, Reden u. Proklamationen, 2 Bd., München 1963

Henderson, Sir Neville: Fehlschlag einer Mission, London 1939 (zit. „Fehlschlag")

Hill, Leonidas (Hrsg.): Die Weizsäcker - Papiere 1933-50, Frankfurt 1975 (zit. „Papiere")

Hitler, Adolf: Mein Kampf, XXXIII. Aufl., München 1933 (zit. „Mein Kampf')

Jäckel, E./*Kuhn*, A. (Hrsg): Adolf Hitler, Sämtliche Aufzeichnungen, Stuttgart 1980

Keynes, John Maynard: The Economic Consequences of the Peace, London 1919

Lipski, Jozef: Diplomat in Berlin 1935-39, New York - London 1968, (zit. „Diplomat")

Picker, Henry: Hitlers Tischgespräche, München 1983 (zit. „Tischgespräche")

Vollnhals, Clemens: Hitler, Reden, Schriften, Anordnungen Februar 1925-Januar 1933, München 1992 (zit. „Reden")

Weinberg, Gerhard L. (Hrsg.): Hitlers Zweites Buch, Stuttgart 1962 (zit. „Zweites Buch")

Wilson, Woodrow: Memoiren und Dokumente, 3 Bd., Leipzig 1923 (zit. „Memoiren")

- Das staatsmännische Werk des Präsidenten in seinen Reden, (Hrsg., Georg Ahrens) Berlin 1919 (zit. „Werk")

II. Sekundärliteratur

Adams, R.J.Q.: British Politics and Foreign Policy in the Age of Appeasement, 1935-1939, Stanford 1993 (zit. „Age")

Adamthwaite, Anthony: Großbritannien und das Herannahen des Krieges, in: 1939..., S. 197-215

Aronson, Shlomo: Die dreifache Falle, Hitlers Judenpolitik, die Alliierten und die Juden, in: VfZ 1984, S. 29 f. (zit. „Falle")

Barbier, Colette: Das französische Außenministerium und die diplomatische Aktivität vom Münchener Abkommen bis zur Kriegserklärung, in: 1939..., S. 43-55

Baumgart, Winfried: Brest - Litowsk und Versailles - Ein Vergleich zweier Friedensschlüsse, in: HZ 210 (1970), S. 583 f.

Benoist-Mechin, J.: Geschichte der Deutschen Militärmacht 1918-1946, 7 Bände, Oldenburg - Hamburg 1965-71 (zit. „Militärmacht")

Bloch, Charles: Das dritte Reich und die Welt, Paderborn 1993 (zit. „Das dritte Reich")

Borodziej, Wlozwierz: Die Alternative Warschaus, in: 1939..., S. 321-326

Bracher, Karl-Dietrich: Das Problem des „Antikommunismus" in den zwanziger und dreißiger Jahren, in: Hildebrand / Pommerin: Deutsche Frage und europäisches Gleichgewicht, S. 133

- Der historische Ort des Zweiten Weltkriegs, in: 1939..., S. 347-374

- *Bracher/Funke*, M./*Schwarz*, H.-P. (Hrsg.): Deutschland zwischen Krieg und Frieden, Düsseldorf 1991 (zit. „Deutschland")

Bullock, Alan: Hitler und die Ursprünge des Zweiten Weltkrieges, in: Niedhart, Kriegsbeginn, S. 124-162

- Hitler und Stalin, Parallele Leben, Berlin 1991 (zit. „Leben")

Chadwin, Marc Lincoln: The Hawks of World War II, North Carolina 1968

Charmley, John: Churchill, Das Ende einer Legende, Berlin-Frankfurt 1995

Cienciala, A.M.: Poland and the Western Powers 1938-39, London 1968

Clemens, Detlev: Herr Hitler in Germany, Wahrnehmung und Deutungen des Nationalsozialismus in England, Göttingen 1996

Cockett, Richard: Twilight of Truth, Chamberlain, Appeasement and the Manipulation of the Press, London 1989

Cole, Wayne S.: Gerald P. Nye and Foreign Relations, Westport 1980 Roosevelt and the Isolationists, Lincoln-London 1983

Cubarjan, Aleksander: Die UdSSR und der Beginn des Zweiten Weltkrieges, in: 1939..., S. 277-292

Dallek, Robert: Franklin D. Roosevelt and American Foreign Policy 1932-45, New York 1979 (zit. „Roosevelt")

Dehio, Ludwig: Gleichgewicht oder Hegemonie, Betrachtungen über ein Grundproblem der neueren Staatengeschichte, Krefeld 1948 (zit. „Gleichgewicht")

- Deutschland und die Weltpolitik im 20. Jahrhundert, München 1955 (zit. „Deutschland")

Deutscher, Isaac: Stalin, eine politische Biographie, Stuttgart 1962

Di Nolfo, Ennio: Der zweideutige italienische Revisionismus, in: 1939..., S. 85-115

Dlugoborski, Waclaw: Der Hitler - Stalin - Pakt als „lebendige Vergangenheit", in: 1939..., S. 161

Doherty, Julian Campbell: Das Ende des Appeasement, Berlin 1973

Du Reau, Elisabeth: Frankreich vor dem Krieg, in 1939..., S. 173-196

Farsz, Janusz/ *Stelmach*, Mieczyslaw: Staat und Öffentlichkeit in Polen in ihrer Reaktion auf Locarno (zit. „Reaktion"), in: Schattkowsky (Hrsg.): Locarno und Osteuropa, S. 125 ff.

Fest, Joachim: Hitler, Frankfurt/Berlin 1973 Hitlers Krieg, in: VjH für Zeitgesch. (1990), S. 359-375

Fish, Hamilton: The Other Side of the Coin: How We Were Tricked into World War II, New York 1962

Forstmeier, F./*Volkmann* H.E. (Hrsg.): Wirtschaft und Rüstung am Vorabend des Zweiten Weltkriegs, Düsseldorf 1975 (zit. „Wirtschaft")

Fromm, Hermann: Deutschland in der öffentlichen Kriegszieldiskussion Großbritanniens, Frankfurt 1982 (zit. „Kriegsziele")

Fuchser, Larry William: Neville Chamberlain and Appeasement, New York/London 1982 (zit. „Chamberlain")

II. Sekundärliteratur 233

Funke, Manfred (Hrsg.): Hitler, Deutschland und die Mächte, Düsseldorf 1978 (zit. „Hitler")

Graml, Hermann: Das Versagen der internationalen Solidarität, in: 1939..., S. 251-258

Groehler, Olaf: Varianten deutscher Kriegspolitik, in: 1939..., S. 37-43

Gruchmann, Lothar: Nationalsozialistische Großraumordnung, Stuttgart 1962 (zit. „Großraumordnung")

Gruner, Wolf D.: Deutschland mitten in Europa, Hamburg 1992

Hall, Christopher: Britain, America and Arms Control, 1921-1937, London 1987

Hearden, Patrick J.: Roosevelt Confronts Hitler, Dekalb (Illinois) 1987

Hildebrand, Klaus: Vom Reich zum Weltreich, München 1969, Hitlers „Programm" und seine Realisierung 1939-42, in: Niedhart, Kriegsbeginn, S. 178-227

Hildebrand, Klaus/*Pommerin*, Reiner (Hrsg.): Deutsche Frage und europäisches Gleichgewicht, Festschrift für Andreas Hillgruber, Köln/Wien 1985

Hildebrand, Klaus/*Schmädeke*, J./*Zernack*, K. (Hrsg.): 1939 - An der Schwelle zum Weltkrieg, Berlin - New York 1990 (zit. 1939 ...)

- Die Entfesselung des Zweiten Weltkriegs, in: 1939..., S. 3-21

Hillgruber, Andreas: Tendenzen, Ergebnisse und Perspektiven der gegenwärtigen Hitlerforschung, in: HZ 226 (1978), S. 600-621 (zit. „Tendenzen")

- Zum Kriegsbeginn im September 1939, in: Niedhart, Kriegsbeginn, S. 163-172

- Sowjetische Außenpolitik im zweiten Weltkrieg, Düsseldorf 1979

- Zur Entstehung des zweiten Weltkriegs, Düsseldorf 1980 (zit. „Entstehung")

- „Revisionismus"- Kontinuität und Wandel in der Außenpolitik der Weimarer Republik, in: Theodor Schieder zum 75. Geburtstag, Köln 1983, (zit. „Revisionismus")

Hochmann, Jiri: The Soviet Union and the Failure of Collective Security, 1934-1938, Ithaka/London 1984

Höltje, Christian: Die Weimarer Republik und das Ostlocarno - Problem 1919-1934, Würzburg 1958

Hoensch, Jörg K.: Die Slowakei und Hitlers Ostpolitik, Köln/Graz 1965

Hofer, Walter: Die Entfesselung des zweiten Weltkrieges, Frankfurt 1964

Hyde, Montgomery: Neville Chamberlain, London 1976

Jacobsen, Hans-Adolf: Nationalsozialistische Außenpolitik 1933-1938, Frankfurt 1968 (zit. „Außenpolitik")

Jäckel, Eberhard: Hitlers Weltanschauung, Entwurf seiner Herrschaft, Tübingen 1981 (zit. „Weltanschauung")

- Hitlers Herrschaft, Vollzug einer Weltanschauung, Stuttgart 1983 (zit. „Vollzug")

- Hitlers Kriegspolitik, in: 1939 ..., S. 21-31

Junker, Detlev: Der unteilbare Weltmarkt, Das ökonomische Interesse in der Außenpolitik der USA, Stuttgart 1975 (zit. „Weltmarkt")

- Franklin d. Roosevelt, Göttingen 1979

- (Hrsg.): Deutschland und die USA 1890-1985, Bonn 1986

- Kampf um die Weltmacht, USA-Deutschland 1933-45, Düsseldorf 1988 (zit. „Weltmacht")

- Von der Weltmacht zur Supermacht, Amerikanische Außenpolitik im 20. Jahrhundert, Mannheim 1995

Kaiser, Angela: Lord d'Abernon und die Entstehungsgeschichte der Locarno - Verträge, in: VjH für Zeitgesch. (1986), S. 85-104

Kennedy, Paul M.: Aufstieg und Fall der britischen Seemacht, London 1978 (zit. „Seemacht")

- Aufstieg und Fall der Großen Mächte, Frankfurt 1991 (zit. „Aufstieg")

Kissinger, Henry A.: Die Vernunft der Nationen, Über das Wesen der Außenpolitik, Berlin 1994

Knipping, Franz: (Hrsg. - mit Klaus - Jürgen Müller) Machtbewußtsein in Deutschland am Vorabend des Zweiten Weltkrieges, Paderborn 1984

- Deutschland, Frankreich und das Ende der Locarno Ära 1928-1931, München 1987

Krüger, Peter: Die Außenpolitik der Republik von Weimar, Darmstadt 1985 (zit. „Außenpolitik")

- Locarno und die Frage eines europäischen Sicherheitssystems unter besonderer Berücksichtigung Ostmitteleuropas (zit. „Locarno"), in: R. Schattkowsky (Hrsg.): Locarno und Osteuropa, Marburg 1994

Kuromiya, Hiroaki: Stalins Industrial Revolution, Cambridge 1988 (zit. „Industrial")

Link, Werner: Die amerikanische Stabilisierungspolitik in Deutschland 1921-1932, Düsseldorf 1970

Lukacs, John: The Last European War, London 1977

Lundgren, Peter: Die englische Appeasement - Politik bis zum Münchener Abkommen, Berlin 1969 (zit. „Appeasement")

Marsh, Peter T.: Joseph Chamberlain, Entrepeneur in Politics, London 1994

Maser, Werner: Adolf Hitler, Mein Kampf, Geschichte Auszüge, Kommentare, Esslingen 1981 (zit. „Kommentar")

Menk, Thomas Michael: Gewalt für den Frieden, Berlin 1992

Messerschmidt, Manfred: Das strategische Lagebild des OKW im Jahre 1938, in: Knipping / Müller (Hrsg.) „Machtbewußtsein", S. 145-158 (zit. „Lagebild")

Meyers, Reinhard: Die Revision des Revisionismus: Eine Wende in der Appeasement - Historigraphie ?, in: Bracher / Funke / Schwarz, Deutschland, S. 31-42

Miyake, Masaki: Der Weg des revisionistischen Japan zu Militarismus und Krieg, in: 1939..., S. 63-84

Mühle, Robert W.: Frankreich und Hitler, Außenpolitik 1933-1935, Paderborn 1995 (zit. „Frankreich")

Murfett, Malcolm H.: Foof-proof Relations: The Search for Angol-American Naval Cooperation During the Chamberlain Years, Singapore 1984

Namier, Sir Lewis: In the Nazi Era, London 1952

Newman, Simon: March 1939, The British Guarantee to Poland, A Study in the Continuity of British Foreign Policy, Oxford 1976 (zit. „Guarantee")

Niedhart, Gottfried: Großbritannien und die Sowjetunion, München 1972 (zit. „Großbritannien")

- (Hrsg.) Kriegsbeginn 1939, Darmstadt 1976

- Appeasement, in: HZ 226 (1978), S. 67-88

Pagel, Jürgen: Polen und die Sowjetunion 1938-1939, Stuttgart 1992 (zit. „Polen")

Parker, R.A.C.: Chamberlain and Appeasement, London 1993 (zit. „Chamberlain")

Pfaff, Ivan: Stalins Strategie der Sowjetisierung Europas, in: VjH für Zeitgesch. (1990), S. 566 f.

Pfeil, Alfred: Der Völkerbund, Darmstadt 1976

Pohl, Karl-Heinrich: Weimars Wirtschaft und die Außenpolitik der Republik, Düsseldorf 1979

Raeithel, Gert: Geschichte der Nordamerikanischen Kultur, 3 Bände, Frankfurt 1989-1995 (zit. „Kultur")

Ranki, György: Hitlers Verhandlungen mit osteuropäischen Staatsmännern, 1939-1944, in: Hildebrand/Pommerin (Hrsg.), Deutsche Frage und europäisches Gleichgewicht, S. 195 f.

Rauh, Manfred: Geschichte des Zweiten Weltkriegs, Berlin, 1. Bd. 1991, 2. Bd 1995

Recker, Marie-Luise: England und der Donauraum 1919-1929, Stuttgart 1976

Rich, Norman: Hitlers War Aims, New York 1973

Rock, William R.: Chamberlain and Roosevelt, British Foreign Policy and the United States, 1937-1940, Columbus 1988 (zit. „Roosevelt and Chamberlain")

Roos, Hans: Polen und Europa, Studien zur polnischen Außenpolitik 1931-1939 (= Tübinger Studien zu Geschichte und Politik Bd.7), Tübingen 1957 (zit. „Polen")

Rose, Adam: Foreign Policy of Poland 1919-1939, New York 1962

Ryszka, Franciszek: Deutsche und Polen, Grundlage und Struktur ihrer Feindbilder am Vorabend und zu Beginn des Zweiten Weltkrieges, in: Bracher/Funke/Schwarz, Deutschland, S. 56-65

Schattkowsky, Ralph (Hrsg.): Locarno und Osteuropa, Marburg 1994

Schickel, Alfred: Deutsche und Polen, Bergisch - Gladbach 1984

- Die reichsdeutsche Tschechen- und Ostpolitik im Spiegel amerikanischer Diplomatenberichte aus den Jahren 1937 bis 1939, Ingolstadt 1983 (zit. „Spiegel")

Schroeder, Paul W.: Die Rolle der Vereinigten Staaten beider Entfesselung des Zweiten Weltkriegs, in: 1939..., S. 215-220

Semirjaga, Michail: Die sowjetisch - deutschen Verträge im System der internationalen Beziehungen des Jahres 1939, in: 1939..., S. 293-302

Sherry, Michael S.: In the Shadow of War, New Haven - London 1995 (zit. „Shadow")

Sierpowski, Stanislaw/ *Czubinski,* Antoni: Der Völkerbund und das Locarno - System (zit. „Völkerbund"), in: Schattkowsky (Hrsg.): Locarno und Osteuropa, S. 29-38

Stökl, Günther: Russische Geschichte, Stuttgart 1983

Suworow, Viktor: Der Eisbrecher, Hitler in Stalins Kalkül, Stuttgart 1989, (zit. „Eisbrecher")

- Der Tag „M", Stuttgart 1995

Taylor, Alan, J.P.: The Origins of the Second World War, London 1965 (zit. „Origins")

- How Wars Begin, London 1979

Terry, Sarah Meiklejohn: Poland's Place in Europe, General Sikorski and the Origin of the Oder - Neiße - Line 1939-45, Princeton 1983 (zit. „Place")

Vagts, Alfred: Deutschland und die Vereinigten Staaten in der Weltpolitik, 2 Bd., New York 1935

Watt, Donald Cameron: Appeasement. Der Beginn einer revisionistischen Schule ?, in: Niedhart, Kriegsbeginn, S. 302-334

- How War Came: The Immediate Origins of the Second World War, London 1989

- The Debate over Hitlers Foreign Policy - Problems of Reality or „Faux Problemes"?, in: Hildebrand / Pommerin (Hrsg.), Deutsche Frage und europäisches Gleichgewicht, S. 149-169

Wehner, Gerd: Großbritannien und Polen 1938-1939, Frankfurt 1983

Weinberg, Gerhard L.: Hitlers Entschluß zum Krieg, in: 1939...., S. 31-37

- Globaler Krieg, in: *Bracher/Funke/Schwarz*, Deutschland, S. 89-98

- The World through Hitlers eyes, in: (ders.) Germany, Hitler, And World War II, Essays in Modern German and World History, Cambridge 1995, S. 30-56 (zit. „Eyes")

Wheeler-Bennett, John: Brest - Litowsk - The Forgotten Peace, London 1939, Neudruck 1963

Willms, Johannes: Nationalismus ohne Nation, Frankfurt 1985 (zit. „Nationalismus")

Wojciechowski, Marian: Die polnisch - deutschen Beziehungen 1933-38 (= Studien zur Geschichte Osteuropas XII), Leiden 1971

- Der historische Ort der polnischen Politik in der Genesis des Zweiten Weltkrieges, in: 1939..., S. 259 - 276

Woytak, Richard A.: On the Border of War and Peace, Polish Intelligence and Diplomacy in 1937-39, Columbia University Press 1979

Wüest, Erich: Der Vertrag von Versailles in Licht und Schatten der Kritik, Zürich 1962 (zit. „Vertrag")

Zimmermann, Ludwig: Deutsche Aussenpolitik in der Ära der Weimarer Republik, Göttingen 1958

Zitelmann, Rainer: Hitler, Selbstverständnis eines Revolutionärs, Hamburg-New York 1987 (zit. „Hitler")

E. Sach- und Personenindex

Adamthwaite, Anthony 94
Albert, Hans 17
Alexander I., russischer Zar 28, 171
Ancien Regime 33
Anderson, Sir John 220
Appeasement 55
- und Anschluß Österreichs 91
- und kollektive Sicherheit 89
Attlee, Clement 220
Attolico, Bernardo 151

Baldwin, Stanley 92
Balfour, Arthur James, Lord 52, 56
Beck, Josef 62, 100, 105, 127, 158, 163, 182, 191, 200, 211
Beck, Ludwig 149
Benesch, Eduard 101
Bernanos, Georges 222
Biddle, Alexander Drexle 140, 183
Bingham, Robert Worth 95
Birkenhead, Lord (= Sir F.E. Smith) 100
Bismarck, Otto v. 39, 108
Bloch, Charles 23
Böll, Heinrich 229
Brest-Litowsk, Vertrag von 81
Briand, Aristide 76
Briand-Kellogg Pakt 75, 86
Brüning, Heinrich 74, 92, 101, 112
Bullitt, William C. 74, 139, 168
Bullock, Alan 82, 227
Burckhardt, Carl J. 151, 186

Butler, Richard 175

Cadogan, Alexander 95, 201
Canaris, Wilhelm 197
Canning, George 99
Caprivi, Georg Leo, Graf v. 38, 72
Chabarovsk, Abkommen von 86
Chamberlain, Joseph 91, 92
Chamberlain, Neville 27, 55, 85, 90, 92, 96, 100, 172, 189, 209, 221, 228
und Münchener Abkommen 154
Chiang Kai-shek 85
Chobry, Boleslaw 61
Churchill, Winston 52, 56, 97, 142, 174, 177
- zu Neville Chamberlain 99
Ciano, Galeazzo, Graf 163, 193
Clayton-Bowler-Vertrag 52
Clemencau, Georges 95
Cooper, Alfred Duff 177
Csaky, Istvan, Graf 145
Cudahy, John 140
Culbertson, William S. 64
Curzon, George Nathaniel, Lord 52, 56, 188
Curzon-Linie 59, 187, 227
Czaky, Istvan, Graf 162

Dahlerus, Birger 200, 209, 213
Daladier, Edouard 147
Dawes-Plan 63, 71
de la Warr, Herbrand Edward 220
Dehio, Ludwig 20, 24, 28
Delbos, Yvon 141
Disraeli, Benjamin 100
Dmowski, Roman 58
Drittes Europa 106, 159

Eden, Anthony 110, 138, 143, 174, 177
Elliot, Walter 220

Fall Grün 131
Faschoda-Krise 67
Foch, Ferdinand, franz. Marshall 45
Forbes, brit. Botschaftsrat in Berlin 213
Franco, Francisco 165, 173
Freihandel 40
Fukuyama, Francis 18

Geheimes Zusatzprotokoll 185
Genfer Protokoll 49, 90
Genfer Weltabrüstungskonferenz 101
Geopolitik 39
Giertych, Jedrzej 63
Gleichgewicht der Macht
- spieltheoretische Voraussetzungen 26
Globalisierung 19
Göring, Hermann 128, 144, 193, 209, 213
Graszynski, Wojewode von Schlesien 62
Greenwood, Arthur 220
Grey, Edward, Sir 96

Habsburger Monarchie 34
Hacha, Emil 114, 179
Halder, Franz 149, 194
Halifax, Edward Frederick, Lord 55, 138, 141, 192, 200
Harding, Warren G. 69
Hassell, Ulrich v. 152, 193
Hegel, Georg Friedrich Wilhelm 15, 19
Heilige Allianz 69
Henderson, Sir Neville 176, 190, 192, 199, 212, 221
Hildebrand, Klaus 115
Hillgruber, Andreas 28
Hindenburg, Paul v. 148
Historische Interpretationen 16
Historizisten 15
Hitler, Adolf 19, 27, 36, 43, 77, 89, 148, 168, 184, 188, 222
- Besetzung Prags 175, 177
- Endziele 113
- Rede vom 22. August 194
- und dt. Widerstand 152
- und Münchener Abkommen 156
- und Roosevelt 135
Hofer, Walter 113, 186
Hoover, Herbert 33
Hoover-Moratorium 66

Hore-Belisha, Leslie 220
Horthy, Miklos 145
Hoßbach-Protokoll 117, 128, 179
House, Edward M. 41
Hughes, Charles Evans 64

Imperial Union 91, 92
Industrialisierung, Folgen der 77
Insulare Staaten 20, 54
- Hegemonie 70
Isolationismus 33

Jacobsen, Hans-Adolf 22
Jünger, Ernst 84

Kanya, Kalman 145
Karl V. 21
Keitel, Wilhelm 193
Kellogg, Frank Billings 76
Kennard, Sir Howard 202, 208
Kennedy, Joseph 127, 167, 189, 207
Kennedy, Paul 20, 23
Keynes, John Maynard 45
Kirkien, L. 107
Kissinger, Henry 20, 25, 115, 169
Kleine Entente 61
Kleist-Schmenzin, Ewald v. 151
Kollektive Sicherheit 40, 47
Komarnicki, T. 110
Kontinentale Länder 20
Kowalski, Kazmierz 62
Krimkrieg 80
Kroll, Lothar 121
Kwiatkowski, Eugeniusz 105

La Rochefoucauld 220
Lenin, Wladimir Iljitsch 56, 81, 84, 171
Liebermann v. Sonnenberg, Max Hugo 126
Liga von Cambrai 20
Lindbergh, Charles 136, 165
Lipski, Josef 143, 158, 180, 191, 213
Litwinow - Protokoll 86
Litwinow, Maxim 86, 184
Lloyd George, David 53, 54, 56, 68, 95
Locarno-Vertrag 49, 72
Ludwig XIV. 21
Lukasiewicz, J., polnischer Botschafter in Paris 74

Lundestad, Geir 42

MacDonald, Ramsay 92, 102
Mächtesystem 46
Mahan, Alfred Thayer 66
Mann, Golo 148
Mare Nostro 34
Marx, Karl 15
Mead, Margret 133, 166
Meistbegünstigung 65
Molotow, Wjatscheslaw 63, 184, 187, 227
Monroe-Doktrin 127
Moscicki, Ignacy 105, 140
Münchener Abkommen 91
Mussolini, Benito 34, 127, 162, 168, 193

Napoleon Bonarparte 21
Nationalsozialismus 22
Neurath, Konstantin v. 128, 132
New Deal 33, 92
Niedhart, Gottfried 89
Niekisch, Ernst 84
Nietzsche, Friedrich 28
Nixon, Richard 111
Noel, Leon 103
Nolte, Ernst 185
NSDAP 113, 133, 150
Nye, Gerald P. 134, 166

Offene Gesellschaft 17
Öffentliche Meinung 35
Ostasiatische Wohlstandssphäre 24
Oster, Hans 149

Paget, Ralph 96
Papen, Franz v. 92, 101, 113
Pentarchie 26
Philip II. 21
Pilsudski, Jozef 58, 61, 100, 157
- zu Adolf Hitler 103
Plato 15
Polen, jagiellonisches 61
Polk, James K. 166
Popper, Karl 15, 229
Potemkin, Wladimir 170, 185
Potocki, Jercy 140

Raczynski, poln. Botschafter in London 142
Rapallo, Vertrag von 81
Rassismus 15
Rauschning, Hermann 114
Revisionismus 30
Ribbentrop, Joachim v. 132, 158, 179, 185, 191, 193, 212, 226
Richelieu, Duc de 26, 27
Römische Protokolle 109
Roosevelt, Franklin Delano 27, 33, 42, 67, 70, 84, 127, 134, 164, 189, 225
- und Isolationisten 164
- und Stalin 88
Rostunow, T. I. 172
Rundstedt, Gerd v. 198
Rydz-Smigly, Eduard 105, 182

Sadat, Anwar As 111
Salisbury, Robert Arthur, Lord 100
Salmuth, General 198
Samuel, Herbert 92
Sarajewo, Attentat von 16
Schleicher, Kurt v. 92, 113
Schnurre, Karl 184
Schwerin-Krosigk, Johann, Graf 194
Seeley, Robert 39
Sforza, Carlo Graf 58
Shotwell, James T. 76
Sieburg, Friedrich 107
Simon, Sir John 102, 220
Slawek, Walery 105, 111
Sloterdijk, Peter 111, 113
Speer, Albert 117
Spengler, Oswald 111
splendid isolation 54, 70
Staatensystem, europäisches 20
Stachiewicz, W. 161
Stalin, Josef 27, 28, 31, 73, 82, 170, 181, 184, 196, 222
Strasser, Otto 130
Stresemann, Gustav 66, 70, 71, 111
Studnicki, W. 107
Suworow, Viktor 171
Szawlewski, M. 107
Szembek, Jan, Graf 109, 141, 144

Talleyrand, Charles de 151
Taylor, A. J. P. 96, 115, 129

Temperley, Harold 99
Thies, Jochen 114
Tocqueville, Alexis de 22, 39
Tonking-Zwischenfall 166
Tyrell, William G. 96

Vansittart, Robert 97
Versailler Vertrag 30, 42
Vertrag von Brest-Litowsk 117
- und Versailles 119
Vertrag von Lausanne 71
Vertrag von Riga 59
Vietnamkrieg 70
Völkerbund 46
Vormann, Nikolaus v. 199

Waldersee, Alfred Graf von 38
Walsh, Thomas J. 77
Warschauer Vertrag 63
Washingtoner Flottenvertrag 32, 53
Weber, Max 148

Weinberg, Gerhard 114
Weinberger, Caspar 161
Weizsäcker, Ernst v. 146, 152, 163, 193, 208
Weltsicherheitsrat 48
Weltwirtschaftskrise 29, 33
Wiener Kongreß 47
Wiener Schiedsspruch 177
Wilhelm II. 67
Wilson, Sir Horace 189, 209, 215
Wilson, Woodrow 39, 46, 79
Wysocki, poln. Botschafter in Rom 109

XVIII. Parteitag der KPdSU 170

Young-Plan 66

Zitelmann, Rainer 130
Z-Plan, deutscher 163
Zyndram-Koscialkowksi, Marjan 105

Printed by Libri Plureos GmbH
in Hamburg, Germany